JN224561

Sustainability Assurance

# サステナビリティ保証の実務対応

PwC Japan有限責任監査法人［編］

中央経済社

# はじめに

　2023年6月，国際サステナビリティ基準審議会（ISSB）の「サステナビリティ関連財務情報の開示に関する全般的要求事項」（IFRS S1号）および「気候関連開示」（IFRS S2号）基準が最終化されました。また，欧州では2028年1月1日以降開始の事業年度より，企業サステナビリティ報告指令（CSRD）のEU域外適用が予定され，一定規模以上の欧州拠点を持つ日本企業もその対象となっています。

　一方，日本国内に目を向けると2025年3月にサステナビリティ基準委員会（SSBJ）によるサステナビリティ開示基準の最終化が予定されており，関連する法定開示と保証も段階的に導入される可能性が高い状況です。これらのことから，企業はサステナビリティ情報の開示への要求に迅速かつ適切に対応する必要があります。

　加えて，サステナビリティ情報の開示に関する「第三者保証」を取得するためには，企業内における内部統制とガバナンスの強化も不可欠です。組織体制の整備や人材の確保など早くから備えなければならない事項も多く，経営陣も現場もサステナビリティ保証への深い理解が求められます。

　本書籍では，国内外のサステナビリティ第三者保証の最新情報を踏まえ，サステナビリティ報告と保証に対する実務対応について解説します。

　まず第1章では，「サステナビリティ情報開示と保証」として，サステナビリティ情報開示と保証の必要性，各国におけるサステナビリティ開示基準開発の動向，国際サステナビリティ保証基準5000をはじめとしたサステナビリティ情報保証の基準の内容について解説します。

　第2章では「サステナビリティ情報の第三者保証業務の流れ」として，保証人によるサステナビリティ保証実務の全体的な流れについて，具体的な例示も交え解説します。

　第3章では，「サステナビリティ報告に関するガバナンスと内部統制」として，

サステナビリティ情報に対する第三者保証，とりわけ将来の合理的保証水準の保証を見据え企業側が構築すべきガバナンスと内部統制について解説します。

　第4章では，「トピック別サステナビリティ開示とデータ作成上の留意点」として，気候変動や水，人的資本をはじめとしたサステナビリティトピック別に企業がデータを収集し，開示情報を作成する上での留意点について解説します。

　最後に第5章では，「サステナビリティ保証に向けた業種別課題」として，自動車産業，テクノロジー産業，食品・飲料産業，小売産業，化学産業別に，サステナビリティ保証に向けた業種別課題について解説します。

　本書が，企業においてサステナビリティ・ESG関連の業務に関与されている部門（経営企画，サステナビリティ推進，経理，内部監査など）の皆様の参考に資することを願っています。

　なお，文中の意見に関わる部分は執筆者の私見であり，個別具体的な特定の事象を念頭に置いたものではない点を申し添えます。

　末筆ながら，本書籍の執筆にあたり，企画段階から多大なご支援をいただいた中央経済社坂部秀治氏にこの場を借りて，感謝の意を申し上げたいと思います。

2025年2月

PwC Japan有限責任監査法人

サステナビリティ アシュアランス グループ リーダー

**木内　仁志**

◎本書は，本文中に特段の記述がない限り，2024年12月31日時点で弊社が入手している情報に基づき作成しています。

# も　く　じ

# 第1章　サステナビリティ情報開示と保証

# 第2章　サステナビリティ情報の第三者保証業務の流れ

## 第1節　第三者保証業務の契約 …………………………………… 78

## 第2節　サステナビリティ情報保証業務の全体的な手続の流れ …………………………………… 92

# 第3章　サステナビリティ報告に関する ガバナンスと内部統制

# 第4章　トピック別サステナビリティ開示と　データ作成上の留意点

# 第5章　サステナビリティ保証に向けた業種別課題

# 第 1 章

## サステナビリティ情報開示と保証

# 第 1 節　サステナビリティ情報開示と保証の必要性

## （1）　サステナビリティ情報開示の必要性

　投資家をはじめとするステークホルダーからの，企業のサステナビリティ情報に対する関心は高まる一方である。

　PwCが2023年 9 月に世界30カ国・地域の245名の投資家・アナリストを対象に実施した「グローバル投資家意識調査2023」によると，75％の投資家が企業のサステナビリティに関する取組みは投資意思決定における重要な要素であると回答している。投資家は，ESG課題への取組みやサステナビリティ情報の開示に積極的な企業への投資を増やす一方，消極的な企業に対しては，改善圧力の強化や投資対象から外す動きを鮮明にしている。

**図表 1 － 1 － 1　投資家意識調査結果①**

以下の意見に「同意」または「同意しない」と回答した回答者の割合

■「同意しない」の合計　　■「どちらでもない」　　■「同意する」の合計

**企業がサステナビリティ関連のリスクと機会をどのように管理するかは，私の投資意思決定における重要な要素である**

| 11% | 15% | 75% |
|---|---|---|

**企業はESGを企業戦略に直接組み込む必要がある**

| 10% | 20% | 70% |
|---|---|---|

**企業は，たとえそれが短期的な収益性を低下させるとしても，会社の事業に関連するESG問題に対処する支出をする必要がある**

| 16% | 19% | 66% |
|---|---|---|

出所：PwC「グローバル投資家意識調査2023」

**図表1−1−2**　　**投資家意識調査結果②**

ポートフォリオに含まれる会社が以下の行動を取った場合，投資または推奨のレベルを増やすと回答した投資家の割合

企業の業績と将来の見通しに関連するサステナビリティの問題に対処する

69%

環境や社会に有益な影響を与えるために企業行動を変える

67%

出所：PwC「グローバル投資家意識調査2023」

**図表1−1−3**　　**投資家意識調査結果③**

企業がESG問題への対応に十分な措置を講じていることを実証していない場合，次の行動を取ったことがある，または実行する可能性がある，と回答した投資家の割合

■ 行動を取った　　　■ 行動を起こす予定がある

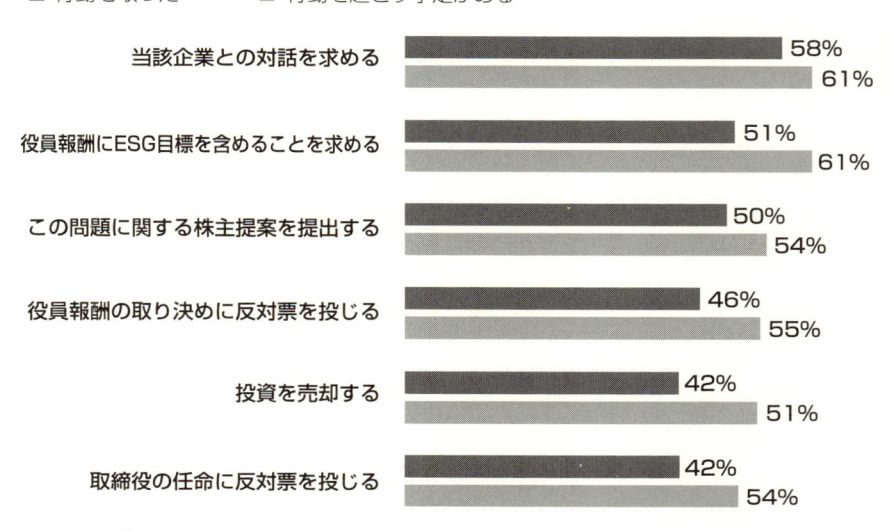

当該企業との対話を求める　58% / 61%

役員報酬にESG目標を含めることを求める　51% / 61%

この問題に関する株主提案を提出する　50% / 54%

役員報酬の取り決めに反対票を投じる　46% / 55%

投資を売却する　42% / 51%

取締役の任命に反対票を投じる　42% / 54%

出所：PwC「グローバル投資家意識調査2023」

　一方，企業においては，サステナビリティ課題をメガトレンドに起因した主要経営課題と位置付け，社会のサステナビリティと企業のサステナビリティを

同期させるために経営・事業の変革を行うサステナビリティ・トランスフォーメーション（SX）の動きが加速している。

　PwCが2023年10〜11月にかけて，世界105カ国・地域の4,702名のCEO（うち日本のCEOは179名）を対象に実施した「第27回世界CEO意識調査」では，世界全体で約7割，日本では約8割のCEOが，気候変動対応としての脱炭素化に向けた具体的な施策（エネルギー効率の改善，気候変動に配慮した新たな製品，サービス，技術の開発等）を実施中，もしくは実施済みと回答している（図表1－1－4）。また，日本のCEOに対する調査結果では，脱炭素化を阻害する要因として「社外のステークホルダーからの需要の欠如」や「経営陣や取締役会の不同意」は世界平均と比較して顕著に低い割合となっており，社内外のステークホルダーから脱炭素化への対応をより強く求められている現状が窺える（図表1－1－5）。

図表1－1－4　CEO意識調査結果①

日本のCEOは「エネルギー効率の改善」や「気候変動に配慮した新たな製品，サービス，技術の開発」などに既に着手している

質問　以下の施策は，企業が気候変動に関連して実施する可能性のある行動です。これらの各行動に関する貴社の進捗状況について最も適切な記述は次のうちどれですか。

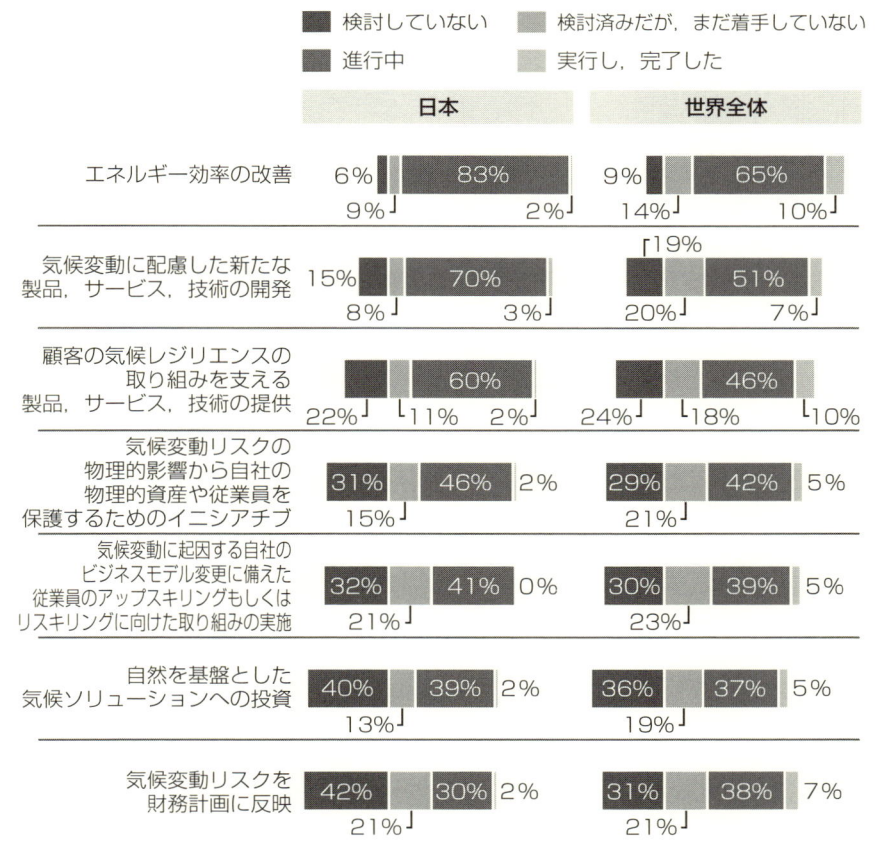

出所：PwC「第27回世界CEO意識調査」

**図表1−1−5　CEO意識調査結果②**

日本のCEOは社内外のステークホルダーから脱炭素化への対応を強く求められている

質問　以下の要因は，貴社のビジネスモデルの脱炭素化を
どの程度阻害していますか。
（「大きく阻害している」「極めて大きく阻害している」の回答を表示）

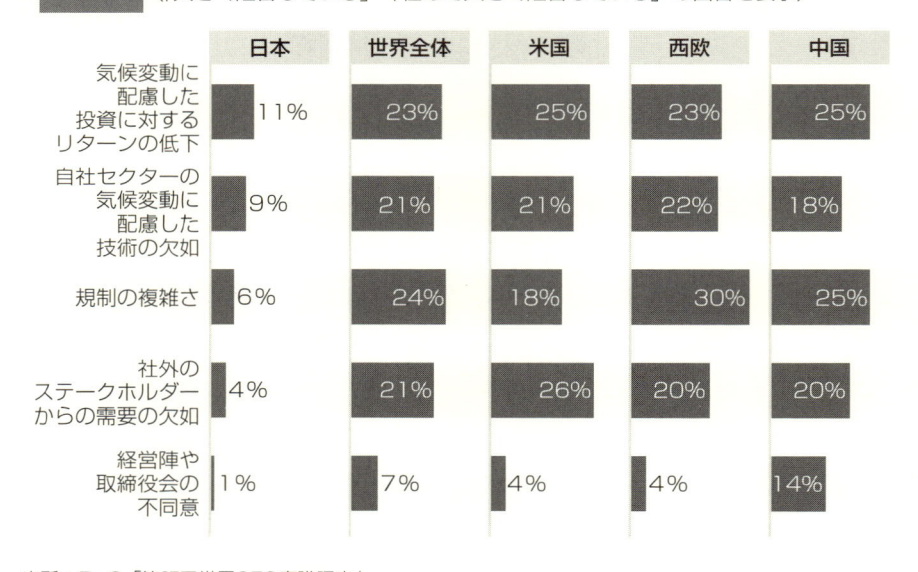

|  | 日本 | 世界全体 | 米国 | 西欧 | 中国 |
|---|---|---|---|---|---|
| 気候変動に配慮した投資に対するリターンの低下 | 11% | 23% | 25% | 23% | 25% |
| 自社セクターの気候変動に配慮した技術の欠如 | 9% | 21% | 21% | 22% | 18% |
| 規制の複雑さ | 6% | 24% | 18% | 30% | 25% |
| 社外のステークホルダーからの需要の欠如 | 4% | 21% | 26% | 20% | 20% |
| 経営陣や取締役会の不同意 | 1% | 7% | 4% | 4% | 14% |

出所：PwC「第27回世界CEO意識調査」

　このような背景から，国内外でサステナビリティ情報開示を行う企業数は増加の一途を辿っている。国際会計士連盟（IFAC：International Federation of Accountants）が2024年に公表した調査報告書（The State of Play: Sustainability Disclosure And Assurance 2019-2022）によると，何らかのサステナビリティ情報を開示している主要上場企業の割合は，2022年時点において，世界主要22カ国で98％，日本では99％に達しており（図表1−1−6，1−1−7），サステナビリティ情報開示の必要性についてはもはや論を俟たない。

**図表1－1－6**　世界のサステナビリティ開示・第三者保証の動向

**2019 | 2020 | 2021 | 2022**

| 91% | 92% | 95% | 98% |

サステナビリティ開示を行っている会社(*)
の比率

| 83% | 82% | 80% | 82% |

第三者保証における限定的保証の比率

| 51% | 58% | 64% | 69% |

サステナビリティ開示に対する第三者保証
を取得している会社(*)の比率

| 88% | 94% | 95% | 92% |

保証基準としてISAE 3000を適用した監
査法人の比率

| 63% | 61% | 57% | 58% |

監査法人から第三者保証を取得している比率

| 34% | 39% | 38% | 38% |

保証基準としてISAE 3000を適用した監
査法人以外の保証提供者の比率

（＊）日本を含む世界主要22カ国の各国時価総額上位50〜100位の会社を母集団としている。
出所：IFAC「The State of Play: Sustainability Disclosure And Assurance 2019-2022」をも
　　　とにPwC作成

8

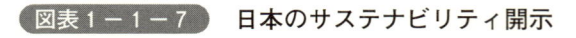

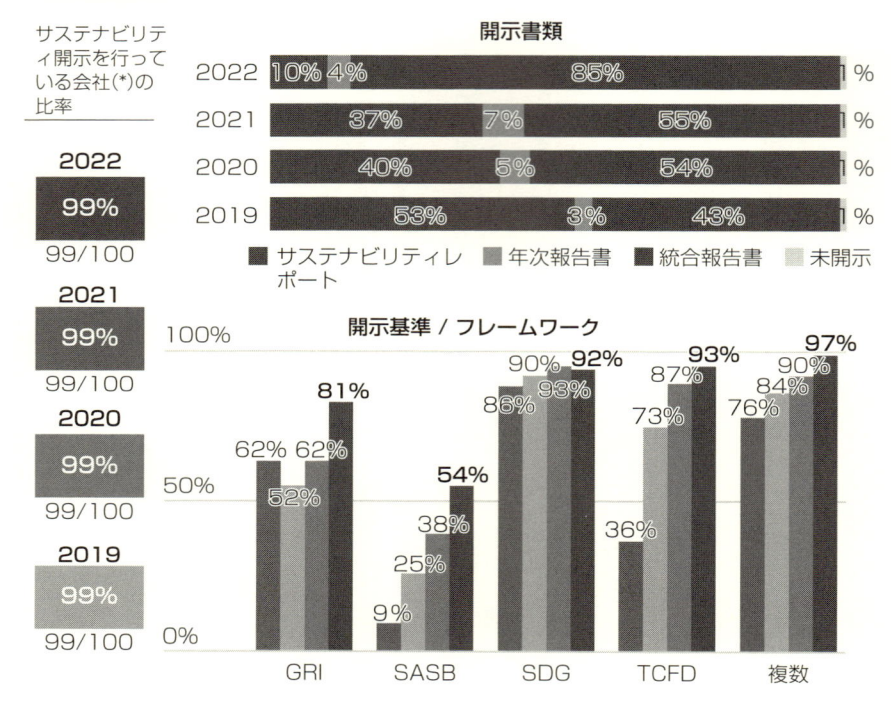

図表1-1-7　日本のサステナビリティ開示

サステナビリティ開示を行っている会社(*)の比率

2022　99%　99/100
2021　99%　99/100
2020　99%　99/100
2019　99%　99/100

(*) 日本の時価総額上位100社を母集団としている。
出所：IFAC「The State of Play: Sustainability Disclosure And Assurance 2019-2022」をもとにPwC作成

## （2）　サステナビリティ情報開示に対する第三者保証の必要性

　法令等で詳細に規定されている財務情報の開示とは異なり，サステナビリティ情報はその範疇が広く，また企業によって重要性の高いサステナビリティ領域は異なり，国際的に統一された開示の枠組みが確立されていなかったことから，サステナビリティ情報開示の多くは個々の企業の判断に委ねられた任意開示とされてきた。このため，サステナビリティ情報の利用者にとっては，情報の信頼性や比較可能性が大きな課題となっている。上述の「グローバル投資家意識調査2023」では，投資家の94％が「サステナビリティ活動に関する企業

報告書には裏付けのないサステナビリティに関する主張（グリーンウォッシング）が何らかの形で含まれていると考えている」と回答している。

　サステナビリティ情報開示の枠組みについては，IFRS財団や欧州委員会等の主導のもと，現在急ピッチで国際的な開示基準の開発・整備が進められている。IFRS財団が運営する国際サステナビリティ基準審議会（International Sustainability Standards Board：ISSB）は，2023年6月にIFRS S1号「サステナビリティ関連財務情報開示の全般的要求事項」およびIFRS S2号「気候関連開示」を公表し，欧州委員会は，欧州サステナビリティ報告基準（European Sustainability Reporting Standards：ESRS）に基づく開示を求めるCSRD（Corporate Sustainability Reporting Directive：企業サステナビリティ報告指令）を2023年1月に発行している（詳細は第1章第2節）。今後は，これらの国際的な開示基準に準拠する形で開示実務が収斂していくことによって，企業間のサステナビリティ情報の比較可能性が飛躍的に高まることが期待されている。

**図表1－1－8**　　**投資家意識調査結果④**

「今後導入されるサステナビリティ報告の規制と基準（「企業サステナビリティ報告指令」「米国証券取引委員会」「国際サステナビリティ基準審議会」などを含む）が投資の意思決定のための情報ニーズを満たす」という考え方に同意する回答者の割合

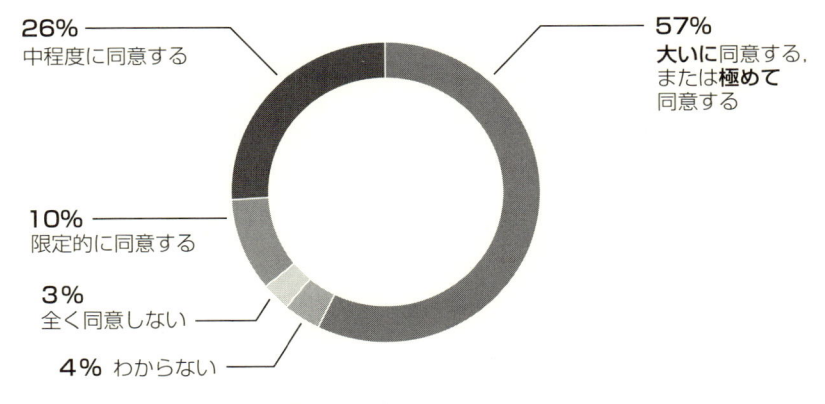

26%
中程度に同意する

57%
**大いに**同意する，
または**極めて**
同意する

10%
限定的に同意する

3%
全く同意しない

4% わからない

出所：PwC「グローバル投資家意識調査2023」

　一方，サステナビリティ情報の信頼性の確保・向上の施策として，第三者である専門家によるサステナビリティ情報の保証の拡大が挙げられる。

**図表 1 － 1 － 9　投資家意識調査結果⑤**

以下のことが，企業のサステナビリティ報告の正確性を評価する上で，「中程度」「大きな」あるいは「極めて大きな」自信を与えてくれると考える回答者の割合

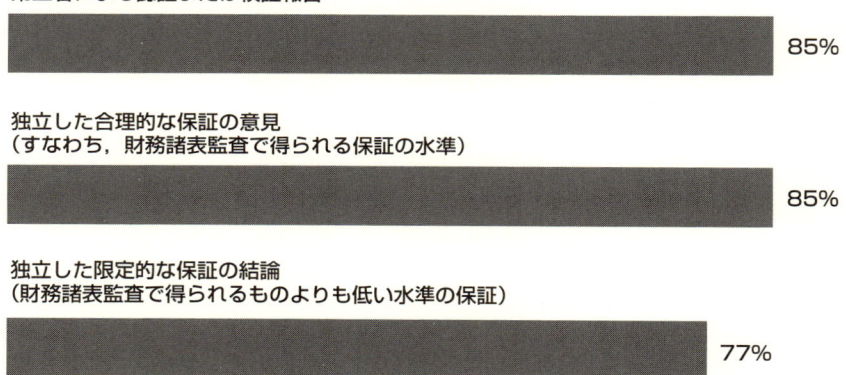

**第三者による認証または検証報告**

85%

**独立した合理的な保証の意見**
**（すなわち，財務諸表監査で得られる保証の水準）**

85%

**独立した限定的な保証の結論**
**（財務諸表監査で得られるものよりも低い水準の保証）**

77%

出所：PwC「グローバル投資家意識調査2023」

　この流れは，企業が開示する財務情報に関する，国際会計基準や日本の会計基準の確立と会計監査人による財務諸表監査の制度化に至る歴史と重なる。

　上述の国際会計士連盟の2024年の調査報告書によると，サステナビリティ情報に対して第三者による何らかの保証や認証を受けている主要上場企業の割合は，2019年から2022年にかけて，世界主要22カ国では51％から69％（図表1－1－6），日本においても47％から82％と（図表1－1－10），いずれも速いペースで右肩上がりに増加している。

**図表1-1-10　日本のサステナビリティ開示に対する第三者保証**

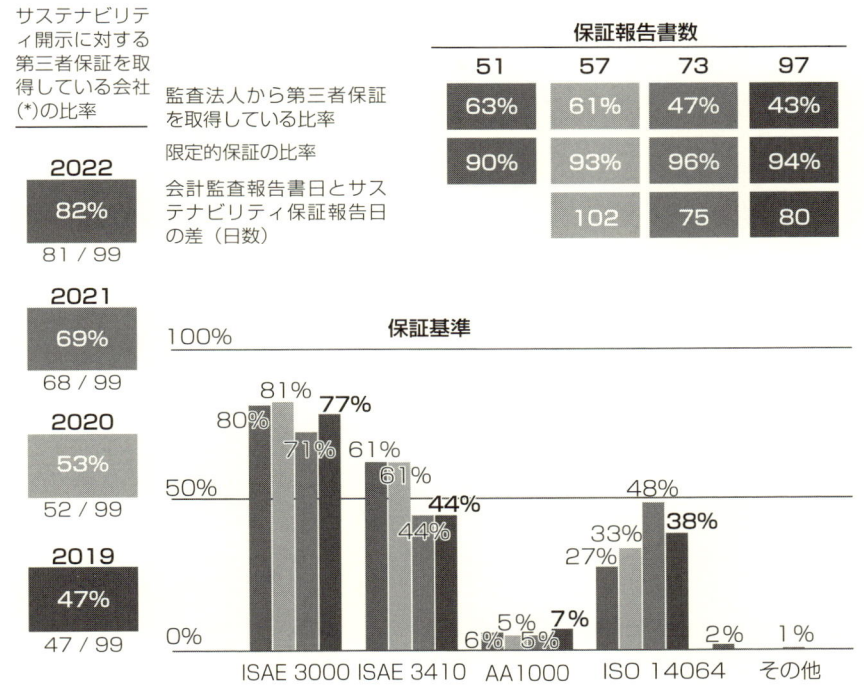

（＊）日本の時価総額上位100社を母集団としている。
出所：IFAC「The State of Play: Sustainability Disclosure And Assurance 2019-2022」をもとにPwC作成

　サステナビリティ情報に関する保証基準は，国際監査・保証基準審議会（International Auditing and Assurance Standards Board：IAASB）が会計監査以外の保証業務を対象として設定した国際保証業務基準（International Standard on Assurance Engagements：ISAE）のISAE3000シリーズや，国際標準化機構（International Organization for Standardization：ISO）のGHG算出に関する規格であるISO14064シリーズ等があるが，開示基準の動向と同様，現在，国際的かつ包括的な保証基準等の開発が進んでいる（詳細は第1章第3節）。

　今後は，これらの新しい保証基準および倫理基準に基づいて，品質管理水準や独立性を満たした専門家が同じ物差しで高品質な第三者保証を広く提供し，

それによって，開示情報の信頼性の確保・向上に資することが期待されている。

　サステナビリティ開示・保証の分野で世界の先頭を走る欧州や米国においては，サステナビリティ情報開示の制度化と並行して開示情報に対する第三者保証が義務付けられ，要求する保証水準を段階的に引き上げる方針が示されている。日本においても，2024年12月時点で金融審議会におけるサステナビリティ情報の開示と保証のあり方の議論が続いており，法改正を視野に入れた検討が必要とされている（詳細は第1章第2節）。

　企業においては，これら最新の動向を注視し，サステナビリティ開示のさらなる拡充や第三者保証の制度化を見据えた前広な対応が望まれる。

　例えば，制度化に先んじたサステナビリティ情報開示に対する第三者への保証の委嘱は，上述のとおり，2022年時点ですでに約8割の日本の主要上場企業が自主的に行っており，投資家をはじめとするステークホルダーへのアピールや競合他社との差別化につながっていると考えられる。また，社内のサステナビリティ意識の向上やサステナビリティ情報収集・報告体制に係るプロセスや内部統制の問題点の早期発見・改善等の効果も期待される。

# 第2節　各国におけるサステナビリティ開示基準開発の動向

## （1）　CSRD（EU）

　EUは2050年までに気候中立（climate-neutral）と経済発展の両立を目指す包括的な気候・環境政策である「欧州グリーンディール」を打ち出している。欧州グリーンディールは単なる環境政策ではなく，経済・社会政策を含む多面的な戦略の性格を有している。そしてその目的を達成するため，より実効性のあるサステナビリティ情報開示ルールが開発されている。まず，2021年に金融機関のサステナブルファイナンス開示規則であるSFDR（Sustainable Finance Disclosure Regulation）が発効し，次いで2023年1月にCSRD（Corporate Sustainability Reporting Directive：企業サステナビリティ報告指令）が発効した。

　EUでは非財務情報の開示に関して，2014年にNFRD（Non-Financial Reporting Directive：非財務情報開示指令）が制定されていた。しかし，NFRDは従業員500人を超える大規模な公益企業にのみ適用されており，対象企業の少なさ，開示内容の信頼性，利用可能性など多くの課題を有していたため，この課題に対応する目的でCSRDが策定された。

　以降，CSRDの特徴4点を説明する。

### ①　適用対象企業

　第1に適用対象企業の幅広さがある。CSRDは現地での上場，非上場を問わず一定規模以上のEU域内企業が対象となる。加えて，EU域内企業のみならず，EUで一定規模以上の事業を行うEU域外の企業に対してもサステナビリティ情報の開示を義務付けており，欧州で事業を行う日本企業等が適用対象となりうる。CSRDの適用対象となる企業とその適用時期は，図表1－2－1のとおりである。

**図表1－2－1**　CSRD適用対象となる企業とその適用時期

| 指令 | 適用企業 | | 適用時期 |
|---|---|---|---|
| Art.19a EU 会計指令 | **EU事業者**<br>**（EU undertakings）** | 単一事業者<br>・大企業**<br>・上場している中小企業（SME） | FY 25 |
| Art.29a EU 会計指令 | | グループ<br>・大規模グループの親会社** | |
| Art.40a-d EU 会計指令 | **第三国事業者**<br>**（Third country undertakings）** | ・EUに大企業または一定の要件を満たすEU支店を持つ第三国の事業者<br>・過去2期連続で，EU域内の純売上高が€150M以上 | FY 28 |

| Art.4 EU透明性<br>指令 | （金融商品の）<br>発行体（Issuers） | ・発行体とは：EU域内の市場に<br>おいて証券の取引が認められ<br>ている事業者<br>・EU域外の報告者（EU圏外に<br>所在する事業者）も含まれる | FY 25 |
|---|---|---|---|

\*信用機関および保険会社には特別な規則が適用（特に法人形態と初度適用に関して）。
\*\*一定の要件は以下のとおり。
・以下3つの要件のうち2つを2会計期間連続で超えた場合
　－貸借対照表合計€ 25M
　－売上高€50M
　－従業員数250名
・上場・非上場問わず
・連結ベースでの基準（親会社とその子会社（EU域外の子会社を含む））

出所：CSRD（DIRECTIVE（EU）2022/2464 OF THE EUROPEAN PARLIAMENT AND OF
　　　THE COUNCIL of 14 December 2022 amending Regulation（EU）No 537/2014, Direc-
　　　tive 2004/109/EC, Directive 2006/43/EC and Directive 2013/34/EU, as regards corpo-
　　　rate sustainability reporting）をもとにPwCにて作成


　EU事業者（EU域内にて設立された企業または企業グループ。以下「企業」
と総称）については，上場，非上場を問わず，一定の基準[1]を満たす企業は
CSRDの適用対象となる。このカテゴリーに属する企業は，2025年[2]より適用
開始（2025年のデータを2026年に開示）となる。そのため日本企業の場合，欧
州子会社がまずこのカテゴリに該当する可能性がある。
　日本企業にとってより大きな影響があると考えられるのが「第三国事業者
（Third country undertakings）」である。EU域外で設立された企業であっても，
EU域内で一定規模以上の事業[3]を行う企業はCSRDの対象企業となり，グロー
バル連結のサステナビリティ情報の開示が2028年（2028年のデータを2029年に
開示）より必要となる。
　EU域内の市場において証券の取引が認められる金融商品の発行体も適用対

---

1　以下の要件のうち2つ以上の要件を2会計年度連続して満たす。
　・総資産2,500万ユーロ超（従来は2,000万ユーロ超）
　・売上高5,000万ユーロ超（従来は4,000万ユーロ超）
　・従業員250名超
　　なお，事業体の規模に関する閾値は2023年11月にインフレの影響を受け見直された。
2　NFRD対象企業は2024年より適用開始となる。

象となる。EU域外事業者であってもEU内で証券の取引がある事業者は適用対象となる可能性がある。適用開始は2025[4]年（2025年のデータを2026年に開示）となる。

　EU加盟国は2024年7月6日までにCSRDを国内法に反映することが求められていたが，2024年12月時点で複数のEU加盟国において国内法規制化が完了していない。国内法規制化の際，EU加盟国はCSRDの要件のうち一部にオプションが与えられており，かつ，さらなる要件を追加することを認めている。そのため，日本企業は拠点を有するEU加盟国の法制化の動向を注視する必要がある。

### ②　開示内容

　第2の特徴として，CSRDが求める開示内容が挙げられる。CSRDは企業がサステナビリティに関する情報を開示するための法的枠組みを提供しており，ESRS（European Sustainability Reporting Standards：欧州サステナビリティ報告基準）はその具体的な報告基準を定めている。両者の関係は図表1-2-2に示すとおりである。

　なお，図表1-2-2に示されるEUタクソノミー規則は，CSRDと同様，欧州グリーンディールの一環として策定された。2022年1月1日以降，企業[5]はEUタクソノミーで新たに導入された分類のもと，「グリーン」な売上高，設備投資額，営業支出額を開示することが義務付けられた。さらに，CSRDの導入に伴う変更により，2024年以降，これらの主要数値は，報告義務があるだけでなく，第三者保証を受けることが義務付けられる。

　ESRSはEFRAG（エフラグ）が開発を進めている。EFRAGは複数のESRSの開発を進めており，2023年7月に，ESRS Set 1としてセクター共通基準を

---

3　EU域外で設立された最終親会社が，過去2期連続でEU域内における売上高が1億5,000万ユーロ超であり，かつ下記（a）または（b）を満たす。
　（a）EU子会社が大規模企業または上場企業に該当
　（b）EU支店のEU域内における売上高が4,000万ユーロ超
4　EU内の金融商品発行体は2024年（2024年のデータを2025年に開示）からの適用となる。
5　EUタクソノミーの適用対象は，従来NFRD適用対象企業であった。CSRD適用以降はその範囲が拡大する。

**図表1－2－2**　サステナビリティ報告のための新しいEU規制の体系

| ESRS 欧州サステナビリティ報告基準 (European Sustainability Reporting Standards) | CSRD 企業サステナビリティ報告指令 (Corporate Sustainability Reporting Directive) | EU タクソノミー規則 (EU Taxonomy Regulation) |
|---|---|---|

**ESRS がCSRD 報告の要求内容を指示** ←　　**CSRD は枠組みを提供**　　→ **EU タクソノミー規則第8条**

| セクター共通基準 | | |
|---|---|---|
| セクター別基準 | 内容の範囲 | 適用対象 |
| 上場中小企業向けの基準 | | |
| EU域外企業向けの基準 | 適用開始時期 | 保証 |

現在策定中

適用対象はNFRD（現行）/
CSRD（将来）の適用対象を参照

タクソノミー開示はサステナビリティ報告の一部

タクソノミーに整合する経済活動の割合（非金融業の場合：タクソノミーに整合する売上，設備投資，事業運営費の％）

分類システム：
科学的根拠に基づく基準

⚠ **直接適用**
（委任法）

⚠ 18か月以内に国内法への転換が必要！
**国内法が優先！**

⚠ **直接適用**
（規則，委任法）

出所：CSRD，ESRS，EU Taxonomy RegulationをもとにPwCにて作成

採択した。ESRS Set 1は同年10月に欧州議会およびEU理事会での審議終了を経て，2024年1月1日より適用が開始されている。

　ESRS Set 1は図表1－2－3のとおり，2つの横断的基準（ESRS 1，ESRS 2）および10のトピック別基準という，合計12の基準で構成される。ESRS 1（全般的原則）は，サステナビリティ報告の基礎となる全体の構成や基本となるコンセプト，後述するダブルマテリアリティなどの重要な概念と定義を示す。ESRS 2（一般的な開示事項）は，すべての報告主体が適用必須の基準であり，サステナビリティ情報を開示する上で，すべての事業やサステナビリティのテーマ全体に横断的に適用される開示項目が定められている。企業はESRS 2を基礎にサステナビリティ情報の開示を行い，気候変動などの個別テーマについてはマテリアリティ評価を経た上で，トピック別基準に従い開示を行う。トピック別基準は，E：環境はE1〜E5，S：社会はS1〜S4，G：ガバナンスはG1から構成される。サステナビリティに関する広範なトピックスについて開示項目を明確化している点で，現在のISSB基準と大きく異なる。

　EFRAGは今後，中小企業向け基準，セクター別基準，第三国事業者に対する基準を順次公表予定である。なお，セクター別基準および第三国事業者に対する基準については，当初2024年6月に基準の採択を目指していたが，企業がセクター共通基準を適用することへの支援を優先する必要があることから，採択は2年間延期され，2026年6月が予定されている。

　第三国事業者に対する基準については，その公開草案に対するパブリックコンサルテーションが2025年1月から4か月間予定されている。第三国事業者に対する基準は，合計12の基準から構成される点はESRS Set 1と基本的な構成は変わらず，また，その内容については，ESRS Set 1をベースに必要な箇所のみ除外あるいは修正するというアプローチが採られており，具体的には，インパクトに重点を置き，リスク・機会・レジリエンスに関する情報にかかる開示要求等は除外される方向で検討されている。その意味では，CSRDの特徴として後述するダブルマテリアリティの概念について，第三国事業者に対する基準はインパクト・マテリアリティ重視になっているといえる。

　加えて，E1（気候変動）以外のトピック別基準については，「EU域外の自然人および法人に対する商品の販売またはサービスの提供によるインパクトに

**図表1－2－3　ESRS基準の構成**

| Set1　セクター共通基準（2023年7月最終化） | | | |
|---|---|---|---|
| **横断的基準** | **トピック別基準** | | |
| | **環境** | **社会** | **ガバナンス** |
| ESRS 1　全般的原則 | ESRS E1　気候変動 | ESRS S1　自社の従業員 | ESRS G1　事業活動 |
| ESRS 2　一般的な開示事項 | ESRS E2　汚染 | ESRS S2　バリューチェーンにおける従業員 | |
| | ESRS E3　水と海洋資源 | ESRS S3　影響を受けるコミュニティ | |
| | ESRS E4　生物多様性とエコシステム | ESRS S4　消費者および最終顧客 | |
| | ESRS E5　資源の利用と循環型経済 | | |

**今後の予定**

- 分野別・補完的な基準
- 中小企業向け基準
- 第三国（EU域外）事業者向け基準

Set1基準より緩和された基準となる想定。ただし内容は未定

⚠ | 12の基準 | ~350ページ | ＞80ディスクロージャー要件 | ＞1,000データポイント

出所：ESRS 1をもとにPwCにて作成

関する情報を除外する選択肢を有する」[6]とする「混合アプローチ（mixed approach）」を採用するかも検討中である。

　これらの点が，今後のパブリックコンサルテーションを経てどのように最終化されるのか，引き続き注視していく必要がある。

### ③　ダブルマテリアリティ

　3つ目の特徴として，ダブルマテリアリティの概念がある。ESRSの取り扱うサステナビリティ課題は広範囲であるが，ESRSは企業にこれらすべての項目を開示することを求めておらず，企業にESRSに規定されたプロセスでのマテリアリティ評価を実施し，開示する項目の絞り込みを行うことを求めている。加えて，マテリアルな項目を開示するだけではなくマテリアリティ評価を実施した具体的なプロセスも開示することを求めている。

　マテリアリティ評価につき，ESRSは図表1－2－4に示したダブルマテリアリティによる評価を求めている。すなわち，財務的マテリアリティに加えてインパクト・マテリアリティによるマテリアリティ評価を求めている。

　インパクト・マテリアリティとは，短期，中期，長期の期間にわたって，人々や環境に実際にまたは潜在的に，正または負の重要なインパクトをもたらすサステナビリティ課題をいう。このインパクトには，事業によって直接引き起こされる（directly caused），助長している（contributed），事業に直接結び付いている（directly linked）インパクトが含まれる。一方で，財務的マテリアリティとは，自社に重大な財務的な影響を引き起こす，または引き起こす可能性があることを合理的に予測できるサステナビリティ課題をいう。すなわち，短中長期的に将来キャッシュ・フローに影響を与える可能性があるものをいう。CSRDでは，あるサステナビリティ課題が，自社で設定した閾値をインパクト・マテリアリティ，財務的マテリアリティのいずれか，あるいは両方を満たした場合，「マテリアル」とされる。

---

6　EFRAG SRB（Sustainability Reporting Board）会議資料　NESRS1公開草案第18B項より引用。

**図表1－2－4　CSRDの要件：ダブルマテリアリティ**

**インパクト・マテリアリティ**

- 人または環境，社会，およびガバナンスに対して，実際の／潜在的な，プラス／マイナスの重要なインパクトを与える

- 短期，中期，または長期にわたる

インパクトには，企業自身の事業活動およびバリューチェーンに関連するものが含まれる（企業の製品やサービスを通じたものや，企業の取引関係を通じたものを含む）

例：生産拠点の大気汚染による人（健康問題など）や環境へのインパクト

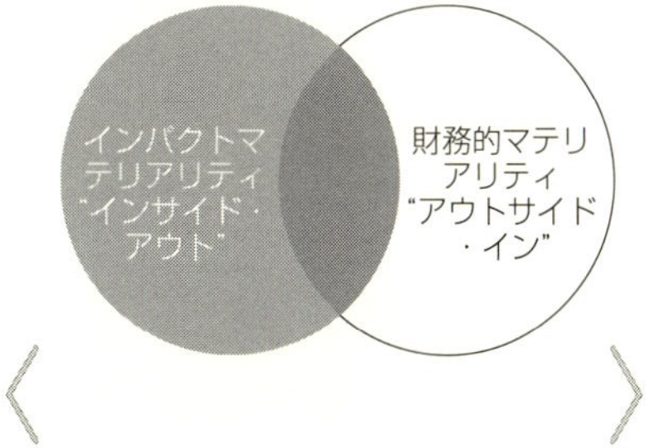

出所：ESRS 1をもとにPwCにて作成

（図中）
インパクトマテリアリティ
"インサイド・アウト"

財務的マテリアリティ
"アウトサイド・イン"

サステナビリティ課題はインパクト・マテリアリティ，財務的マテリアリティまたはその双方で定義された基準を満たすと「重要」となる。

**財務的マテリアリティ**

- 自社の財政状態，経営実績，キャッシュ・フロー，資金調達，または資本コストに重要な影響を与える／与えると合理的に予測できるリスク／機会を生じさせる／生じさせる可能性がある

- 短期，中期，または長期にわたる

例：炭素価格メカニズムの影響など，企業の将来のキャッシュ・フローに及ぼすGHG排出量の影響

④　**第三者保証**

　最後にCSRDは開示内容の信頼性向上への期待に応えるべく，第三者保証を必須としている。具体的には，適用開始当初は限定的保証，将来[7]は合理的保証，すなわち会計監査と同程度の保証水準をサステナビリティ情報開示に求めることがCSRDに明記されている。

## （2）　ISSB（グローバル）

　ISSB（International Sustainability Standards Board：国際サステナビリティ基準審議会）は，IFRS財団により2021年11月に設立されており，任意で適用できるサステナビリティ関連の基準や要求事項が散在し，企業と投資家の双方にコスト，複雑性およびリスクをもたらしている状況に対処することを目的としている。

　ISSBの使命は，投資家のニーズを満たすように設計された，一貫性のある，比較可能で質の高いサステナビリティ報告のためのサステナビリティ報告基準の包括的なグローバル・ベースラインを開発および公表することとされている。「投資家のニーズを満たすように設計」されているため，ISSBが開発するIFRSサステナビリティ開示基準（以下「ISSB基準」という）では，投資家の意思決定に影響を与えることが合理的に見込まれる場合に重要性があるとするシングルマテリアリティの考え方に基づき設計されている。

　各法域はISSB基準を基礎として自国に適用される基準を開発することとなる。日本では後述するSSBJ（Sustainability Standards Board of Japan：サステナビリティ基準委員会）がこの開発の役割を担っている。

### ①　**IFRSサステナビリティ開示基準**

　2023年6月26日，ISSBは最初のサステナビリティ開示基準であるIFRS S1号「サステナビリティ関連財務情報の開示に関する全般的要求事項」，およびIFRS S2号「気候関連開示」の両基準を公表した。

---

7　合理的保証への移行は2028年10月までに決定するとされている。

> ・サステナビリティ関連財務情報の開示に関する全般的要求事項（IFRS
> S1号）……企業のバリューチェーン全体にわたるサステナビリティ関連
> のリスクおよび機会に関する重要性のある情報を開示するためのコアと
> なるフレームワーク
> ・気候関連開示（IFRS S2号）……企業が気候関連のリスクおよび機会に
> 関する情報を開示するための要求事項を定めた，最初のテーマ別基準

　本基準はサステナビリティ関連のリスクと機会に関する投資の意思決定に有用な情報を求める資本市場の要請を受け，2022年3月31日の公開草案公表から1年3か月という非常に短い期間で最終化され，2024年1月1日以後開始する事業年度より適用されている（ただし，法定書類への適用は各国規制当局による法制化等が前提。それまで任意適用は可）。

**図表1−2−5　ISSBの開発するIFRSサステナビリティ開示基準の構成**

IFRS S1号ではサステナビリティ情報全般の開示要求，IFRS S2号では気候変動関連の開示要求を規定

コア・コンテンツ

| IFRS S1号（全般的要求事項） | ガバナンス | 戦略 | リスク管理 | 指標と目標 |
| IFRS S2号（気候変動関連） | | | | |

気候変動以外の項目を扱うS3号，S4号…と続く見込み

出所：IFRSサステナビリティ開示基準をもとにPwCにて作成

　IFRSサステナビリティ開示基準は，TCFD（気候関連財務情報開示タスクフォース）がその最終報告書で提示した4本の柱（TCFDフレームワーク），すなわち，ガバナンス，戦略，リスク管理，指標および目標に基づいている。これらの柱は，IFRS S1号第25項において「コア・コンテンツ」と呼ばれ，4本の柱のそれぞれに関連する重要性のある情報を開示することを求める。IFRSサステナビリティ開示基準の構造は，TCFDフレームワークを用いたことのある，またはそれを理解しているサステナビリティ報告書の作成者および利用者にとって馴染みのあるものであろう。

## ②　IFRS S1号

　IFRS S1号は，サステナビリティ関連のリスクと機会を識別するためのガイダンス，およびそれらのサステナビリティ関連のリスクと機会に関して必要となる開示を提供する横断的な役割を担う。IFRS S1号は，企業の見通しに影響を与えるすべての重要なサステナビリティ関連のリスクと機会を識別し，開示するために，次の2段階のプロセスに従うことを企業に要求している。

---

・ステップ1：短期，中期，長期にわたり企業の見通しに影響を与える可能性のあるサステナビリティ関連のリスクと機会を識別する
・ステップ2：識別されたサステナビリティ関連のリスクと機会に関して提供すべき開示を決定する

---

　企業はこの評価を行うにあたり，自社の事業活動だけでなく，バリューチェーン内の活動も考慮しなければならない。

**図表1－2－6**　**IFRS S1号（サステナビリティ関連財務情報の開示に関する全般的要求事項）の概要**

| 目的・範囲<br>（S1.1～9） | ・投資家の意思決定に有用なサステナビリティ関連のリスクと機会の情報の開示を要求<br>・短期・中期・長期にわたり企業の見通し（企業のキャッシュ・フロー／資金へのアクセス／資本コスト）に影響を与えることが合理的に見込まれるサステナビリティ関連のリスクと機会の情報を開示 | | | |
|---|---|---|---|---|
| 概念的基礎<br>（S1.10～24） | ・重要性，つながりのある情報，報告企業，適正な表示を規定 | | | |
| コア・コンテンツ<br>（S1.25～53） | ガバナンス | 戦略 | リスク管理 | 指標と目標 |
| | ・TCFD提言の構造（4つの要素）に基づく開示<br>・サステナビリティ関連のリスクと機会に係る企業の取組みを開示<br>※具体的な開示要求は他のISSB基準（気候関連はIFRS S2号）で定める | | | |
| 全般的要求<br>事項（S1.54～73） | ・ガイダンスの情報源，比較情報，準拠表明，報告のタイミング，情報の記載場所を規定 | | | |

| 判断，不確実性，誤謬（S1.74～86） | ・判断，測定の不確実性，誤謬を規定 |
| --- | --- |

（注）括弧はIFRS S1号の条項番号を示す。
出所：IFRS S1号をもとにPwCにて作成

　なお，2023年12月に，ISSBは，SASBスタンダードの国際的な適用可能性を向上させるために，SASBスタンダードに対する修正を公表した。この修正はSASBスタンダードの法域固有の参照や定義を削除し，置き換えるものであり，IFRS S1号の導入および適用を促進することを意図している。

### ③　IFRS S2号

　気候関連開示に関する基準であるIFRS S2号は，IFRS S1号の要求事項を基礎としたテーマ別の基準書であり，気候関連開示に焦点を当てている。IFRS S2号に基づき，企業は，短期，中期および長期にわたり企業の見通しに影響を与える可能性のある気候関連のリスクおよび機会を識別する。これらの気候関連のリスクおよび機会を識別するにあたり，企業は，SASBスタンダードにおける気候関連の開示を基礎とする「IFRS S2号『気候関連開示』の適用に関する産業別ガイダンス」で定義されている産業別の開示トピックを参照し，その適用可能性を考慮することが要求される。

### 図表１－２－７　IFRS S2号（気候関連開示）の概要

| 目的<br>（S2.1～2） | 短期・中期・長期に企業の見通しに影響を与えることが合理的に見込まれる気候関連のリスクと機会を開示 | | |
| --- | --- | --- | --- |
| 範囲<br>（S2.3～4） | 物理的リスク<br>（洪水リスク等） | 移行リスク<br>（規制の変更等） | 機会<br>（新技術等） |
| コア・コンテンツ<br>（S2.5～37） | TCFDフレームワークの４要素，11の推奨開示項目を取り込み，より詳細・追加の開示項目を設定 | | |

| | 要素 | 戦略 | リスク管理 | 指標と目標 |
|---|---|---|---|---|
| | 開示対象 | リスクと機会の管理のための企業の戦略 | リスクと機会の識別・評価・優先順位付け・モニタリングのためのプロセス | リスクと機会に関連した企業のパフォーマンス（目標への進捗度を含む） |
| | 開示項目 | 戦略と意思決定<br>財務的影響<br>シナリオ分析を含む<br>気候レジリエンス等 | プロセスおよび関連する方針<br>全社的リスク管理との統合性 | スコープ１，２，３のGHG排出<br>産業別開示<br>気候関連目標 |
| 産業別例示 | 産業別指標の決定にはSASBスタンダードに基づく産業別ガイダンスの参照・考慮が必要 | | | |

出所：IFRS S2号をもとにPwCにて作成

### ④　適用および今後の動き

　IFRSサステナビリティ開示基準は企業がIFRS S1号およびIFRS S2号を適用する最初の年次報告期間において，図表1－2－8で示す経過措置を認めている。

**図表1−2−8** **経過措置を適用する場合のイメージ**

（例）3月決算会社がX1年3月期よりISSB基準を適用する場合
（すべての経過措置を適用と仮定）

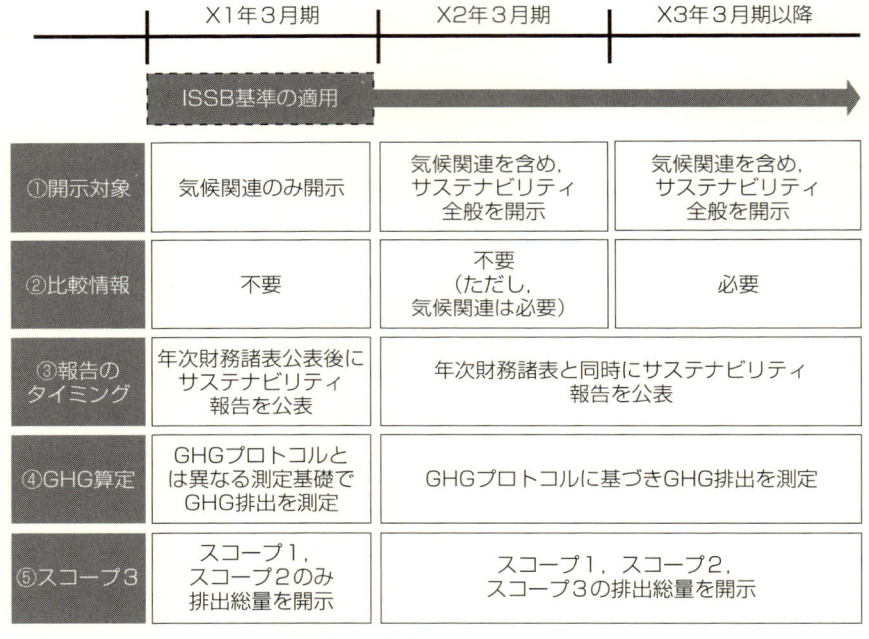

出所：IFRS S1号，S2号をもとにPwCにて作成

ISSBは今後，S2号の気候関連に続き，以下2トピックの開発を検討している。

①　生物多様性，生態系および生態系サービス
②　人的資本

これらのトピックについて，2024年から2026年にかけて投資家の情報ニーズ等をISSBとして改めて調査し，それを踏まえてS3号以降の基準開発要否も含めて決定がなされる予定である。

# （3）　SSBJ（日本）

　（2）で述べたとおり，ISSBの目的はサステナビリティに関連した財務情報を資本市場に提供するための包括的なグローバル・ベースラインとなる基準を発行することとされている。各国はISSBの公表する基準（以下「ISSB基準」という）を直接適用するか，または各国の基準設定主体がISSB基準を基礎として，自国に適用される基準を開発することとなる。

　日本においては，2022年7月に設立されたSSBJがその役割を担う。SSBJの役割として，以下の2点が期待されている。

> ・国内の開示実務や投資家の期待や意見を集約し，我が国からの国際的な意見発信の中心となること
> ・ISSBにおけるサステナビリティ開示基準の策定動向を踏まえつつ，日本における具体的開示内容について実務面も踏まえた検討を行うこと

　2024年3月29日，SSBJは，次の3つのサステナビリティ開示基準案（以下，これらを合わせて「SSBJ公開草案」という）を公表し，同年7月31日までコメント募集を行った。

> 1．サステナビリティ開示ユニバーサル基準公開草案「サステナビリティ開示基準の適用（案）」
> 2．サステナビリティ開示テーマ別基準公開草案第1号「一般開示基準（案）」
> 3．サステナビリティ開示テーマ別基準公開草案第2号「気候関連開示基準（案）」

　なお，SSBJは2024年11月29日，「指標の報告のための算定期間に関する再提案」を公開した。コメント期間は2025年1月10日までとされている。公開草案の内容の修正につき，SSBJが改めてコメントを求めることが適切であると考えた論点については，公開草案を再度公表することとしており，本論点はそれ

に該当する。

　SSBJ公開草案の概要と主なポイントは以下のとおりである。

## ①　構　　成

　SSBJ公開草案はIFRS S1号のうち，基本的な事項を定めた部分とコア・コンテンツの部分とを，わかりやすさの観点から別々の基準（ユニバーサル基準，テーマ別基準）とすることを提案している（図表1−2−9参照)。

## ②　適用対象企業

　SSBJ公開草案は適用対象企業を定めていない。この点，金融審議会に設置された「サステナビリティ情報の開示と保証のあり方に関するワーキング・グループ」（以下「WG」という）において，「有価証券報告書におけるサステナビリティ開示基準の適用については，グローバルな投資家との建設的な対話を中心に据えたプライム上場企業ないしその一部から始めることが考えられる[8]」との方向性が示されたことを踏まえ，SSBJ公開草案はプライム上場企業が適用することを想定して開発されている。

　なお，プライム上場企業以外の企業（例えば，金商法以外の法令によりサステナビリティ関連財務情報の開示が求められる場合や，法令に基づかず，任意でサステナビリティ関連財務開示を作成する場合）も適用できるとされている。

## ③　適用時期

　SSBJ公開草案に強制適用の時期は定められておらず，確定基準公表日（遅くとも2025年3月末）以後終了する年次報告期間から任意で適用可能とすることが提案されている。強制適用の時期はWGで検討されているが，プライム上場企業のうち，時価総額の大きい企業から先行して適用を始め，順次対象を拡大することが提案されている。図表1−2−10で示すとおり，WGは強制適用の時期について，「時価総額3兆円以上の企業は2027年3月期から，1兆円以上の企業は2028年3月期から[9]」を提示した上で，将来的には，全プライム上

---

8　第1回WG事務局説明資料より引用。

## 図表 1 - 2 - 9　SSBJ公開草案の構成

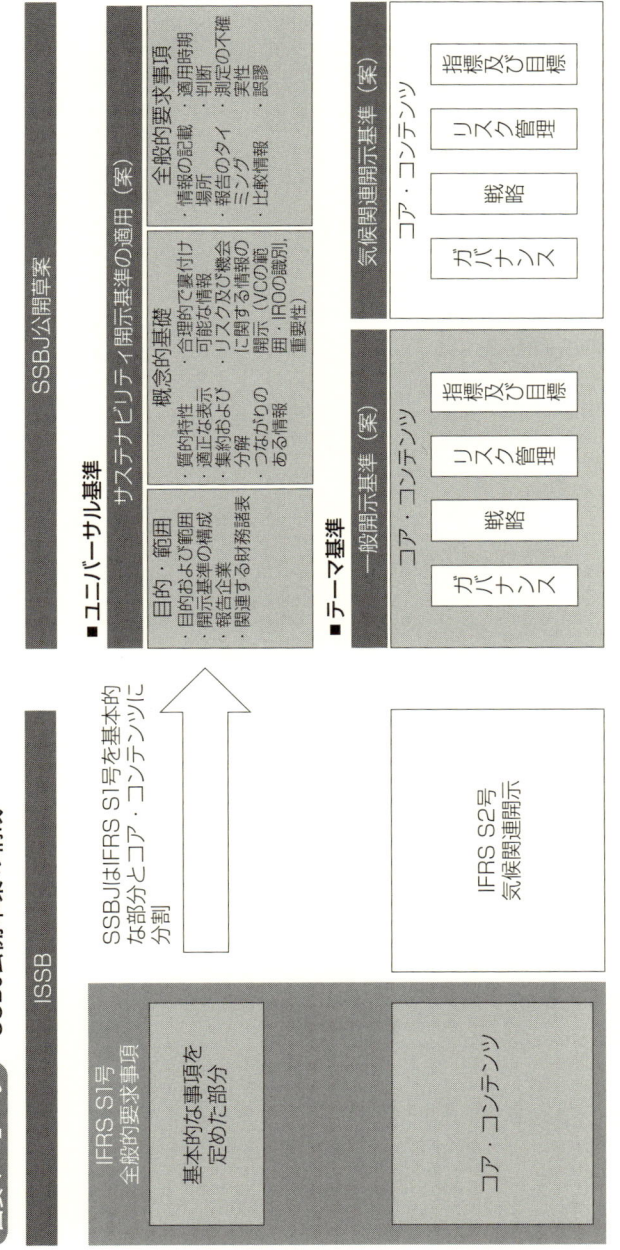

出所：SSBJウェブサイトの情報をもとにPwCにて作成

**図表１－２－10　金融審議会WGによるSSBJ適用時期・適用対象案**

図表１－２－10　金融審議会WGによるSSBJ適用時期・適用対象案

| | 2025年(3月) | 2026年3月期 | 2027年3月期 | 2028年3月期 | 2029年3月期 | 2030年3月期 | … | 203X年3月期 |
|---|---|---|---|---|---|---|---|---|
| 時価総額 3兆円以上 (69社・55%) | | | | 適用義務化 | | | | |
| 時価総額 1兆円以上 (179社・74%) | | | | | 適用義務化 | | | |
| 時価総額 5,000億円以上 (294社・82%) | | | | | | 適用義務化 | | |
| プライム全企業 | | | | | | | | プライム全企業 適用義務化 |
| スタンダード グロース 非上場有報提出会社 | | プライム上場企業以外に関しても任意適用を促進 | | | | | | |

SSBJ基準最終化予定／開示基準導入／● 任意適用開始 ● 金融庁は好事例等の周知を通じて任意適用を促進／順次拡大

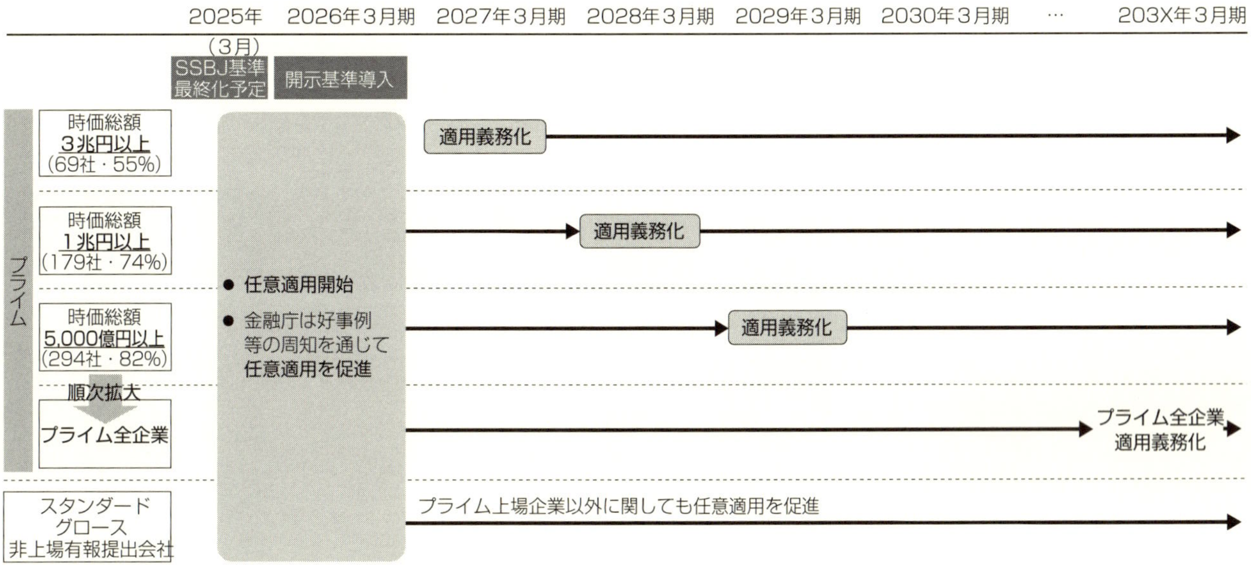

出所：第3回金融審議会　サステナビリティ情報の開示と保証のあり方に関するワーキング・グループ事務局説明資料を加工してPwCにて作成

場企業へSSBJ基準の適用を拡大する方向性を示している。

#### ④　IFRSサステナビリティ開示基準との差異

　SSBJは，高品質で国際的に整合性のあるSSBJ基準を開発するにあたり，ISSBのIFRSサステナビリティ開示基準と整合性のあるものとすることが市場関係者にとって有用であると結論付けた。このため，SSBJ公開草案は2023年6月にISSBが公表したIFRSサステナビリティ開示基準の要求事項をすべて取り入れた上で，企業が適用を選択できる我が国固有の選択肢を一部追加している。

　我が国固有の選択肢を追加した例として，温室効果ガス（GHG）排出量スコープ2が挙げられる。すなわち，IFRSサステナビリティ開示基準では，スコープ2のGHG排出については，ロケーション基準によるGHG排出量，および該当があれば契約証書に関する情報のみを開示項目としているのに対し，SSBJ公開草案では，契約証書に関する情報に代えてマーケット基準による排出量の開示を選択肢に含めている。SSBJはその理由として，マーケット基準により測定した数値には，企業のGHG排出削減の努力が反映されており，ロケーション基準により測定した数値と合わせて開示することが主要な利用者にとって有用であるためとしている。

　WGでは，基準間の整合性を図り，ISSB基準と同等性を持たせることを重視しており，企業の負担を軽減しつつ，投資家にとっての情報の質と比較可能性を向上させることを目的として議論を進めている。

　SSBJ公開草案については，様々な利害関係者から100件を超えるコメントが寄せられ，それらを踏まえ再審議した上で，確定基準は遅くとも2025年3月末には公表される予定である。

## （4）　SEC（米国）

　米国ではSEC（米国証券取引委員会）の動きが注目される。
　SECは2024年3月6日，投資家向けの気候関連開示の強化と標準化に関する

---

9　保証の導入は2028年3月期からを予定。

最終規則（the final rule：The Enhancement and Standardization of Climate-Related Disclosures for Investors，以下「最終規則」という）を採択した。最終規則には，気候関連のリスクとリスク管理に関する開示，およびそのようなリスクに対する取締役会と経営者のガバナンスが含まれる。さらに本規則には，異常気象およびその他の自然現象の財務的影響を監査済財務諸表の中で開示する要求事項が含まれる。大規模早期提出会社および早期提出会社にはGHG排出に関する情報の開示も要求されており，保証の要求事項が段階的に適用される。

　最終規則はTCFDによって策定された開示フレームワークのいくつかの概念を用いる一方で，CSRD，IFRS等他のサステナビリティ開示基準等とは多くの相違点を有する。さらに，Interoperability（相互運用可能性）と呼ばれるサステナビリティ開示基準間での相互利用への関心が高い中，SECは今後の相互運用可能性の進展を注視し，そのようなアプローチが投資家に有用な情報をもたらすかどうか判断するとし，相互運用可能性への立場を明確にしていない。

　SECの最終規則の開示要求は①非財務情報開示，②財務情報開示（財務諸表注記）に大きく分けられる。

## ①　非財務情報開示

### ａ．全般的な開示

- 気候関連リスクの評価と管理における経営者の役割および取締役会による監督
- 気候関連リスクを識別，評価および管理するプロセス，気候関連リスクが企業の全体的なリスク管理プロセスに統合されているかどうか，およびどのように統合されているか
- 企業の事業，財政状態，経営成績に重要な影響を与える，または与える可能性が合理的に高い気候関連リスク，および，当該リスクが企業の戦略，ビジネスモデル，見通しに与える重要な実際のおよび潜在的な影響
- 重要な気候関連リスクの緩和または適応のための活動から生じた重要な支出および財務上の見積りや仮定に対する重要な影響についての定量的・定性的情報

・重要な気候関連リスクの緩和または適応のための活動に係る移行計画，
シナリオ分析，内部炭素価格の使用等に関する情報
・企業の事業，経営成績または財政状態に重要な影響を与える，または重
要な影響を与える可能性が合理的に高い場合，気候関連の目標（tar-
get）または最終ゴール（goal）

### b．GHG排出量

・大規模早期提出会社（large accelerated filer）および早期提出会社（ac-
celerated filer）で，GHG排出に重要性がある場合，スコープ1および
スコープ2のGHG排出量
・スコープ1およびスコープ2のGHG排出総量，個々に重要性がある場合
は構成ガスの開示
・その組織の境界を決定するために使用した方法および連結財務諸表との
重要性のある相違
・GHG排出量の報告に使用したプロトコルまたは基準。GHG排出量の計
算に使用される方法，重要なインプット，および重要な仮定に関する情
報を含む。

　最終規則では，GHG排出の開示要求において当初案から変更がある。特に
大きな変更点は，スコープ1およびスコープ2の開示が全登録企業には義務付
けられなくなったこと，およびスコープ3の開示が見送られた点である。

### ②　財務情報開示

　SEC最終規則は気候関連の財務諸表への影響および関連する事項を監査済財
務諸表の注記に開示することを要求している。主な開示事項は以下のとおりで
ある。

> ・異常気象およびその他の自然現象からの影響について(1)資産計上したコストおよび手数料，(2)発生時に費用処理した支出および損失の金額[10]
> ・カーボンオフセットおよび再生可能エネルギー電力証書（REC）が気候関連の目標や最終ゴールの達成計画における重要な構成要素である場合，関連して費用処理した金額や資産計上した金額，損失に関する定量的情報
> ・(a)異常気象やその他の自然現象，または(b)開示された目標や移行計画に重大な影響を受ける財務上の見積りおよび仮定に関する定性的説明[11]

　図表1－2－11はSEC気候関連開示基準の適用時期およびGHG排出量に対する外部保証開始時期を示す。大規模早期提出会社のGHG排出量開示を除く開示は2025年，GHG排出量開示は翌2026年よりそれぞれ開始される。スコープ1およびスコープ2に対する外部保証者による保証（attestation）の取得は，大規模早期提出会社の場合は2029年より，早期提出会社の場合は2031年より，それぞれ必要となる。

---

10　資産計上したコストおよび手数料の開示は，影響額の合計の絶対値が関連する事業年度末の株主資本または欠損の絶対値の1％以上である場合にのみ要求され，50万ドルの最低基準額（de minimis threshold）が適用される。支出および損失の開示は，影響額の合計が，関連する事業年度の税引前利益または損失の絶対値の1％以上である場合に要求され，10万ドルの最低基準額が適用される。

11　（1）気候関連リスクの緩和または適応活動，（2）移行計画，または（3）目標（target）または最終ゴール（goal）に関連する財務上の見積りおよび仮定に対するその他の定量的・定性的な影響は財務諸表外での開示が求められる。

### 図表 1 － 2 － 11　　米国／ SEC気候変動開示規則の適用スケジュール

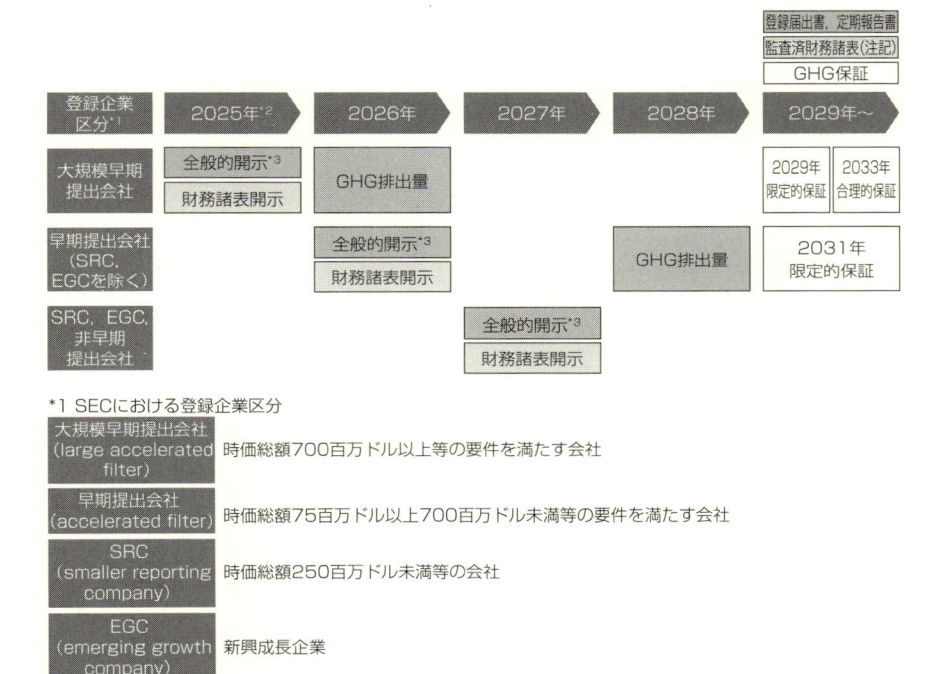

\*1 SECにおける登録企業区分

| 登録企業区分 | |
|---|---|
| 大規模早期提出会社（large accelerated filter） | 時価総額700百万ドル以上等の要件を満たす会社 |
| 早期提出会社（accelerated filter） | 時価総額75百万ドル以上700百万ドル未満等の要件を満たす会社 |
| SRC（smaller reporting company） | 時価総額250百万ドル未満等の会社 |
| EGC（emerging growth company） | 新興成長企業 |
| 非早期提出会社（non-accelerated filter） | 大規模早期提出会社および早期提出会社の要件を満たさない会社 |

\*2 暦年に始まる事業年度を指す。
\*3 発生した重要性のある支出の定性的および定量的な影響ならびに特定の財務上の見積りと仮定に与える重要性のある影響に関連する3つの特定のRegulation　S-K開示（Item1502（d）（2），Item1502（e）（2），およびItem1504（c）（2））は，登録企業区分ごとに適用2年目から開示が必須となる。

出所：SEC「The final rule：The Enhancement and Standardization of Climate-Related Disclosures for Investors」をもとにPwCにて作成

　なお，2024年3月6日の最終規則公表後に，米国内において賛成と反対の双方による訴訟が複数起こされる等の混乱が発生し，2024年4月4日にSECは「秩序ある司法的解決を促進するため」として最終規則の一時停止を発表したため，適用時期は当初の想定どおりにはならない可能性がある。

　SECは人的資本の開示でも動きがある。2020年8月より非財務情報に関する規則を改正し，人的資本の開示を上場企業に義務付けている。しかし，開示内

容については企業の裁量による側面が多く，企業評価に必要な情報が投資家に提供されないといった課題がある。これに対し，2022年6月，人的資本についての説明および事業を運営する上で重視する人的資本の取組みや目標の記載といった情報開示を企業に求める提案がされた。現在，改革案が検討されており，早晩示されるとみられる。

## （5）　インダストリー別開示（SASB）

　ここでは，サステナビリティ開示基準開発のうち，インダストリー別開示の動向を紹介する。動向の紹介にあたっては，インダストリー別基準の代表例であり，IFRS財団が管理するSASBスタンダードを中心に取り上げる。SASBとは，基準を最初に開発・設定した「Sustainability Accounting Standards Board」（サステナビリティ会計基準審議会）の略称である。

### ①　なぜインダストリー別開示基準が存在するのか
#### a．インダストリー別開示基準の重要性
　個別の企業のサステナビリティの取組みをステークホルダーに伝える上で，産業分野の特性を踏まえた開示が必要となる。例として，地球温暖化対策が喫緊の課題となった昨今，企業が社会からどのような要請を受けているかを，産業ごとに考えてみよう。

　例えば，鉄鋼産業では，製品の製造プロセスにおけるGHG排出量の削減が求められている。自動車産業では，製品の燃費の向上やガソリン車から電動車への移行が求められている。また宿泊産業では，業務運営におけるエネルギー使用量の削減が求められている。ある企業のサステナビリティの取組みを正しく理解する上で，その企業が属する産業のサステナビリティに関する背景情報は，欠かすことができない。

　全産業に関わる一般的なサステナビリティ情報開示基準では取り扱いきれない，産業個別の背景情報を前提とした開示基準を定めたものが，インダストリー別開示基準である。

　グローバルで最も利用されているインダストリー別開示基準は，全産業を，11の「セクター」，77の「インダストリー」に分け，「インダストリー」ごとに

重要な「開示トピック」,「指標」を規定したSASBスタンダードである。その
ため,本パートではSASBスタンダードに焦点を当てている。その他の代表的
なインダストリー別開示基準として,GRI（Global Reporting Initiative：グ
ローバル・レポーティング・イニシアティブ）のセクター基準や,2024年12月
現在開発が進められているESRSのセクター基準などが存在する。2つのイン
ダストリー別開示基準の概要については,SASBスタンダードと合わせて,後
ほど簡単に確認する。

　また,インダストリー別開示基準ではないが,気候関連などの質問書を企業
などに送付し,その回答をスコアリングして公開しているCDPでは,セクター
固有の質問が設定され,企業の事業特性に合わせた回答が得られるような工夫
がなされている。

**図表1-2-12**　SASBスタンダードの11の「セクター」と77の「インダス
トリー」

| セクター | インダストリー | |
|---|---|---|
| 消費財 | ・ アパレル,アクセサリーおよびフットウェア<br>・ 建築・内装資材<br>・ 家庭用品・パーソナルケア用品<br>・ おもちゃ・スポーツ用品 | ・ 家電製品の製造<br>・ 電子商取引<br>・ マルチラインおよび専門小売業者およびディストリビューター |
| 採掘・鉱物加工 | ・ 石炭事業<br>・ 鉄鋼メーカー<br>・ 石油・ガス - 探査と生産<br>・ 石油・ガス - 精製・販売 | ・ 建設資材<br>・ 金属・鉱業<br>・ 石油・ガス - 中流<br>・ 石油・ガス - サービス |
| 財務情報 | ・ 資産管理・保管業務<br>・ 消費者金融<br>・ 投資銀行業務および仲介業務<br>・ 証券・商品取引所 | ・ 商業銀行<br>・ 保険<br>・ 住宅ローンファイナンス |
| 食品・飲料 | ・ 農産物<br>・ 食品小売・流通業者<br>・ ノンアルコール飲料<br>・ レストラン | ・ アルコール飲料<br>・ 食肉,鶏肉,乳製品<br>・ 加工食品<br>・ タバコ |
| ヘルスケア | ・ バイオテクノロジー・医薬品<br>・ 医療提供<br>・ マネージドケア | ・ 医薬品小売業<br>・ ヘルスケア流通業<br>・ 医療機器・医療用品 |

| インフラストラクチャー | ・ 電気事業・発電事業<br>・ ガス供給事業・ガス小売事業<br>・ 不動産<br>・ 廃棄物管理 | ・ エンジニアリング・建設サービス<br>・ 住宅建設業<br>・ 不動産サービス<br>・ 水道事業・水道サービス事業 |
|---|---|---|
| 再生可能資源と代替エネルギー | ・ バイオ燃料<br>・ 燃料電池と産業用電池<br>・ 太陽光技術とプロジェクト開発事業者 | ・ 林業経営<br>・ パルプ・紙製品<br>・ 風力技術とプロジェクト開発者 |
| 資源の変換 | ・ 航空宇宙・防衛<br>・ 容器・包装<br>・ 産業機械・生産財 | ・ 化学品<br>・ 電気電子機器 |
| サービス | ・ 広告・マーケティング<br>・ 教育<br>・ レジャー施設<br>・ プロフェッショナルサービスおよび商業サービス | ・ カジノ・ゲーム<br>・ ホテル・宿泊施設<br>・ メディア＆エンターテインメント |
| テクノロジー＆コミュニケーション | ・ 電子機器受託製造サービス（EMS）および委託者ブランドによる製品設計・製造（ODM）<br>・ インターネットメディアおよびサービス<br>・ ソフトウェアおよびITサービス | ・ ハードウェア<br>・ 半導体<br>・ 電気通信サービス |
| 運輸 | ・ 航空貨物・物流<br>・ 自動車部品<br>・ レンタカー・カーリース<br>・ 海運<br>・ 陸運 | ・ エアライン<br>・ 自動車<br>・ クルーズライン<br>・ 鉄道輸送 |

### b．数多くの企業がインダストリー別開示基準を利用

　旧SASBが開始し，IFRS財団によって継続して実施されている調査では，2021年から2023年の3年間にSASBスタンダードを用いて企業報告を実施した企業数（重複を除く）は，3,335となっている。単年度でみると，2021年が1,335，2022年が2,232，2023年が2,499であり，SASBスタンダードを利用して報告を行う企業は年々増加しているとされる。

　また，国際会計士連盟（International Federation of Accountants：IFAC）が2024年に公表した「The State of Play：Sustainability Disclosure & Assurance 2019-2022 Trends & Analysis」（仮訳：サステナビリティ情報開示及び保証の現状2019－2022）では，企業のSASBスタンダードへの言及は，2024年のIFRSサステナビリティ開示基準の発効を前に継続して増加している，と報告されている。当該調査は，各法域の最大手企業を調査対象としている。

　そして国内では，PwC Japanグループが2023年に公表した「サステナビリティ情報開示の進展[12]」において，TOPIX100企業の半分以上である53社がSASBスタンダードを活用しているとともに，うち約3分の2に当たる34社がSASB対照表を作成しているという結果が報告されている。

　ここでSASB対照表について補足しておく。SASBスタンダードに基づいて情報を開示する際に，多数の企業が，各指標への対応を一覧表で示すことが多い。この一覧表がSASB対照表である。

**図表1－2－13**　**SASB対照表**

| SASB対照表 | | | |
|---|---|---|---|
| 開示トピック | コード | 指標 | 対応状況 |
| GHG排出 | RT-CH-110a.1 | スコープ1排出量のグローバル合計，排出制限規制の対象となる割合 | － |
| | RT-CH-110a.2 | スコープ1排出量，排出削減目標，およびそれらの目標に対するパフォーマンスの分析を管理するための長期および短期戦略または計画の説明 | － |
| 大気質 | RT-CH-120a.1 | 以下の汚染物質の大気排出量：<br>1　窒素酸化物（NOx）※亜酸化窒素（$N_2O$）を除く<br>2　硫黄酸化物（SOx）<br>3　揮発性有機化合物（VOC）<br>4　有害大気汚染物質（HAPs） | － |
| － | － | － | － |

---

12　https://www.pwc.com/jp/ja/knowledge/thoughtleadership/progress-in-sustainability-information-disclosure.html

## ②　SASBスタンダードとは何か

### ａ．基準開発から現在までの経緯

　2018年にSASBによって，SASBスタンダードが設定された。米国の上場企業には，米国SECへの年次報告書「Form 10-K」等の提出が法的に義務付けられているが，その年次報告書等で要求される情報開示で利用できる基準として，SASBスタンダードは当初設計された。基準の開発過程では，基準の妥当性を高めるため，各産業のサステナビリティに関する知識を持つ企業の担当者，投資家，専門家が関与している。

　年次報告書「Form 10-K」等の提出で，SASBスタンダードの利用が法的に義務付けられることはなかったが，SASBスタンダードの利用企業は増加し，国際的なサステナビリティ情報開示基準の統合の動きの中で，存在感を示すこととなった。

　設定から3年後の2021年には，国際統合報告フレームワークを管理する国際統合報告評議会（IIRC：International Integrated Reporting Council）とSASBが統合し，価値報告財団（VRF：Value Reporting Foundation）が発足した。機関投資家等，財務資本の提供者を主な情報利用者として位置付けているSASBとIIRCは，統合を通じて，企業そして投資家のための統合されたサステナビリティ情報の報告体系の構築を目指した。

　価値報告財団は，ISSBの設立にも関与し，最終的にIFRS財団と統合することとなった。2022年にIFRS財団と価値報告財団の統合が完了し，国際統合報告フレームワークとともに，SASBスタンダードはIFRS財団によって管理されるようになった。

### ｂ．開示すべきトピックや指標を階層的に整理

　SASBスタンダードでは，77の「インダストリー」ごとに，財務的に重要なインダストリー別「開示トピック」と「指標」が，インダストリー基準として定められている。

### ・　「開示トピック」

　SASBスタンダードでは，財務的に重要なサステナビリティ課題を，インダストリー別「開示トピック」として定義している。「開示トピック」は26の

「課題カテゴリー（General Issue Category）」に紐付けられている。そして，「課題カテゴリー」は５つの「ディメンション」に分類される。

・　「指標」

　各インダストリー基準には複数の定性的もしくは定量的な「指標」が含まれる。この「指標」は，「開示トピック」における企業のパフォーマンスを測定するために使用される。各「指標」について，詳細なクライテリアがインダストリー基準において記載されている。

**図表１－２－14**　**SASBスタンダードの構造**

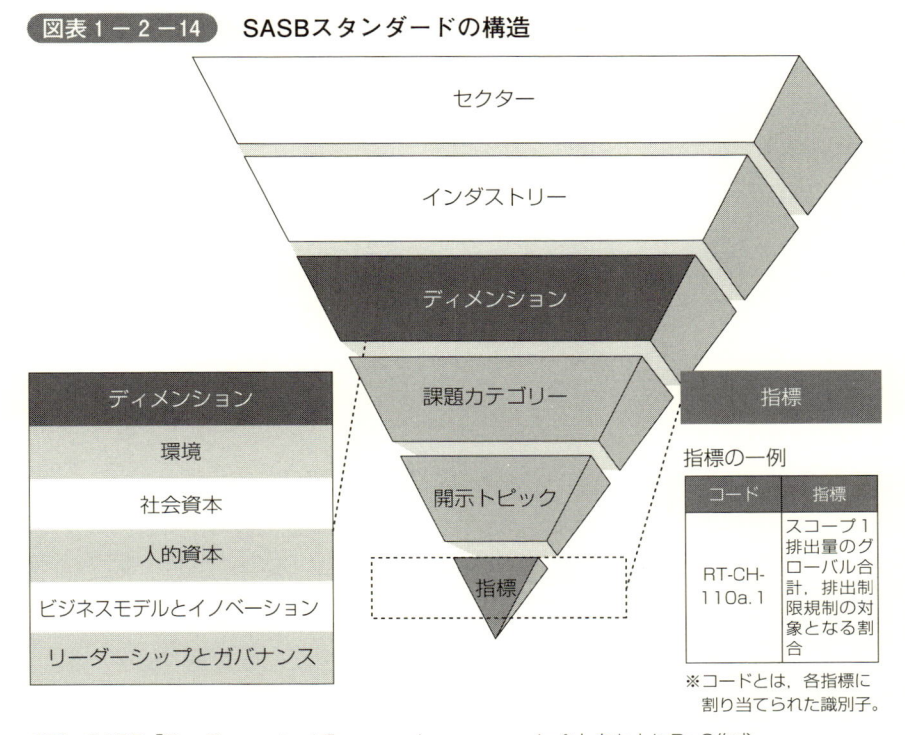

出所：SASB「The Conceptual Framework exposure draft」をもとにPwC作成

## c．インダストリー別開示基準の例

　SASBスタンダードの特徴を理解する上で，その他のインダストリー別開示

基準についても簡単に確認する。SASBスタンダードと同様に，インダストリー別開示基準の代表例とされるのがGRIのセクター基準である。2021年にGRIから最初の「石油・ガス（GRI 11）」の基準が公開されたことを皮切りに，2024年2月現在，「石炭（GRI 12）」，「農業・養殖業・漁業（GRI 13）」，「鉱業（GRI 14）」の合計4つの基準が公開されている。

　GRIでは，40個のセクター基準の設定を目標としており，上記4つ以外のセクター基準についても，今後，順次開発されていく計画となっている。GRIでは，2000年代にセクター固有の情報開示のガイドラインとしてSector Supplementと呼ばれる文書を開発していた時期があり，その内容もセクター基準の開発で活かされている。

　別の例であるESRSのセクター基準は，すでに公開されているESRSのセクター横断的な基準では扱うことのできない，セクター固有の基準を設定することを目的に開発されている基準である。

　欧州委員会のもとESRSの各基準などの開発を担当するEFRAGの作業計画によると，2024年から2025年にかけてまず，「石油・ガス」と「鉱業・採石業・石炭」の2つのセクター基準が，公開草案などの形で公開される計画で，将来的には40程度のセクター基準が開発される予定である。ESRSのセクター基準の開発では，SASBスタンダードやGRIのセクター基準など，先行する他のインダストリー別開示基準が参照されている。

**図表1－2－15** 代表的なインダストリー別開示基準の例（2024年2月現在）

|  | 設定主体 | 法的強制力 | 対象産業分野数 | 公開年 |
|---|---|---|---|---|
| SASBスタンダード | IFRS財団 | 任意 | 77 | 2018年 |
| GRIセクター基準 | GRI | 任意 | 4（40を計画） | 2021年（以降順次） |
| ESRSセクター基準 | 欧州委員会（開発：EFRAG） | 義務 | ―（40程度を計画） | 開発中 |

### ③　グローバルな情報開示環境におけるSASBスタンダードの位置付け

#### ａ．IFRSサステナビリティ開示基準を適用する際の実務的なガイダンス

　現在SASBスタンダードは，IFRSサステナビリティ開示基準を企業が適用していく際の，実務的なツール，ガイダンスとして位置付けられている。具体的には，SASBスタンダードの「開示トピック」や「指標」を１つの手がかりとしながら，企業は，サステナビリティ関連のリスクと機会に関する重要な情報を特定していくことができる。

　数多く存在するサステナビリティ課題のテーマのうち，IFRSサステナビリティ開示基準においてテーマ別の基準として公開されているものは，気候関連のみである。自社にとって重要なテーマが気候関連以外に存在する場合，どのような開示内容とすべきかは，企業側での検討が求められる。

　SASBスタンダードでは，５つの「ディメンション」に属する26の「課題カテゴリー」に対応した，インダストリー別の「開示トピック」と「指標」がすでに規定されている。26の「課題カテゴリー」のうち，気候関連は一部であり，気候関連以外のテーマも数多くカバーされている。

#### ｂ．投資家に中長期的な企業価値向上の取組みについて開示する際の任意基準

　現在もSASBスタンダードは，投資家に中長期的な企業価値向上の取組みについて開示する際の，法的強制力のない任意基準として存在し続けている。よくSASBスタンダードと比較されるのがGRIスタンダードであるが，GRIスタンダードは，投資家に限らず多様なステークホルダーに取組みを開示する際の任意基準として用いられる。

　SASBスタンダードに関心を持つ投資家は多く存在する。IFRS財団では，26のマーケットを代表する317の機関投資家が，SASBスタンダードをサポートもしくは使用し，投資の意思決定に情報を提供しているとしている[13]。また，2023年に実施されたSASBスタンダードの改定（指標などにおいて，米国固有の内容が含まれているという指摘への対応）の過程で実施された意見募集では，

---

13　IFRS財団「Global Use of SASB Standards」（https://sasb.ifrs.org/about/global-use/），アクセス日2024年４月９日

経済産業省，日本公認会計士協会，日本証券アナリスト協会，日本証券業協会など日本国内の団体がコメントや意見書を提出していることからも，国内の投資家のSASBスタンダードへの関心の高さが窺える。

#### ④　IFRSサステナビリティ開示基準とSASBスタンダードの関係

#### ａ．IFRSサステナビリティ開示基準はSASBスタンダードへの考慮を要求

　全般的要求事項を定めたIFRS S1号では，SASBスタンダードの開示トピックと指標の考慮が求められている。まずIFRS S1号は，投資家にとって関連性のあるすべてのサステナビリティ関連のリスクおよび機会の開示を求めており，気候変動がその１つである場合は，IFRS S2号を使用することが求められる。IFRS S2号では，例示的なインダストリー別ガイダンスとしてSASBスタンダードの気候関連の開示トピックと指標が含められている。またIFRS S1号は，その他のテーマに関しては，企業はSASBスタンダードのトピックと指標を考慮しなければならないとしている。

　国際基準であるIFRSサステナビリティ開示基準からの参照が行われるにあたって，SASBスタンダードの国際的な適用可能性を改善する改定が2023年に実施された。これは，SASBスタンダードの指標などにおいて，米国固有の内容が含まれているという指摘への対応であった。

#### ｂ．気候関連開示以外のテーマでのインダストリー別基準をSASBが提供

　今後IFRS財団によって，気候関連開示以外のテーマ別のIFRSサステナビリティ開示基準が開発，設定される中で，例示的なガイダンスとしてSASBスタンダードが活用されると想定される。

　IFRS財団では，SASBスタンダードをスタンドアロンベースで少なくとも４年間メンテナンスし続けるとし，現実にはさらに長い期間になるのではないかとも補足している。IFRS財団のメンテナンス期間の終了後，現在と同じ形態でSASBスタンダードが提供され続けるかどうかは言及されていないが，IFRSサステナビリティ開示基準の開発期間においては，IFRS財団によってSASBスタンダードのアップデートも実施されていくと考えられる。

## ⑤　SASBスタンダードにおける保証

### a．現状，限られた企業がSASBスタンダードに関する保証を取得

　現在のところ，SASBスタンダードに準拠したサステナビリティ開示情報に関する保証を要求している法域はない。SASBスタンダードにおける保証は，グローバルで，限られた企業が取得している状況である。IFACは毎年開示と保証に関する調査レポートを公表している。2024年に公開された調査レポート[14]では，SASBスタンダードに言及した保証報告書の数は，2022年のデータで81件とされている。調査対象のESG報告でSASBスタンダードが言及されていた数は，2022年で710件であり，保証の割合は11％となっている。インターネットを検索すると，例えば，あるグローバル製造業企業のWebサイトで，SASBのハードウェアインダストリー基準を対象とした限定的保証の報告書が公開されている事例などを確認することができる。

### b．今後，SASBスタンダードが要求する開示項目への保証ニーズは徐々に増加

　IFRSサステナビリティ開示基準に準拠したサステナビリティ開示情報に関する保証は，基準自体においては要求されていない。IFRS財団では，IFRS S1号とIFRS S2号はどちらも，報告された情報を保証できるように設計されているが，保証が必要かどうかを判断するのは各法域であるとしている。

　今後，SASBスタンダードが要求する開示項目に対して保証を取得する企業は，IFRSサステナビリティ開示基準の各法域での法令化の進展に合わせて，徐々に増加すると考えられる。国内ではSSBJがサステナビリティ開示基準の公開草案を公表し，今後法令化に向けた活動が進められる。国内でも，SASBスタンダードが要求する開示項目への保証ニーズは徐々に増加することとなるであろう。

---

14　国際会計士連盟「The State of Play：Sustainability Disclosure & Assurance 2019-2022 Trends & Analysis」（https://www.ifac.org/knowledge-gateway/discussion/state-play-sustainability-assurance），アクセス日2024年4月9日

# 第3節　サステナビリティ情報保証の基準

## （1）　サステナビリティ情報保証の範囲

　近年，気候変動リスクへの関心の高まりから，サステナビリティ情報開示の高度化が進められているとともに，第三者保証や第三者検証に関する議論や関心が従来にも増して盛り上がっている。サステナビリティ情報に関連して提供される専門家サービスは多様であり，まず，本書で説明している「保証」についての誤解がないよう，「保証」とその他の業務との関連を本節のはじめに整理しておく。

　ここで「サステナビリティ情報の保証」は，企業等の経営層がサステナビリティに関連するそれぞれの側面を規準を使って評価または測定した結果の報告（サステナビリティ情報）について，主要な情報の利用者（ステークホルダー）が信頼して利用できるよう，独立した第三者が自ら収集した証拠に基づき，サステナビリティ情報の規準に照らして判断した結果を結論として報告するものである。

　そのため，「サステナビリティ情報の保証」の定義に該当しない，図表1－3－1に示したような業務は保証業務には該当しない。本書ではあくまで「サステナビリティ情報保証」の定義に該当する業務について説明している。

**図表1－3－1**　サステナビリティ情報関連業務であるが，保証業務ではないサービス

① サステナビリティ情報の算定支援や開示高度化支援，サステナビリティ戦略の策定支援といったコンサルティング業務
② 有識者個人の知見等に基づいた主観的な評価や推奨事項を表明する第三者意見
③ サステナビリティ情報に対して，依頼者との合意に基づいて実施した手続および実施結果を報告する業務

## （2）　合理的保証と限定的保証

### ①　保証とは

　また，サステナビリティ情報の保証の議論の中で，「合理的保証」，「限定的保証」という概念がよく使われるが，この概念についてもそれぞれの定義を整理しておきたい。

　「合理的保証」や「限定的保証」といった概念は，主題情報であるサステナビリティ情報に重要な虚偽表示がある場合に，保証プロバイダーが不適切な結論を表明してしまうリスク（「保証業務リスク」と呼ばれる）に対応した，保証の水準の違いである。なお，保証業務リスクがまったくないゼロの状態にすることは「絶対的保証」といわれるが，この水準の保証には経済的な合理性がない場合が多く，リスクゼロとする保証自体の実施は極めて困難なものとなる。保証のための限られたリソースの制約からサンプルベースでの試査になることや，保証の限界の存在，保証証拠の多くは心証的なものであること，保証に際しては保証実施者の判断が伴うことなどがその理由である。

　「合理的保証」も「限定的保証」も，「絶対的保証」と異なり，一定の保証業務リスクを受け入れつつも，受入可能な水準に違いがあるということである。限定的保証業務において，業務実施者は，保証業務リスクを個々の業務の状況において受入可能な水準に抑えるが，その保証業務リスクの水準は，合理的保証業務に比べてより高く設定される。「合理的保証」における手続の内容は一般に財務諸表監査に似ているものとされている（日本公認会計士協会保証業務実務指針3000研究文書「「我が国におけるサステナビリティ及びその他の拡張された外部報告（EER）に対する保証業務に関するガイダンス（試案）」に係る研究文書」《付録3》参照）。

### ②　合理的保証と限定的保証の違い

　そもそもなぜ「合理的保証」「限定的保証」といった，保証水準が異なる保証業務が存在しているのか。保証業務の水準は，サステナビリティ情報の想定される利用者が期待する情報の信頼性に対するニーズに応じて判断されるものである。サステナビリティ情報の利用価値が高く，その情報の信頼性が高くあ

るべきと望む想定利用者の情報ニーズが高ければ，その水準に応じた保証水準が求められる。過去から現在までの保証実務の多くが「限定的保証」であった背景は，サステナビリティ情報への信頼性のニーズが相対的に高いものではなかったということもいえる。一部の排出量取引制度のもとに実施されている保証（検証）では合理的保証水準が採用されているが，これはその排出量情報に基づく排出枠が市場において売買の対象となって価格が付くものであり，排出量情報への信頼性のニーズが高い結果の表れであると考えられる。

それでは，「合理的保証」と「限定的保証」とで，抑えるべき保証業務リスクの水準が異なる結果として，具体的にどのような相違点が生じてくるのか，以下で概観しておきたい。

### a．保証手続と保証証拠の十分性と適切性

保証業務実施者自らが直接的に影響を与える形で保証業務リスクを低く抑えるため，主題情報に生じる重要な虚偽表示が発見されないリスクを低く抑えるような保証手続を立案する。そのため，保証証拠の十分性と適切性の点で，「合理的保証」と「限定的保証」の差異が生ずる。

保証証拠の十分性とは，証拠の量的尺度のことであり，必要な証拠の量は，主題情報に重要な虚偽表示が含まれるリスクの程度によって影響を受け，また，証拠の質によっても影響を受ける。リスクの程度が高いほどより多くの証拠を要求することになり，証拠の質が高ければより少ない証拠で済む。そのため，「限定的保証」と比較して「合理的保証」のほうが，保証業務リスクを低く抑えるためにより多くの証拠を要求する形になってくる。

保証証拠の適切性とは，保証証拠の質的尺度（証拠の適合性と証明力）のことであり，証拠の証明力は，証拠の情報源および種類ならびに証拠を入手する状況によって影響される。独立した情報源から入手した証拠，証拠作成に関連する内部統制が有効な場合，直接入手した証拠，文書化された証拠などは，証拠力がより強いとされる。そのため，「限定的保証」と比較して「合理的保証」になると，証拠作成に関連する内部統制が有効かが重要になるとともに，内部証憑ではなく，外部証憑を保証業務実施者自らが直接入手することも，リスクの程度によっては考えられる。

### ｂ．内部統制に対する手続

　保証業務実施者自らが直接的に影響を与えることはできない保証業務リスクの構成要素として，主題情報に生じる重要な虚偽表示が，関連する内部統制によって，適時に防止または適時に発見および是正されるかどうか，すなわち「統制リスク」も重要な要素である。

　上述のように，証拠作成に関連する内部統制が有効であれば，入手する証拠の証拠力が高いことが期待される。「限定的保証」では，一般的に，①統制環境，②事業体のリスク評価プロセスの結果，③情報システムと伝達，といった内部統制の構成要素を理解するに留まるが，「合理的保証」になると，①統制環境，②事業体のリスク評価プロセス，③情報システムと伝達，④監視活動，⑤統制活動，といった内部統制の構成要素を理解し，その有効性を評価することで，入手する証拠の証明力の評価に利用される。

## （3）　現在のサステナビリティ情報保証業務の基準

### ①　2つの基準

　現在，企業が任意に開示するサステナビリティ情報に対して監査法人系の保証プロバイダーが実施する第三者保証業務は，一般に国際会計士連盟（IFAC）国際監査・保証基準審議会（IAASB）の国際保証業務基準（ISAE）第3000号（改訂）「過去財務情報の監査又はレビュー以外の保証業務」（以下「ISAE3000」という）や，国際保証業務基準（ISAE）第3410号「温室効果ガス報告に対する保証業務」（以下「ISAE3410」という）に準拠して実施されている。ISAE3000は，過去財務情報の監査およびレビュー業務以外の保証業務における一般的な要求事項や適用指針のみを定めた包括的な基準であり，そのため，ISAE3000を基本として，温室効果ガス（GHG）の保証や受託業務に係る内部統制の保証といった主題に特有の個別の基準が策定されており，サステナビリティ情報に関連する個別の基準としてISAE3410を用いている。

　そもそもISAE3000（改訂）やISAE3410は，サステナビリティ保証の文脈において，誰が使用する想定なのだろうか。ISAE3000（改訂）の中では，「職業会計士（professional accountants）」という言葉のほかに「職業会計士以外の的確な業務実施者（a competent practitioner other than a professional accountant）」という表現がされているとおり，公認会計士や監査法人の独占業務ではなく，他の保証プロバイダーも使用可能な基準である。ただし，ISAE3000に「準拠」しているとして保証業務を実施するためには，その前提として倫理規程や品質管理基準を充足していなければならない。国際会計士倫理基準審議会（IESBA：International Ethics Standards Board for Accountants）の倫理規程や品質管理基準の国際品質マネジメント基準第１号（International Standard on Quality Management（ISQM）１）の内容についてはこの後で詳説するが，ISAE3000（改訂）においては，業務実施者が職業会計士でない場合には，IESBAの倫理規程や品質管理基準のISQM1と同等以上の職業専門的な要求事項や法令等の要求事項を適用することを求めている。そもそもIESBAの倫理規程や品質管理基準のISQM1は，監査法人を念頭に置いた非常に厳格な基準であることから，監査法人以外の保証プロバイダーにあっては「同等以上の要求事項」を探すことになるが，何をもって「同等以上の要求事項」かの判断基準もなく，実態として「同等以上の要求事項」として利用可能な他の基準が不明である。こうした背景もあり，実際に監査法人以外の保証機関での検証においては，ISAE3000やISAE3410以外の検証基準を用いている例が多いが，（本来はISAE3000やIASE3410では想定していないものの）ISAE3000やISAE3410を「参照」して実施した旨を記載している報告書も存在している。

### ②　２つの基準の構成

　次に，ISAE3000（改訂）およびISAE3410の構成内容について確認しておきたい。ISAE3000（改訂）およびISAE3410での全体的な構成（主なもの）は図表１−３−２のようにまとめられるが，これらの要求事項はおおむね保証のプロセスと整合している。保証プロセスの個々の内容について，このあと順に見ていきたい。

**図表1－3－2**　ISAE3000（改訂）およびISAE3410の構成

| ISAE3000（改訂） | | ISAE3410 | |
|---|---|---|---|
| 契約の受嘱・更新 | 21〜30項 | 契約の受嘱・更新 | 16〜18項 |
| 品質管理 | 31〜39項 | 品質管理 | 71項 |
| 計画 | 40〜43項 | 計画 | 19項 |
| 重要性 | 44項 | 重要性 | 20〜22項 |
| 主題と企業の状況の理解 | 45〜47項 | 事業の理解，重要な虚偽表示リスクの識別・評価 | 23〜34項 |
| リスク対応手続 | 48〜51項 | リスク対応手続 | 35〜56項 |
| 他の業務実施者の作業の利用 | 53〜55項 | 他の業務実施者の作業の利用 | 57項 |
| 確認書の入手 | 56〜60項 | 確認書の入手 | 58〜60項 |
| 後発事象 | 61項 | 後発事象 | 61項 |
| ― | ― | 比較情報 | 62〜63項 |
| その他の記載内容 | 62項 | その他の記載内容 | 64項 |
| 適用される規準の説明の評価 | 63項 | ― | ― |
| 保証の結論の形成 | 64〜66項 | 保証の結論の形成 | 72〜75項 |
| 保証報告書の作成・記載内容 | 67〜77項 | 保証報告書の記載内容 | 76〜77項 |
| その他のコミュニケーション | 78項 | その他のコミュニケーション | 78項 |
| 調書 | 79〜83項 | 調書 | 65〜70項 |

## （4）　国際サステナビリティ保証基準5000「サステナビリティ保証業務の一般的要求事項」

　2024年11月12日，国際監査・保証基準審議会（IAASB）は，既存のISAE 3000をベースに，サステナビリティ保証に特化した規定を盛り込んだ，（ISAE 3000とは別個の）独立で保証業務の流れに沿った形の，サステナビリティ保証に係る包括的な保証基準である国際サステナビリティ保証基準5000「サステナビリティ保証業務の一般的要求事項」（ISSA5000）（原題：International Standard on Sustainability Assurance 5000, General Requirements for Sustainability Assurance Engagements）を公表した。

ISSA5000は，国際基準としては初めてのサステナビリティ報告に対する包括的な保証の基準を定める目的で公表されている。昨今のサステナビリティ情報についての重要性を考慮し，開示基準だけでなく保証基準においても，グローバル・ベースラインとなりうるルールの開発が求められていた中において，IAASBによって基準の開発が進められ，今回の公表に至ったものである。

### ① ISSA5000の特徴

公表されたISSA5000は，サステナビリティ情報の保証業務に対するグローバル・ベースラインを提供するものとし，包括的な保証基準として，将来，ステークホルダーのニーズに対応して個別の保証基準を開発する際の土台となることが想定されているものである。そのため，様々なサステナビリティ情報に対するすべての保証業務に適する基準で，様々な報告メカニズム（サステナビリティ報告書，統合報告書，年次報告書等）に適する基準とすることを前提としている。また，規準に中立（framework-neutral）であり，すべての規準およびその想定利用者に対応できる基準であり，保証水準として合理的／限定的保証の双方を対象とできる。また，保証提供者についても，公認会計士およびそれ以外を含めたすべての保証提供者に適用可能なもの（'profession agnostic'）としている。

以下では，既存の基準であるISAE 3000（改訂）やISAE 3410と比較して，ISSA5000でより具体的な指針が追加的に示された内容を中心に見ていくことにする。

### ② サステナビリティ保証のグローバル・ベースラインを提供する包括的な基準

ISSA5000は，将来におけるステークホルダーのニーズに応じて個別に開発されるサステナビリティ基準のベースとなるべく，サステナビリティ情報の保証におけるグローバル・ベースラインを提供する包括的な基準という位置付けで開発がなされた。包括的という意味は，以下のように，あらゆる適用可能性があるということである。

a．環境，社会，経済，文化といったサステナビリティのすべての「トピック（Topics）」，また，これらに対応したすべての「トピックの側面（Aspects of Topics）」における広範囲のサステナビリティ報告に適用できる基準である。

b．サステナビリティ情報の報告慣行が進化する中にあっても，統合報告書または年次報告書を含む，すべての報告手法に適用できる基準である。

c．法規制に基づく算定報告規準であっても，企業自体が策定した算定報告規準であっても，またその両方の組み合わせであっても，その算定報告規準に適合性がある限り，規準に中立（framework-neutral）であり，あらゆる算定報告規準に適用できる基準である。

d．あらゆる算定報告規準に対応しているため，あらゆる想定利用者とそのあらゆる情報ニーズに対応した基準である。

e．現状の任意の限定的保証にも，将来的に規制化された限定的保証や合理的保証にも，限定的保証および合理的保証のいずれの保証水準にも対応した基準である。

f．職業倫理規定と品質マネジメント基準に従うことを条件として，公認会計士およびそれ以外の保証提供者が適用できる基準である。

### ③　既存のISAE3000，ISAE3410との関係

ISSA5000は，サステナビリティ保証業務のすべての要素に関する要求事項と適用指針を含む包括的な基準として開発されたものであり，ISSA5000を適用する限り，ISAE 3000（改訂）を適用する必要はない。つまり，ISSA5000の適用以降は，サステナビリティ情報の保証においては，既存のISAE3000（改訂）に代わってISSA5000での保証に置き換わっていくことになる。

また，ISSA5000の公開草案では温室効果ガス報告（greenhouse gas statement）に対する保証基準ISAE3410は存続するものとされていたが，最終的なISSA5000では，GHG排出量を含むすべてのサステナビリティ情報の保証を包含する基準とされ，ISSA5000の適用開始に伴ってISAE3410は廃止されることとなった。

④　職業倫理規定と品質マネジメント基準

　保証機関に要求される職業倫理規定と品質マネジメント基準の扱いは，ISAE3000（改訂）から変更はない。保証業務の職業倫理に関するIESBA倫理規程と，品質管理システムに係る保証機関の責任に関するISQM1，またはそれらと同等に厳格であることを「少なくとも満たす」職業的専門家の要求事項や法令等の要求事項に従うことを前提としている。

　さらにISSA5000では，会計士以外が保証提供者となる場合などIESBA倫理規程やISQM1以外の職業倫理規定や品質マネジメント基準を用いる場合，それらの基準が同等に厳格であることを「少なくとも満たす」かどうかの評価を行う者が誰なのかを明確化することを要求し，それは具体的には各国の基準設定主体や規制当局等であるとしている。また，該当する場合には，保証報告書においてIESBA倫理規程やISQM1と同等に厳格であることを「少なくとも満たす」と評価した者の名前を記載することを求めることとされた。

⑤　用語の定義付け

　ISSA5000では，要求事項や考慮事項に対処すべく，サステナビリティ情報の保証に関連した多くの用語を定義付けた。主要な用語定義についてISSA5000での整理を以下にまとめた。

a．サステナビリティ情報およびサステナビリティ事項

　今や一般的に使用されている「サステナビリティ情報」という用語について，ISSA5000の中で以下のように「サステナビリティ事項」と関連付けて定義を行っている。

| 図表１－３－３ | サステナビリティ情報とサステナビリティ事項 |

| 「サステナビリティ情報（sustainability information）」の定義 | サステナビリティ情報（sustainability information）とは，サステナビリティ事項に関する情報をいう。<br>(a)　サステナビリティ情報は，規準に照らしてサステナビリティ事項を測定または評価することで得られる。<br>(b)　保証業務の対象となるサステナビリティ情報は，その他のIAASB保証基準における「主題情報（subject matter information）」に相当する。<br>(c)　「報告されるサステナビリティ情報」への言及は，企業が報告するサステナビリティ情報全体に関連することを意図しており，主に，業務実施者が業務の状況についてあらかじめ認識している状況で使用される。<br>(d)　保証業務が，事業体が報告するサステナビリティ情報全体をカバーしていない場合，「サステナビリティ情報」という用語は，保証の対象となる情報として読み取られる。<br>（ISSA5000第18項） |
| 「サステナビリティ事項（sustainability matter）」の定義 | 法規制または関連するサステナビリティ報告フレームワークで定義または説明されている，あるいはサステナビリティ情報の作成または開示の目的で事業体によって策定された，環境，社会，ガバナンスもしくはその他のサステナビリティに関する事項をいう。ISSAにおいて，規準に従って測定または評価されるサステナビリティ事項は，その他のIAASB保証基準における「主題（underlying subject matter）」に相当する。<br>（ISSA5000第18項） |

　要はこれまでの「主題（underlying subject matter）」が「サステナビリティ事項」であり，「主題情報（subject matter information）」が「サステナビリティ情報」であるとした。

　「サステナビリティ情報」という用語は，すでに様々な方法や説明の中で使用され，定義付けが難しい一方で，明確かつ理解可能な定義を持たせることは基準上重要である。そしてこの「サステナビリティ情報」こそが保証業務の対象となる情報である。ISSA5000では，上述のような定義を行うことで，「サステナビリティ事項」という用語に，「サステナビリティ情報」の定義の基礎の役割を持たせた。「サステナビリティ事項」は，わかりやすいところでは環境（E），社会（S），ガバナンス（G）が一般的な理解といえるものとなるが，ISSA5000では，適用される規準に応じて，企業戦略・ビジネスモデルや業績へのインパクト，企業活動等がESG領域に与えるインパクト，企業のサステナ

ビリティ方針・計画や目標，リスクと機会，依存関係なども含むように定義を
拡大させている。

**b．トピック，トピックの側面および開示情報**

　ISSA5000では，「トピック（Topics）」，「トピックの側面（Aspects of Topics）」，「開示情報（Disclosures）」といった用語の整理も示している。

　「開示情報」を「トピックの側面に関する特定のサステナビリティ情報」と
定義し（ISSA5000第18項），トピックおよびトピックの側面に関する具体的な
例が例えば下記のとおり示されている。すなわち，ISSA5000における「開示
情報」は，トピックの側面に関して企業が報告する個々の情報の事を指すもの
である。

**図表 1 － 3 － 4　　トピックとトピックの側面**

| トピック<br>（Topics） | ・ 気候（排出量を含む）<br>・ エネルギー（エネルギーの種類および消費量など）<br>・ 水および排水（水の使用量および排水量など）<br>・ 生物多様性（生物多様性または保護・修復された生息地への影響など）<br>・ 労働慣行（多様性および機会均等，訓練および教育，ならびに労働<br>　安全衛生など）<br>・ 人権および地域社会との関係（地域社会への関与，影響評価および<br>　開発プログラムなど）<br>・ 顧客の健康および安全<br>・ サステナビリティ事項および関連するインパクトのモニタリング，<br>　管理および監督 |
|---|---|
| トピックの側面<br>（Aspects of<br>Topics） | ・ インパクト分析<br>・ 戦略とビジネスモデル<br>・ リスクと機会<br>・ リスクと機会に対応するためのイノベーション<br>・ リスクと機会から生じる財政的影響<br>・ リスクの管理と低減<br>・ ガバナンス<br>・ 測定指標および主要な業績指標<br>・ 目標値<br>・ リスクの監視および管理に係る内部統制<br>・ シナリオ分析 |

## 図表1-3-5　サステナビリティ事項，サステナビリティ情報および関連する開示情報の関係性

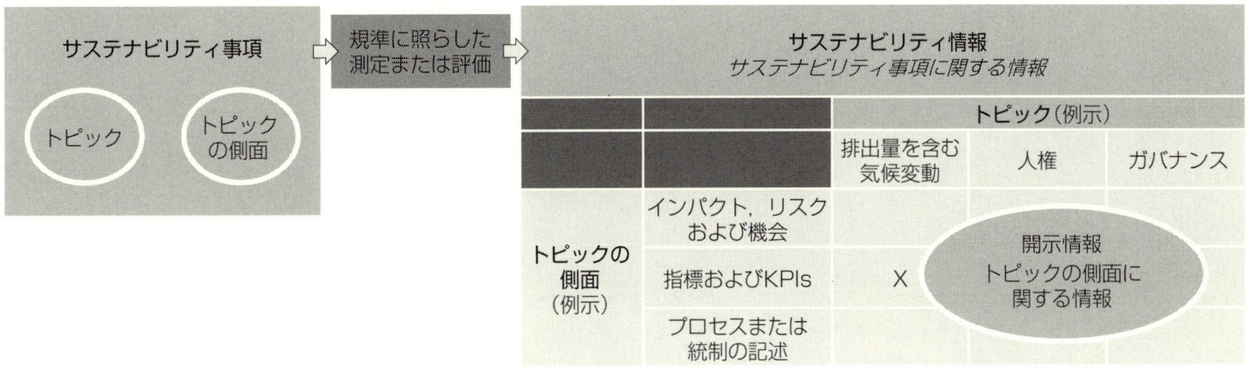

| サステナビリティ事項 | | 規準に照らした測定または評価 | |
|---|---|---|---|
| トピック | トピックの側面 | | |

| | | サステナビリティ情報　サステナビリティ事項に関する情報 | | |
|---|---|---|---|---|
| | | トピック（例示） | | |
| | | 排出量を含む気候変動 | 人権 | ガバナンス |
| トピックの側面（例示） | インパクト，リスクおよび機会 | | | |
| | 指標およびKPIs | X | 開示情報　トピックの側面に関する情報 | |
| | プロセスまたは統制の記述 | | | |

出所：ISSA5000付録1

### ｃ．適正表示の規準および準拠性の規準

「適正表示の規準」と「準拠性の規準」という用語について，現行の ISAE3000においても保証報告書の結論の言い回しの箇所で触れてはいたが，ISSA5000では明確に定義付けた点が特徴的である。

ISSA5000では，サステナビリティ情報のフレームワークにおける「規準（Criteria）」は，「適正表示の規準」または「準拠性の規準」のいずれかであると説明している。サステナビリティ情報が，枠組みによって具体的に求められている情報を経営者が規準に「準拠」して提供する場合に加えて，枠組みによって具体的に求められている以上の情報を経営者が提供する場合の，情報の全体的な表示，構成および内容に対する「適正表示」が議論になる場合も想定している。

**図表１－３－６　適正表示と準拠性**

| 適正表示 | 準拠性 |
| --- | --- |
| 「適正表示の規準」という用語は，その枠組みにおいて要求されている事項の遵守が要求され，かつ，以下のいずれかを満たすサステナビリティ報告の枠組みに対して使用される。 | 「準拠性の規準」という用語は，その枠組みにおいて要求される事項の遵守が要求されるのみで，以下のいずれも満たさないサステナビリティ報告の枠組みに対して使用される。 |
| １）サステナビリティ情報の適正表示を達成するため，枠組みにより具体的に求められている以上の情報を経営者が提供することが必要になる場合があることを明示的または黙示的に認めている。<br>２）サステナビリティ情報の適正表示を達成するため，経営者が枠組みの要求事項から逸脱することが必要になる場合があることを明示的に認めている。そのような逸脱は，極めて稀な状況においてのみ必要になると予想される。 | |

### ⑥　保証業務の範囲

現状の限定的水準サステナビリティ保証業務の場合，企業が報告するサステナビリティ情報の一部のみを保証業務の対象とする実務がむしろ多いが，企業の報告するサステナビリティ情報のすべてを対象とする場合も，ISSA5000ではいずれの場合の保証業務も想定したものとなっている。

企業が報告するサステナビリティ情報の一部を保証する場合，すべてを保証

する場合のいずれであっても，保証を提供するに際しては，保証業務の状況に関する予備知識を得て保証業務の前提条件が満たされているかどうか判断しなければならないことは，ISAE3000（改訂）でもISSA5000であっても同じである。

　ISSA5000では，この点についてさらに踏み込んだものとしており，保証業務を実施するにあたっては，保証業務の範囲に含まれる情報についての知識のみで足りるものではなく，保証業務の範囲外の報告されるサステナビリティ情報についても適切な知識を得て，業務が全体として想定利用者にとって有益であり，誤解を生じさせるものでないか，保証業務の範囲が適切かどうかを判断すべきことが強調されている。

### ⑦　算定報告規準（Criteria）の適合性

　現行のISAE3000（改訂）でも，企業がサステナビリティ情報の作成にあたり適用する算定報告規準（Criteria）は，目的適合性，完全性，信頼性，中立性，理解可能性といった特性を備えた，情報利用者が理解でき意思決定に役立つ「適合する規準」であるかどうかを評価することを求めている。

　ISSA5000では，保証対象となるサステナビリティ情報のすべてに算定報告規準（Criteria）があるか，またその規準が法令等や基準設定団体が公表する規準であるか，企業独自の規準であるか等のソースも識別し，その上で「適合する規準」であるかどうかを評価するとしている。

　また，サステナビリティ事項が企業に与えるインパクトに加え，企業がサステナビリティ事項に与えるインパクトも考慮した「ダブルマテリアリティ」に基づく報告規準（Criteria）についても，業務の状況において「適合する規準」となりうる点，ISSA5000で触れられている。

### ⑧　十分かつ適切な証拠

　証拠に関しては，サステナビリティ情報としての特性を踏まえ，証拠として利用する情報の正確性および網羅性の検討に関する要求事項などにおいては，バリューチェーンにおける企業からの情報や，企業が作成した内部情報などについて，適用の柔軟性も考慮した形での配慮がISSA5000でなされている。

現状の保証実務においては定量情報への保証が圧倒的に多いが，定性情報や将来予測情報についての証拠についても整理が行われている。基本的な整理は以下のとおりである。

| 定性情報 | 定性的な開示情報には，事実に基づいており，直接観察可能であるか，証拠を収集するための追加手続を実施することができることがある |
|---|---|
| 将来予測情報 | 適用される規準に従って企業が使用する仮定に基づき将来予測情報が作成されたかどうか<br>(a) 予測（forecasts）情報の場合，サステナビリティ情報の作成において使用した仮定に合理的な根拠が存在するかどうか<br>(b) 仮説に基づく予想（projections）情報の場合，当該仮定が情報の目的と整合しているかどうか |

## ⑨ 重 要 性

サステナビリティ情報における重要性については，様々なトピックや側面に関する情報が含まれ，また定性的な開示も多い傾向があることから，財務諸表監査と異なり，サステナビリティ情報全体に対する重要性の決定を業務実施者に求めることは難しい。この点を考慮し，ISSA5000では，保証業務の計画および実施，ならびにサステナビリティ情報に重要な虚偽表示がないかどうかの評価のため，定量的開示に関しては重要性を「決定する」としつつ，定性的開示に関しては重要性を「考慮する」こととしている。

また，ダブルマテリアリティについては，サステナビリティ報告の枠組みにおいて，企業に対してサステナビリティ情報の作成に際し財務的マテリアリティとインパクト・マテリアリティの双方を適用することが求められている場合，業務実施者は重要性の考慮または決定に際して，財務的マテリアリティとインパクト・マテリアリティの双方を考慮することが要求事項として扱われている。

## ⑩ 企業の内部統制システムの理解

サステナビリティ情報を作成する事業体のプロセス，またはサステナビリティ情報の作成に関連する企業の内部統制システムのその他の構成要素は，実務として成熟した段階にはない。実務上のこうした実情もあり，ISSA5000では，

内部統制の理解に関して，合理的保証と比較して，限定的保証においては限定された構成要素の理解を要求するに留めている。詳細は以下の図表1－3－7のとおりである。

**図表1－3－7**　合理的保証と限定的保証の差異：内部統制システムの理解に関する要求事項

| | 限定的保証 | 合理的保証 |
|---|---|---|
| 内部統制システムの理解 | 内部統制システムの5つの構成要素のうち，以下についてのみ理解を要求<br>・　統制環境<br>・　企業のリスク評価プロセスの結果<br>・　内部統制システムを監視する企業のプロセスの結果<br>・　情報システムと伝達 | 内部統制システムの5つの構成要素について理解を要求<br>・　統制環境<br>・　企業のリスク評価プロセスとその結果<br>・　内部統制システムを監視する企業のプロセスとその結果<br>・　情報システムと伝達<br>・　統制活動 |
| デザインの評価および業務への適用の判断 | 内部統制の運用状況の有効性の評価により証拠を入手することを計画する場合にのみ，該当する内部統制および関連するIT全般統制のデザインの評価および業務への適用の判断を要求 | 統制活動の理解に際し，以下についてデザインの評価および業務への適用の判断を要求<br>・　内部統制の運用状況の有効性の評価により証拠を入手することを計画する内部統制および関連するIT全般統制<br>・　アサーション・レベルの重要な虚偽表示リスクの識別・評価およびさらなる手続の立案のため，業務実施者が必要と判断したその他の内部統制 |
| 内部統制の不備の識別 | 内部統制システムの構成要素の理解に基づき，内部統制の不備が識別されたかどうかの考慮を要求 | 内部統制システムの構成要素の評価に基づき，内部統制の不備が識別されたかどうかの判断を要求 |

## ⑪　合理的保証と限定的保証の差異

ISSA5000では，ISAE3000（改訂）およびISAE3410と同様の形式で，限定的保証業務または合理的保証業務のいずれか一方のみに適用される要求事項には，項番号の後に「L」（限定的保証）または「R」（合理的保証）を付した形式で記載し，両者での差異を明瞭に示している。

例えばリスクへの対応手続に関して、限定的保証業務または合理的保証業務のいずれにおいても、リスクアプローチにより、リスクに応じた対応手続を実施することを求めている点は同じである。ただし、限定的保証ではリスク識別のために詳細なリスク評価をすることまでは求められず、開示レベルの重要な虚偽表示リスクの識別を行い、リスク評価手続を実施する。一方で、合理的保証においては、個々の開示項目ごとにアサーション・レベルでの重要な虚偽表示リスクの識別および評価が求められている。

**図表１－３－８　合理的保証と限定的保証の差異：リスク評価手続**

| | 限定的保証 | 合理的保証 |
|---|---|---|
| リスク評価手続 | 不正または誤謬による開示レベルの重要な虚偽表示リスクを識別し、それにより、当該開示情報に焦点をあてた追加手続を立案するための基礎を提供するのに十分なリスク評価手続を立案および実施しなければならない。 | 開示情報について不正または誤謬の重要性・レベルを識別し、アサーション・レベルの重要な虚偽表示リスクを識別および評価し、それにより、当該開示情報に焦点をあてた追加リスク評価手続に焦点をあてた追加リスク評価手続を立案および実施するのに十分なリスク評価手続を立案および実施しなければならない。 |

**図表１－３－９　合理的保証と限定的保証の差異：重要な虚偽表示リスクの識別**

| | 限定的保証 | 合理的保証 |
|---|---|---|
| 重要な虚偽表示リスクの識別 | 開示レベルの重要な虚偽表示リスクを識別しなければならない。 | 開示情報のアサーション・レベルの重要な虚偽表示リスクを識別および評価しなければならない。 |

また、手続面でも、限定的保証業務と合理的保証業務における、両者の手続の深度の違いを明確にしている。

**図表 1 － 3 －10**　　**合理的保証と限定的保証の差異：重要な虚偽表示リスクへの全般的な対応**

| | 限定的保証 | 合理的保証 |
|---|---|---|
| 重要な虚偽表示リスクへの全般的な対応 | 以下の場合には，重要な虚偽表示リスクへの全般的な対応を立案・実施しなければならない。<br>①内部統制システムを損なう統制環境の不備を識別した場合<br>②不正や違法行為（の疑い）を識別した場合<br>③サステナビリティ情報全体での重要な虚偽表示を識別した場合 | 以下の場合には，重要な虚偽表示リスクへの全般的な対応を立案・実施しなければならない。<br>①（ⅰ）経営者が誠実性と倫理的行動を尊重する文化を醸成・維持していない場合，（ⅱ）統制環境が内部統制システムの適切な基礎を提供していない場合，（ⅲ）内部統制システムを損なう統制環境の不備を識別した場合<br>②不正や違法行為（の疑い）を識別した場合<br>③サステナビリティ情報全体での重要な虚偽表示を識別した場合 |

**図表 1 － 3 －11**　　**合理的保証と限定的保証の差異：分析的手続**

| | 限定的保証 | 合理的保証 |
|---|---|---|
| 分析的手続の立案 | 開示レベルの重要な虚偽表示リスクを評価した根拠を考慮し，特定の分析的手続の適合性を判断し，量または比率の推定を行う。 | 特定のアサーションに関する重要な虚偽表示リスクの評価およびその他の手続から入手した証拠を考慮し，当該アサーションに対する特定の分析的手続の適合性を判断し，重要な虚偽表示の可能性を識別するために十分な精度で，量または比率の推定を行う。 |
| 分析的手続の結果，他の関連情報との矛盾や，推定結果との大きな乖離が識別された場合 | 矛盾または乖離の理由について経営者に質問し，また，質問への回答を考慮して，追加手続が必要であるかどうかを判断する。 | 矛盾または乖離の理由について経営者に質問し，質問への回答に関連する追加的証拠の入手や，必要な他の手続を実施することで，矛盾または乖離の理由を調査する。 |

**図表 1 - 3 - 12** 合理的保証と限定的保証の差異：実証手続

| | 限定的保証 | 合理的保証 |
|---|---|---|
| 実証手続 | — | ・ リスクが最も高い領域に近い リスクに対応する実証手続を 含める。<br>・ 重要な虚偽表示リスクの程度 にかかわらず，重要と判断し た開示情報について実証手続 の必要性を検討する。 |

## ⑫ 見積りおよび将来予測情報

　そもそも，見積りには，領域，活動，事象の測定に関する不完全な知識に起因した不確実性があるほか，見積りの測定・評価にあたっても，1つまたは複数の事象・状況の結果の予測に依存することがある。また，将来予測情報には，企業の予想，予測，将来の計画が含まれ，最善の見積りによる仮定や仮説的な仮定に基づくシナリオを使用して作成されることがあり，いずれの仮定も経営者の判断の影響を受ける。サステナビリティ事項に関連する将来の事象，発生または行動には，より大きな不確実性を伴うことがあり，通常，過去情報たるサステナビリティ事項よりも評価の精度は低くなる。

　そのため，経営者は，見積りの不確実性の原因または程度，もしくは判断の範囲にかかわらず，見積りおよび将来予測情報ならびに関連する開示情報を作成する際，適切な見積手法，仮定およびデータの選択と使用を含んだ規準を適切に適用する必要がある。

**図表 1 - 3 - 13** 合理的保証と限定的保証の差異：見積りや将来予測情報

| | 限定的保証 | 合理的保証 |
|---|---|---|
| 見積りや将来予測 情報 | 見積りや将来予測情報について， 適用される規準が適切に適用され ているかどうか，設定方法が適切 で首尾一貫しているかどうか，過 年度からの変更が適切かどうか， 評価する。 | 以下のうち一つまたは複数を実施 しなければならない。<br>・ 見積りや将来予測情報につい て，見積方法の選択が適切か， 適切に適用されているかどう か，過年度からの変更が適切 |

| | かどうか，使用された仮定が適切かどうか，データが適切かどうか，基礎となる情報をテストし，評価する。 |
| | ・　使用した見積方法，仮定，データが，規準に照らして適切であるかどうかを評価し，見積額または十分な証拠により裏付けられた合理的許容範囲を設定し，経営者の見積りや将来予測情報を評価する。 |

### ⑬　比較情報

　これまでの保証実務においては，過年度情報については様々な取扱いが見られたが，ISSA5000では，保証にあたり，サステナビリティ情報に比較情報も含む場合には，当該比較情報が適用される算定報告規準に従って適切に表示されているかどうかを判断しなければならないものとされた。

　比較情報が適切に表示されているかどうかを判断する際，以下を評価することとした。

> ・比較情報が，前年度に表示された開示情報と整合しているかどうか
> ・比較情報に反映されているサステナビリティ情報の測定および評価の規準が，当年度に適用されたものと整合しているかどうか

　また，保証機関に対して，比較情報に関する保証の結論での扱いも明確に示された。すなわち，比較情報に関して過年度の保証対象でなかった場合はその事実をその他の事項区分に記載し，一方で，過年度の保証対象であった場合には，保証水準や保証範囲が異なる事実や前任の保証機関により保証が実施された事実などをその他の事項区分に記載することを求めている。

### ⑭　後発事象

　保証報告書の日付までに発生した事象であって，サステナビリティ情報およ

び保証報告書に影響を及ぼしうるもの，すなわち後発事象について，
ISSA5000では，その具体的な例示が示された。

---

**図表 1 － 3 － 14**　**後発事象の例**

- 政府機関等により変更された係数，仮定またはベンチマークの公表（排出係数の変更等）
- 関連する法令等の変更
- 科学的知識の著しい改善
- 事業体の著しい構造的変化
- より正確な算定方法の利用可能性
- 重大な不正または誤謬の発見
- 重大な水質汚染または土壌汚染の発見
- 死者の発生またはその他の重大な安全衛生事象

出所：ISSA5000 A502項

---

### ⑮　保証報告書の内容

　ISSA5000における保証報告書の内容に関する規定は，ISAE3000（改訂）およびISAE3410をベースにしつつ，以下のような点が特徴的な変更点といえる。

---

- 合理的保証ないし限定的保証の文例を示すとともに，適正表示規準の場合ないし準拠性規準の場合の文例も示している。
- 保証報告書の記載順序として，保証報告書の冒頭に「業務実施者の結論」を記載し，続けて「結論（または意見）の根拠」区分を記載する形式とした。
- 上場企業のサステナビリティ情報に対する保証報告書の場合，個人のセキュリティ上の重大な脅威が予想されるなど例外的な状況を除き，業務執行責任者の氏名の記載を求めた。
- 上述のとおり，適用される規準が比較情報を含む場合には，比較情報が適切に表示されているかどうかの判断を行い，「その他の事項区分」に

> おいて，比較情報に関して過年度の保証対象でなかった場合はその事実
> や，過年度の保証対象であった場合には，保証水準や保証範囲が異なる
> 事実や前任の保証機関により保証が実施された事実などを記載すること
> を求めた。

　なお，監査上の主要な検討事項（KAM）と同様の規定をISSA5000に含める
かどうかの議論もあったが，財務諸表監査以外の保証業務においてKAMの報
告を求めることに賛同意見が少なく，またISSA5000は様々な種類のサステナ
ビリティ情報の保証業務のすべてに対して適用となる包括的な保証基準の位置
付けであることを考慮し，最終的にはKAMの報告は求めないこととされた。

**図表１−３−15**　　上場企業に対する適正表示規準での合理的保証水準による
無限定の結論の保証報告書の例

---

　ABC社のサステナビリティ情報に対する独立業務実施者の合理的保証報告書
ABC社経営者御中

### サステナビリティ情報に対する合理的保証報告書

**合理的保証意見**
私たちは，ABC社（以下「会社」という。）の20X１年12月31日をもって終了する
事業年度のサステナビリティ報告書（以下「サステナビリティ情報」という。）に
ついて，合理的保証業務を実施した。
私たちは，添付のサステナビリティ情報が，全ての重要な点において，サステナ
ビリティ報告の枠組み第x.1版に従って適正に表示されているものと認める。

**意見の根拠**
私たちは，国際監査・保証基準審議会が発行する国際サステナビリティ保証基準
（ISSA）5000「サステナビリティ保証業務の一般的要求事項」に従って合理的保
証業務を実施した。
この基準における私たちの責任は，報告書の「業務実施者の責任」区分に詳細に
記載されている。
私たちは，国際会計士倫理基準審議会が発行する「職業会計士のための国際倫理
規程（国際独立性基準を含む。）」（IESBA倫理規程），及び［管轄区域］における

保証業務に関連する職業倫理に関する規定に従って，会社から独立しており，これらの要求事項及びIESBA倫理規程に従ってその他の倫理上の責任を果たしている。

私たちのファームは，国際品質マネジメント基準第1号「財務諸表の監査若しくはレビュー又はその他の保証若しくは関連サービス業務を行う事務所の品質マネジメント」を適用している。したがって，職業倫理に関する規定，職業的専門家としての基準及び適用される法令等の要求事項の遵守に関する文書化された方針及び手続を含む，包括的な品質管理システムを維持している。

私たちは，意見表明の基礎となる十分かつ適切な証拠を入手したと判断している。

### 強調事項

私たちは，○○について記載した，「過去の期間と異なる規準が使用されている」点に注意を喚起する。当該事項は，私たちの意見に影響を及ぼすものではない。

### その他の記載内容

会社の経営者は，その他の記載内容に責任を負う。その他の記載内容は，会社の年次報告書に含まれる情報から構成されるが，サステナビリティ情報及びそれに対する保証報告書を含まない。

サステナビリティ情報に対する私たちの意見はその他の記載内容を対象としておらず，私たちはそれに対するいかなる形の保証結論も表明しない。

サステナビリティ情報に対する保証業務における私たちの責任は，上記で特定したその他の記載内容を通読し，その際，その他の記載内容に，サステナビリティ情報若しくは私たちが保証業務で得た知識との間に重要な相違があるかどうか，又はそれ以外に重要な誤りの兆候があるかどうかを検討することにある。私たちは，実施した作業に基づき，その他の記載内容に重要な虚偽表示があると判断した場合には，その事実を報告することが求められている。この点に関して私たちが報告すべき事項はない。

### サステナビリティ情報に対する責任

会社の経営者は，以下に責任を負う。

- ・　サステナビリティ報告の枠組み第x.1版に準拠してサステナビリティ情報を作成及び適正に表示すること。
- ・　不正か誤謬かを問わず，重要な虚偽表示のないサステナビリティ情報を作成することができるように，サステナビリティ報告の枠組み第x.1版に準拠して，その情報の作成に関連する内部統制をデザイン，業務に適用及び維持すること。

ガバナンスに責任を有する者の責任は，会社のサステナビリティ報告プロセスを

監督することにある。

### サステナビリティ情報の作成における固有の限界

サステナビリティ情報内の〇〇〇〇で述べられているとおり，サステナビリティ事項には，測定又は評価に関する固有の不確実性が伴うことがある。サステナビリティ事項に関連する固有の不確実性の結果として，起こり得る結果が広範囲にわたることがあるため，サステナビリティ情報に重要な虚偽表示があるかどうかを識別することが困難な場合がある。

### 業務実施者の責任

私たちの目的は，不正か誤謬かを問わず，サステナビリティ情報に重要な虚偽表示がないかどうかについて合理的保証を得るために，保証業務を計画し実施すること，及び私たちの意見を含む保証報告書を発行することにある。虚偽表示は，不正又は誤謬により生じる可能性があり，個別に又は集計すると，サステナビリティ情報に基づいて行われる利用者の意思決定に影響を及ぼすと合理的に予想される場合に重要性があるとみなされる。

ISSA 5000に準拠した合理的保証業務の一環として，私たちは，業務期間にわたり，職業的専門家としての判断を行使し，職業的専門家としての懐疑心を維持する。私たちは以下も行う。

- ・　事業体の内部統制の有効性に関する意見を表明する目的ではなく，不正か誤謬かを問わず，重要な虚偽表示リスクを識別及び評価するために，業務に関連する内部統制の理解を含むリスク手続を実施すること。
- ・　サステナビリティ情報内の開示情報における評価した重要な虚偽表示リスクに応じて，手続を立案及び実施すること。不正は，共謀，偽造，意図的な省略，虚偽記載又は内部統制の無効化を伴うことがあるため，不正に起因する重要な虚偽表示を発見できないリスクは，誤謬によるリスクよりも高くなる。

DEF監査法人
業務執行責任者〇〇〇〇
東京都〇〇区〇〇X-X-X
202X年X月X日

出所：ISSA5000付録3文案1を参考にPwC作成

**図表 1 − 3 − 16** 上場企業以外に対する準拠性規準での限定的保証水準による無限定の結論の保証報告書の例

---

　ABC社のサステナビリティ情報に対する独立業務実施者の限定的保証報告書
ABC社経営者御中

サステナビリティ情報に対する限定的保証報告書

**限定的保証の結論**
私たちは，ABC社（以下「会社」という。）の20X１年12月31日をもって終了する事業年度のサステナビリティ報告書（以下「サステナビリティ情報」という。）について，限定的保証業務を実施した。
私たちが実施した手続及び私たちが入手した証拠に基づいて，添付のサステナビリティ情報が，管轄区域XのXYZ法に準拠して作成されていないと信じさせる事項は全ての重要な点において認められなかった。

**結論の根拠**
私たちは，国際監査・保証基準審議会が発行する国際サステナビリティ保証基準（ISSA）5000「サステナビリティ保証業務の一般的要求事項」に従って限定的保証業務を実施した。
限定的保証業務における手続は，合理的保証業務と比べて，種類及び時期が異なり，その範囲も狭い。その結果，限定的保証業務で得られる保証水準は，合理的保証業務が実施された場合に得られたであろう保証より実質的に低くなる。
この基準における私たちの責任は，報告書の「業務実施者の責任」区分に詳細に記載されている。
私たちは，国際会計士倫理基準審議会が発行する「職業会計士のための国際倫理規程（国際独立性基準を含む。）」（IESBA倫理規程），及び［管轄区域］におけるサステナビリティ情報に対する保証業務に関連する職業倫理に関する規定に従って，会社から独立しており，これらの要求事項及びIESBA倫理規程に従ってその他の倫理上の責任を果たしている。
私たちのファームは，国際品質マネジメント基準第１号「財務諸表の監査若しくはレビュー又はその他の保証若しくは関連サービス業務を行う事務所の品質マネジメント」を適用している。したがって，職業倫理に関する規定，職業的専門家としての基準及び適用される法令等の要求事項の遵守に関する文書化された方針及び手続を含む，包括的な品質管理システムを維持している。
私たちは，意見表明の基礎となる十分かつ適切な証拠を入手したと判断している。

**強調事項**

私たちは，○○について記載した，「過去の期間と異なる規準が使用されている」点に注意を喚起する。当該事項は，私たちの意見に影響を及ぼすものではない。

**サステナビリティ情報に対する責任**

会社の経営者は，以下に責任を負う。

- ・　管轄区域XのXYZ法に準拠してサステナビリティ情報を作成すること。
- ・　不正か誤謬かを問わず，重要な虚偽表示のないサステナビリティ情報を作成することができるように，管轄区域XのXYZ法に従って，その情報の作成に関連する内部統制をデザイン，業務に適用及び維持すること。

**サステナビリティ情報の作成における固有の限界**

サステナビリティ情報内の○○○○で述べられているとおり，サステナビリティ事項には，測定又は評価に関する固有の不確実性が伴うことがある。サステナビリティ事項に関連する固有の不確実性の結果として，起こり得る結果が広範囲にわたることがあるため，サステナビリティ情報に重要な虚偽表示があるかどうかを識別することが困難な場合がある。

**業務実施者の責任**

私たちの目的は，不正か誤謬かを問わず，サステナビリティ情報に重要な虚偽表示がないかどうかについて限定的保証を得るために，保証業務を計画し実施すること，及び私たちの結論を含む限定的保証報告書を発行することにある。虚偽表示は，不正又は誤謬により生じる可能性があり，個別に又は集計すると，サステナビリティ情報に基づいて行われる利用者の意思決定に影響を及ぼすと合理的に予想される場合に重要性があるとみなされる。

ISSA 5000に従った限定的保証業務の一環として，私たちは，業務期間にわたり，職業的専門家としての判断を行使し，職業的専門家としての懐疑心を維持する。私たちは以下も行う。

- ・　事業体の内部統制の有効性に関する結論を提供する目的ではなく，不正か誤謬かを問わず，重要な虚偽表示が生じる可能性が高い開示情報を識別するために，業務に関連する内部統制の理解を含むリスク評価手続を実施すること。
- ・　重要な虚偽表示が生じる可能性が高いサステナビリティ情報内の開示情報に応じて，手続を立案及び実施すること。不正は，共謀，偽造，意図的な省略，虚偽記載又は内部統制の無効化を伴うことがあるため，不正に起因する重要な虚偽表示を発見できないリスクは，誤謬によるリスクよりも高くなる。

**実施した作業の要約**

限定的保証業務には，サステナビリティ情報に関する証拠を入手するための手続を実施することが含まれる。選択した手続の種類，時期及び範囲は，職業的専門家としての判断（不正か誤謬かを問わず，重要な虚偽表示が生じる可能性が高い，サステナビリティ情報内の開示情報の識別を含む。）によって決まる。

限定的保証業務の実施に当たり，私たちは以下を行う。

- ・　XXXXXXXXXXXXXXXXXXXXXX
- ・　XXXXXXXXXXXXXXXXXXXXXX


DEF監査法人
業務執行責任者〇〇〇〇
東京都〇〇区〇〇X-X-X
202X年X月X日

出所：ISSA5000付録3文案2を参考にPwC作成

## （5）　ISO規格

### ①　ISO14064-3の概要

　現状のサステナビリティ情報の保証業務は，公認会計士や監査法人といった保証プロバイダーだけでなく，マネジメントシステム認証機関などの様々な保証プロバイダーによって提供されている。

　監査法人以外の保証プロバイダーがサステナビリティ情報の保証業務を提供する場合，ISAE3000やISAE3410ではなく，国際標準化機構（International Organization for Standardization：ISO）が定める「ISO14064-3：温室効果ガスに関する主張の妥当性確認及び検証のための仕様並びに手引」という規格が用いられることが多い。この規格の和訳版は，日本産業規格の「JIS Q 14064-3 温室効果ガス−第3部：温室効果ガスに関する声明書の検証及び妥当性確認のための仕様及び手引」として発行されている。なお，ISO14064-3は検証と妥当性確認の原則および要求事項を規定しているが，妥当性確認は将来の活動の成果に対する声明書の裏付けの評価であり，サステナビリティ情報の検証業務においては，検証の原則と要求事項が適用される。また，ISO14064-3では，「保証」という用語ではなく，GHG声明書が特定の基準やガ

イドラインに適合しているかを評価するプロセスを「検証」と定義している。

　ISO14064-3に基づく検証業務の対象となるGHG声明書は，GHGの算定報告に関するISO規格（ISO14064-1，ISO14064-2，ISO14067）に準拠して作成されたものだけを対象としているわけではなく，地球温暖化対策推進法やGHGプロトコル，他国の温室効果ガス排出量算定報告制度における算定報告基準を用いて作成されたGHG声明書も検証の対象となる。

### ② 検証プロセス

　検証プロセスは「依頼者との合意」→「検証チームの選定」→「検証の計画策定」→「検証活動の実施」→「検証活動の完了」→「独立したレビュー」→「検証意見の提示」というステップで構成される。ISO14064-3では，合理的保証水準の検証業務も限定的保証水準の検証業務もどちらも同じプロセスを踏んで実施される。

**図表 1 － 3 － 17**　**ISO14064-3に基づく検証プロセス**

| 検証開始前 | 検証業務の仕様について依頼者と合意<br>・保証水準（合理的保証水準，限定的保証水準）<br>・検証の目的<br>・基準（GHGの算定方法，開示基準など）<br>・範囲（検証対象の活動，境界，ガス，期間など）<br>・重要性の閾値（定量，定性） |
|---|---|

⇩

| 検証チームの選定 | ・検証の実施に必要な技量と力量を備えたチームを選定する |
|---|---|

⇩

| 検証の計画策定 | ・戦略的分析（組織や製品の活動および複雑さの理解と分析）<br>・リスク評価（固有リスク，統制リスク，発見リスクの評価，重要な虚偽記載または基準への不適合のリスクの特定）<br>・証拠収集活動の設計<br>・サイト訪問の必要性の特定と計画<br>・検証計画の策定<br>・証拠収集計画の策定<br>・検証計画および証拠収集計画の承認 |
|---|---|

⇩

| 検証活動の実施 | ・検証計画に従って検証を実施<br>・証拠収集計画に従って証拠を収集<br>・検証活動に基づいて変更されたGHG声明書の評価 |
|---|---|

⇩

| 検証活動の完了 | ・GHG声明書の評価（証拠の十分性と適切性，重要な虚偽記載，基準への適合性等の評価）<br>・意見の起草（無限定適正意見，限定付き適正意見，反対意見または意見不表明）<br>・検証報告書の作成 |
|---|---|

⇩

| 独立したレビュー | ・検証の実施に関与しなかった者による検証活動の審査 |
|---|---|

⇩

| 意見の提示 | ・意見を提示するか，意見不表明とするかの決定 |
|---|---|

#### a．検証開始前に合意する事項

　検証機関と依頼者は，検証業務を開始する前に，検証の目的，保証水準（合理的保証，限定的保証），検証範囲，依頼者が適用するGHG声明書の作成基準，重要性の閾値について合意する。これらは検証人が策定する検証計画（手続の範囲や深さ）に影響するからである。

　ISO14064-3に基づく検証業務において，依頼者の基準や証拠が不十分といった理由で検証業務の開始後に保証水準を変更することは容認されてないが，保証水準の変更に正当な根拠がある場合は，開始済みの検証業務をいったん打ち切り，別の保証水準による新たな検証業務にすることは認められている。

　また，重要性の閾値を依頼者と相互に確認することも求めている。例えば，J-クレジット制度におけるGHG排出削減・吸収量の検証においては重要性の閾値が５％と設定されているが，GHG排出量の検証を自主的に受審するケースのように，公に設定された重要性の閾値がない場合は，検証機関が閾値を設定し，依頼者に伝達することとされている。

#### b．証拠収集活動とサイト訪問

　証拠収集活動では固有リスクと発見リスクを考慮して，重要な排出または吸

収のそれぞれの種類について，データの証拠追跡，GHG情報システムおよび統制の有効性評価，GHGのデータおよび情報のテスト，データ集計プロセスのテストが行われる。

ISO14064-3では，以下の状況のいずれかに該当する場合にはサイト訪問を行うことを要求事項としている。

---

・初回の検証
・2回目以降の検証であるが，検証担当者が前回までの検証活動と結果について知識がない場合
・GHG声明書にとって排出量，削減量または吸収量の点で重要なサイトまたは施設の追加，または所有権の変更があった場合
・検証において虚偽記載が特定され，当該虚偽記載に関係して訪問の必要性が生じた場合
・前回の検証以降に重要な変化あり，その変化について検証人に説明されていない場合
・報告の範囲または境界の重要な変更・変化
・ある特定のサイトまたは施設に関するデータマネジメントの有意な変更

---

上記の状況に該当するケースであっても，そのサイトまたは施設が以前に訪問したことがある場合は，検証人が訪問不要と判断することもある。訪問すべきサイトの数の決定方法はISOの規格には規定されていないので，検証機関ごとに訪問数の決定方法はそれぞれである。

### c．限定的保証水準の検証

ISO14064-3において，限定的保証水準の検証は，統制環境および統制が信頼できるという前提に立っているため，合理的保証水準の検証と同じプロセスを辿るものの，戦略的分析とリスク評価は合理的保証水準の検証ほどの詳細さは求められず，証拠収集活動も問い合わせと分析手順で構成してよいとされている。しかしながら，実際には，限定的保証水準の検証であってもサイト訪問の実施や証拠の入手と照合が行われることが通常であり，手続の範囲や程度は

検証機関によって異なっている。

### ③　監査法人以外の保証提供者の規格

　ISSA5000は，上述のとおり，会計士およびそれ以外を含めたすべての保証提供者に提供可能な基準（'profession agnostic'）として策定されたが，ISO国際規格としてサステナビリティ情報の妥当性確認および検証に関する規格ISO14019の開発（2024年12月時点）も進められている。そしてISO14019の開発にあたっては，2024年2月にはIAF（国際認定フォーラム）とIESBA（国際会計士倫理基準審議会）は，サステナビリティ情報の保証に対する信頼を支える高水準の倫理的行動に関する共通の枠組みの利用を推進するための戦略的パートナーシップを公表，また2024年11月にはIAFとIAASBとの間で，サステナビリティに対するサポートへのパートナーシップの合意を表明するなど，品質確保や義務・責任，倫理，独立性などを同等のものとする動きも見られる。

　保証提供者によってどの保証（検証）基準が採用されるかは不透明なところも多いが，規格の今後の動向にも注目する必要がある。

# 第 2 章

# サステナビリティ情報の第三者保証業務の流れ

# 第1節　第三者保証業務の契約

## （1）　保証の契約にあたって

　サステナビリティ情報に対する保証の契約および更新にあたっては，ISSA5000第26項において以下の要求事項がある（図表2－1－1）（ISAE3000第22項とほぼ同様の規定）。サステナビリティ情報の保証実務は，会計監査の歴史に比較するとまだ日が浅く，一般に公正妥当と認められたサステナビリティ情報の算定基準というものも明確ではない現状において，サステナビリティ情報保証自体の信頼性の根幹に関わる重要な要求事項といえる。

　保証を受ける企業と保証機関との保証業務契約の締結前に，保証機関は契約の受嘱が可能かどうかを判断しなければならない。ここでは，保証業務実施者（保証機関事務所および保証業務チームメンバー）の倫理・独立性の遵守，保証機関の品質管理，保証を受ける企業側の受審体制の検討，保証業務の前提条件が備わっていることの検討などを実施することで，契約受嘱の可否を判断する。

---

**図表2－1－1**　**保証契約の新規締結および更新に際しての要求事項**

---

26. 業務実施者は，以下の場合にのみ，業務契約の新規締結又は更新を行うものとする。
　（a）　業務実施者が，独立性を含む，関連する職業倫理に関する規定が満たされないと考える理由がない
　（b）　業務実施者が，業務を実施する者が全体として，業務を実施するための適切なコンピテンシー及び能力を有している（十分な時間を有していることを含む）と判断している
　（c）　業務実施上の基礎が，以下を通じて合意されている
　　（ⅰ）　保証業務のための前提条件が満たされていることの判断
　　（ⅱ）　業務実施者の報告責任を含む，業務の契約条項について，業務実施者と業務依頼者との間で共通の理解があることの確認

---

出所：ISSA5000第26項

## ①　保証機関としての独立性を含む倫理規程の遵守

　保証によってサステナビリティ情報へ信頼性を付与できるのは，保証を提供する保証プロバイダー自体が信頼されうる存在であることが前提として成り立つ。保証プロバイダーとしての適切な品質管理を行い，保証クライアントのみならず，情報利用者からも独立した存在であることが必要な要件である。そのため，ISAE3000およびISAE3410，さらにはISSA5000においても，国際会計士倫理基準審議会（IESBA）の公表した「職業会計士の倫理規程」（「IESBA倫理規程」）の独立性およびその他の要件を遵守するとともに，個々の保証業務に適用可能な品質管理手続を適用するよう要求している。具体的には，保証機関には，職業専門家としての職業倫理に関する基本原則（誠実性，客観性，職業専門家としての能力と正当な注意，守秘義務，職業的専門家としての行動）を遵守する必要がある。

　また，独立性に関してIESBA倫理規程は，精神的独立性と外観的独立性の両方から構成されるとし，保証の結論を危うくするおそれのある影響に左右されずに結論を形成する能力を担保するものが独立性であるという。つまり，独立性を保持することこそが，誠実な行動を促し，客観性を高め，職業的専門家としての懐疑心を強化する。

　独立性を阻害する要因には，自己利益，自己レビュー，擁護，馴れ合い，プレッシャーなどがあり，保証機関はこれら独立性の阻害要因を特定・評価し，必要に応じてセーフガードを適用することになる。金銭的利害関係，家族関係，クライアントとの雇用関係，直近でのクライアントとのサービス関係，贈答や接待，訴訟関係などは，独立性を阻害することになり，業務実施にあたり制限される事項である。

　また，ISSA5000では，会計士以外が保証提供者になる場合など，サステナビリティ保証業務に関連するIESBA倫理規程を適用しない場合には，IESBA倫理規程と同等に厳格であることを「少なくとも満たす」ことを適切な当局が評価した職業的専門家の要求事項または法令等の要求事項を遵守することを要求事項としており，さらにこの「少なくとも満たす」かどうかの評価を行う者が，具体的には各国の基準設定主体や規制当局等であるとしている。

**図表2-1-2　職業倫理に関する要求事項**

> 34. 業務実施者は，独立性に関連するものを含む，以下の関連する職業倫理に関する規定を遵守しなければならない。
> （a）　サステナビリティ保証業務に関連するIESBA倫理規程および，より厳格な国内の要求事項，または
> （b）　サステナビリティ保証業務に関連するIESBA倫理規程と同等に厳格であることを少なくとも満たすことを適切な当局が評価した職業的専門家の要求事項または法令等の要求事項

出所：ISSA5000第34項

## ②　保証機関としての品質管理システムの整備および運用

　独立性要件を含む倫理規程の遵守に加え，保証機関としての品質管理システムを整備し運用することは，高品質な保証業務の提供に必要不可欠な要素である。

　この点についてISSA5000第30項では，保証機関は，国際監査・保証基準審議会（IAASB）が策定した「国際品質マネジメント基準第1号」（ISQM1）という，ファームレベルの品質管理システムに関する要求事項，あるいは職業倫理に関する要求事項と同様に，ISQM1と同等に厳格であることを「少なくとも満たす」ことを適切な当局が評価した職業的専門家の要求事項または法令等の要求事項に準拠した品質管理システムを確立し運用することが求められている。この品質管理システムとは，保証業務チームが高品質な業務を行うことを可能とし，かつチームの業務遂行をサポートする環境をつくるメカニズムのことである。

　ISQM1における品質管理システムは，以下の8つの要素で構成されている。保証機関は，リスクベースアプローチで品質管理を行うことが求められており，「2．ガバナンスおよびリーダーシップ」から「7．情報およびコミュニケーション」までの各構成要素について達成されるべき望ましい結果（品質目標）を設定し，品質目標の達成に悪影響を及ぼす可能性のある品質リスクを識別・評価し，品質リスクへの対応をデザインし適用している。そしてこの品質管理システム全体をモニタリングし，是正するというプロセスを確立し，品質管理

システムの継続的改善を図っている。

**図表２－１－３　ISQM1における品質管理システムの構成要素**

| 8つの構成要素 | |
| --- | --- |
| １．事務所のリスク評価プロセス | ５．業務の実施 |
| ２．ガバナンス及びリーダーシップ | ６．資源 |
| ３．職業倫理 | ７．情報及びコミュニケーション |
| ４．契約の新規の締結及び更新 | ８．モニタリング及び是正 |

　保証機関としての品質管理に加えて，個々の保証業務についても品質管理が行われていなければならない。

　業務執行責任者（保証報告書に責任を負う者）が業務の全般的な品質責任を負うとしている。業務の品質管理として，適切な適性と能力を有する業務チームの組成，業務チームへの十分な資源・時間の割当て，事務所が定めた手続に準拠した業務契約締結，職業的専門家としての規準および法令等に準拠した保証業務の計画，調書の作成と査閲，難しいまたは議論のある事項に関する業務チームから専門家への見解の問い合わせなどについて，チームが遵守すべき方針・手続がISQM1の「５．業務の実施」に規定されている品質目標に従って定められ，その実施がモニタリングされている。また，業務チームのメンバーによる倫理規定・独立性違反についてモニタリングが行われている。

　また，ISSA5000第62項では，ISQM1またはファームの方針等に従って審査が必要な業務に関しては，業務実施中に生じた重大な事項および重大な判断について審査担当者と討議しなければならないとしている。審査では，審査担当者が，業務実施中に生じた重要な事項について業務責任者と協議したり，業務調書の検討，保証結論の評価と保証報告書案の検討が行われる。

### ③　保証業務チームメンバーのコンピテンシーおよび能力の具備

　次に，保証業務に従事する者が適切なコンピテンシーと能力を有している必要がある。ISSA5000第42項では，業務チームのメンバーおよび直接支援を提供する業務実施者の利用する外部の専門家および内部監査人が，全体として，

業務を実施するための適切なサステナビリティのコンピテンシー，保証業務の技能および技法に関するコンピテンシーおよび能力ならびに十分な時間を有しているかを，業務執行責任者が判断することを要求している。また，保証対象となるサステナビリティ情報は，気候変動，生物多様性，人的資本等多岐にわたるため，専門家の業務を利用する場合や業務チーム以外の他の業務実施者の保証業務を利用する場合も想定される。その場合にも，業務執行責任者が専門家や業務チーム以外の他の業務実施者の作業に十分関与することが求められている。

> **図表 2 － 1 － 4** 　業務チームの選任に際しての要求事項

> 42. 業務執行責任者は，業務チームのメンバー及び直接支援を提供する業務実施者の利用する外部の専門家及び内部監査人が，全体として，業務を実施するための適切なサステナビリティのコンピテンシー，保証業務の技能及び技法に関するコンピテンシー及び能力並びに十分な時間を有しているかを判断しなければならない。

出所：ISSA5000第42項

#### ④　保証業務のための前提条件の具備

　保証業務が成り立つための前提条件は，大きく以下の点である。これら前提条件が備わっていない場合には保証業務契約の受嘱を行うことはできない。保証機関は，企業が公表している過年度のサステナビリティ報告書やウェブサイトを閲覧し業務の状況についての予備知識を得て，また企業の適切な担当者との協議を行い，前提条件が備わっているかどうかを判断する。

　以下では，保証業務のための前提条件のそれぞれを整理する。

> **図表 2 － 1 － 5** 　保証業務が成り立つための前提条件

> a．報告すべきサステナビリティ情報を特定するプロセスが企業内に確立されていること，また，経営者等の役割と責任に適合性がありサステナビリティ情報に対する合理的な基礎を有していること（サステナビリティ情報の作成を可能にする，統制を含むプロセスが企業にあること）（ISSA5000第76項参照）

b．業務の範囲に含まれるサステナビリティ事項（いわゆる主題）が適切であること（ISSA5000第77項参照）

c．サステナビリティ情報（主題情報）の作成に適用する算定報告基準（規準）が業務の状況に照らして適合しており，想定利用者にとって利用可能であること（ISSA5000第78項参照）

d．保証の結論を裏付けるために必要な証拠が入手可能と想定されること，また保証業務に適した様式での結論が報告できること（ISSA5000第79項参照）

e．保証業務が合理的な目的を有していること（ISSA5000第80項参照）

**a．報告すべきサステナビリティ情報を特定するプロセスが企業内に確立されていること，また，経営者等の役割と責任に適合性がありサステナビリティ情報に対する合理的な基礎を有していること**

　まず，保証業務が成り立つための前提条件の１つに，報告すべきサステナビリティ情報を特定するプロセスが企業内に確立されていること，また，経営者等の役割と責任に適合性がありサステナビリティ情報に対する合理的な基礎を有していること（サステナビリティ情報の作成を可能にする，統制を含むプロセスが企業にあること）が挙げられる。保証業務の当事者には，業務依頼者たる企業，業務実施者である保証機関，そして情報の想定利用者の３者がいるが，特に，保証を受ける企業側においては，算定報告基準に基づいてサステナビリティ報告書等に保証の対象となる情報（主題情報）を記載する役割と責任があり，この役割と責任を保証機関が担ってはならない。逆に，保証機関は保証基準に基づいて保証の結論を表明する役割と責任がある。いわゆる「二重責任の原則」と呼ばれるものである。この両者の役割と責任が明確になり，お互いが理解をしていないと，実効性ある保証が成立しえない保証の根幹である。また，企業の経営者等がサステナビリティ情報に対する合理的な基礎を有しているかどうか，すなわち，重要な虚偽表示のないサステナビリティ情報の作成を可能にする，統制を含むプロセスが企業に備わっているかどうかも考慮する必要がある。

### ｂ．業務の範囲に含まれるサステナビリティ事項（いわゆる主題）が適切であること

　次に，保証業務が成り立つための重要な前提条件として，保証業務の範囲に含まれるサステナビリティ事項が適切かどうか，つまり，当該サステナビリティ事項が識別可能であり，適用される規準に照らして一貫して測定または評価することが可能であり，その結果としてのサステナビリティ情報に対して，十分かつ適切な証拠を入手するための手続を実施できるかどうか，という点である。

### ｃ．算定報告基準（規準）の適合性と利用可能性

　保証業務の前提条件の３つ目は，算定報告基準（規準）の適合性と利用可能性である。主題情報が識別可能であり，適用される規準に照らした首尾一貫した測定または評価が実施可能であるということは，主題情報が，確立された算定報告基準（規準）に基づいて算定されており，保証業務を実施する際にも，その規準に即した保証手続を実施することができるということである。具体的には，国際サステナビリティ基準審議会（ISSB）やサステナビリティ基準委員会（SSBJ）が発行する基準など，法令等によって定められたフレームワークまたは透明性のある適切な手続を通じて権威あるまたは認められた組織体により確率されたフレームワークは，特段の反証がない限り，業務に適合する規準であると推定される場合がある。逆に，適切でない算定報告基準（規準）とは，保証に適さない情報をもたらすものであり，例えば首尾一貫していない非論理的な測定や評価が実施されている情報や，十分な証拠による裏付けのない情報というものは，保証手続によっても十分かつ適切な証拠を入手することはできず，保証水準にかかわらず，本来保証を実施することのできない情報である。

　上述のとおり，保証を受ける企業側には，算定報告基準に基づいてサステナビリティ報告書等に保証対象情報（主題情報）を記載する役割と責任があるため，保証対象情報（主題情報）の作成に適用する算定報告基準（規準）は不可欠である。この算定報告基準（規準）は，①目的適合性，②完全性，③信頼性，④中立性，⑤理解可能性，といった特性を備えている必要がある。つまり，保

証機関は保証契約にあたり，企業の算定報告基準（規準）がこれらの特性を具備しているかを検討している。

　ここで算定報告基準（規準）の適合性についてもう一歩踏み込んで詳述しておく。算定報告基準（規準）を説明してさえいれば，各社独自のオリジナルな算定ルールでも保証できるのか，という相談を企業から受けるが，答えはNOである。サステナビリティ情報では，一般に公正妥当と認められる会計基準（GAAP）は確立されていないものの，国際的あるいは一般的に認知されたスタンダードやガイドラインが存在し認知されている。そのようなスタンダード等で認めていない算定や報告を行えば，仮にその企業にとっては都合のよい情報であっても，サステナビリティ報告書の利用者の意思決定に役立つ情報にはならない。算定報告基準（規準）はその利用者の意思決定に役立つ情報をもたらすものでなければならない（「規準の目的適合性」）。

　また，認知されたスタンダード等に沿った算定や報告でも，重要な環境負荷のある特定の子会社を含めていない情報である場合，すなわち報告企業グループとしての網羅性を欠いた開示情報は，想定利用者の意思決定を誤らせる可能性がある。算定報告基準（規準）は，想定利用者の意思決定に資する保証対象情報（主題）の網羅性を確保する内容でなければならない（「規準の完全性」）。同様に，算定報告基準（規準）の内容として，個々の記述が曖昧であったりすることで，首尾一貫した測定を阻害するような，またバイアスをもたらす内容である場合も想定利用者の意思決定を誤らせる結果を生じさせる（「規準の信頼性」，「規準の中立性」）。

　そしてこれらの要件を具備した算定報告基準（規準）は，保証対象情報（主題情報）の想定利用者の意思決定の判断材料となるものであるため，その理解に資する内容でなければならない。どの法令等に規定された算定方法であるか，一般的に認知されたどのスタンダードやガイドラインに基づいた算定方法であるか，どの権威ある団体から公表された係数を用いたか，公開されている基準ではない場合にはその十分な説明を行うことなどが必要になる（「規準の理解可能性」）。さらには，サステナビリティ報告書等の保証開示媒体において算定報告基準（規準）を公表する必要もある。

　また，算定報告基準（規準）の利用可能性についてであるが，サステナビリ

ティ報告書等では一般に，情報やデータとともに，報告対象組織や算定方法な
ど算定報告基準の説明記述がなされる。保証業務の前提として，どのような報
告対象組織（範囲）で，どのような算定方法等を用いていたかを，情報やデー
タとともに開示することは非常に重要である。

### d．保証の結論を裏付けるために必要な証拠が入手可能と想定されること，また保証業務に適した様式での結論が報告できること

　保証業務が成り立つための前提条件としてもう１つ重要なことが，保証に必
要な証拠が入手できると想定されることである。上述のとおり，保証を受ける
企業側は，算定報告基準（規準）に基づいてサステナビリティ報告書等に保証
対象情報（主題情報）を記載する役割と責任を有し，つまりは保証対象情報
（主題情報）の作成に関する内部統制を整備し，運用し，保証対象情報（主題
情報）に関連する文書や記録の根拠資料に基づいた算定や報告が行われている
はずである。例えば保証対象情報（主題情報）に関連する文書や記録の根拠資
料が適切に保管されずに欠損している状況では，保証に必要な証拠が入手でき
ないことになる。現状の任意で実施する限定的保証では，財務報告に係る内部
統制のような厳格な内部統制のレベルを要求しているものではないが，保証に
必要な証拠が入手できないほどに内部統制が構築されていない状況にあっては，
保証契約の受嘱が可能であるか慎重に判断する必要が生ずる。算定報告基準
（規準）が目的適合性，網羅性，信頼性，中立性，理解可能性の特性を有して
いるかや，その算定報告基準（規準）に照らして十分な証拠を得るための保証
手続を実施できるかという点を慎重に判断する必要がある。

　また特定の状況では，業務実施者が，企業としてサステナビリティ情報の作
成経験をほとんど有さない場合など，企業の記録の状況や信頼性によって，サ
ステナビリティ情報に対する無限定の結論の基礎となる十分かつ適切な証拠を
入手できる可能性が低いと結論付けることがある。そのような状況では，将来
の保証業務に先立って，サステナビリティ情報に対する合意した手続業務また
はコンサルティング業務を行うことがより適切となることも考えられる。ただ
し，当該業務は，将来の保証業務を実施する際の独立性の阻害要因を生じさせ
る可能性がある点に留意が必要である。

### e．保証業務が合理的な目的を有していること

　保証業務が法規制の要求である場合には，一般に合理的な目的があると推定することができるが，そうではない場合，限定的保証業務の場合であれば業務実施者が有意な保証水準を得ることができると見込んでいるかどうか，保証業務の範囲が適切で想定利用者によって有用で誤解を招くものでないかどうかも評価すべき点である。例えば，企業が報告するサステナビリティ情報の一部のみが保証業務の範囲に含まれるような場合，それがチェリーピック（いいとこ取り，つまみ食い）でないのかなど，業務実施者は，業務範囲が一部のみである理由が適切であるかどうかを慎重に検討する必要が出てくる。

　現在のサステナビリティ情報保証に関して「チェリーピックである」といった懸念がいわれることがある。サステナビリティ報告書等には多数の情報が記載されており，サステナビリティ報告書の巻末に保証報告書が掲載されていることをもって，あたかもサステナビリティ報告書が全体として適正であるかのような誤解を生む可能性がある。実態は一部の情報のみ，例えば温室効果ガス排出量など一部の情報だけの保証が提供されている側面を捉えての懸念であると思われる。そもそも任意の取組みである現状のサステナビリティ情報保証において，保証対象情報（主題情報）を選択できるものであり，ここには現状の保証実務と情報利用者が期待する保証との間に期待ギャップがあることが原因である。

**図表２－１－６** 保証に必要な特性

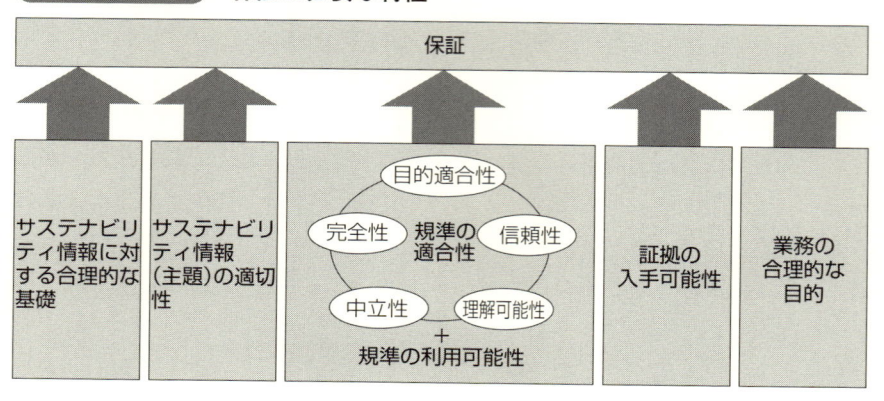

◆コラム◆温対法とGHGプロトコル

　排出量の算定は，自社独自ルールではなく，規準の信頼性や理解可能性のある共通ルールに基づき行われている。国際的なイニシアチブである「GHGプロトコル」という世界共通の基準が策定されているとともに，各国ではこれに沿って関連する制度を策定している状況にある。我が国における温室効果ガス排出量の算定報告の主要なスタンダードとしては，温対法（地球温暖化対策の推進に関する法律）に基づくSHK制度がある。SHK制度とGHGプロトコルとは，両者で同じ取扱いの部分もあれば，似ているようで異なる取扱いがなされる部分も実は多い。以下で，両者の算定報告方法の概要や相違点について簡単にまとめておく。

**図表2－1－7　我が国SHK制度とGHGプロトコルとの比較**

| | | SHK制度 | GHGプロトコル |
|---|---|---|---|
| 概要 | | 国内法に基づく義務的な排出量の算定・報告制度 | 任意で排出量の算定・報告を行う際の国際基準 |
| | | 算定方法および報告方法を法令やマニュアルで詳細に規定 | 算定対象活動や算定方法に関して，基本的な考え方や要求事項を示しているのみ |
| 共通点 | | ・算定対象の温室効果ガスは，いわゆる7ガスである<br>・スコープ1およびスコープ2を基本とする算定活動範囲とする<br>・排出量を「活動量×排出係数」により基本的に算出する<br>・スコープ2排出量の算定にあたり，電力証書や熱証書が使用できる<br>・バイオマス由来の排出量を排出量に含めない | |
| 相違点 | 算定単位 | 国内の事業者（法人）単位 | 地理的制限のない企業グループ単位 |
| | 算定対象活動 | 政省令で詳細に規定する活動が原則の算定対象 | 原則としてすべての排出活動を算定対象とする |
| | バイオマス由来の排出量 | そもそも算定対象外 | スコープ1およびスコープ2とは別に報告 |
| | 発電した電力の売電分の扱い | 発電者のスコープ1排出量から控除する | 発電者のスコープ1排出量から控除しない |
| | スコープ2の算定方法 | 電気事業者別排出係数を用いて算定（マーケットベースに相当） | マーケットベースに加えて，ロケーションベースでの算定 |
| | 証書による効果 | 証書により，全国平均係数相当分の削減効果が得られる | 証書のkWhないしMJ分のゼロエミ化の効果を得る |
| | カーボン・クレジットの取扱い | 一定のクレジットについて排出量控除が可能 | 排出量控除を認めず，排出量と別個に報告 |
| | 廃棄物原燃料の取扱い | 廃棄物原燃料に伴う排出量を控除する | 廃棄物原燃料に伴う排出量を控除しない |
| | 電力の排出量における送配電ロス | 使用端の排出係数を用いることで，送配電ロスを含んだスコープ2の算定を行う（送電端の排出係数は公表データが存在しない） | 送電端の排出係数を用いることで，送配電ロスをスコープ2には含めない（スコープ3カテゴリー3に計上） |

## （2）　契約書の締結

### ①　記載事項

　保証業務の各種条項の合意に至ったところで，保証業務の開始前に，企業と保証機関との間で契約書面を締結する。契約条項についてはISSA5000において，必要最低限の同意条項が定められている。

**図表 2 － 1 － 8**　　保証業務の契約条件に関する合意

85. 業務実施者は，保証業務の契約条件について業務依頼者と合意しなければならない。契約条件の合意された内容は，保証業務契約書若しくはその他の適切な形式による合意書，確認書又は法令等において十分かつ詳細に記載されなければならず，以下を含まなければならない。
（a）　以下を含む，保証業務の目的及び範囲に関連する事項
　　（ⅰ）　保証業務の目的
　　（ⅱ）　保証業務の範囲に含まれるサステナビリティ情報，及び保証業務の範囲に含まれないサステナビリティ情報
　　（ⅲ）　保証業務の範囲に含まれる報告の境界線
　　（ⅳ）　業務が限定的保証業務であるか，合理的保証業務であるか，その両方の組合せであるか，及びそれぞれの保証水準の対象となるサステナビリティ情報
　　（ⅴ）　適用される規準
　　（ⅵ）　保証業務がISSA5000「サステナビリティ保証業務の一般的要求事項」に準拠して実施される旨
（b）　業務実施者の責任
（c）　以下に対する経営者，又は適切な場合はガバナンスに責任を有する者の責任
　　（ⅰ）　適用される規準に準拠してサステナビリティ情報を作成すること。適正表示の規準の場合は，適正に表示することを含む。
　　（ⅱ）　該当する場合は，適合する規準を特定，選択又は策定すること。
　　（ⅲ）　サステナビリティ情報において，使用した適用される規準，及び業務の状況から適用される規準が明白ではない場合にはその策定者に言及するか，又は説明を記載すること。
　　（ⅳ）　不正か誤謬かを問わず，重要な虚偽表示のないサステナビリティ情報を適用される規準に準拠して作成するために事業体が必要と判断する内部統制システムを整備及び運用すること。

（ⅴ）　以下を業務実施者に提供すること。
　　　　ａ．経営者がサステナビリティ情報の作成に関連すると認識している全ての情報へのアクセス
　　　　ｂ．業務実施者が保証業務の目的に関連して追加的に依頼する可能性がある情報
　　　　ｃ．業務実施者が証拠を入手するために必要と判断した事業体構成員への制限のないアクセス
（ｄ）　業務実施者が発行を予定している報告書の想定される様式及び内容に関する記載，並びに特定の状況において当該報告書に除外事項が含められる可能性がある旨の記述
（ｅ）　経営者が保証業務の終了時に経営者確認書を提出することに同意している旨の記述

出所：ISSA5000第85項

　契約書では一般に，「保証業務の目的および範囲」として，どの情報が保証対象であるか保証業務の範囲に含まれるサステナビリティ情報（主題情報）を明確にするとともに，合理的保証ないし限定的保証といった保証の水準を定める。そして，保証基準（ISAE3000やISAE3410，ISSA5000など）に準拠して保証業務を実施する旨，「企業の責任」には，適用される算定報告規準に準拠して主題情報を作成・適正表示する責任がある旨や，重要な虚偽記載のない主題情報を作成するための内部統制を構築・維持する責任がある旨などが記載される。

　また，「適用される規準」も契約書において記載される。算定報告規準は前述したように適合性が具備されていることを前提条件として保証が提供可能となる。そのため，契約に際しては適合性ある算定報告規準についても合意しておくことが重要である。

## ②　契約変更の不同意

　契約書には業務の目的や範囲，業務実施者と企業それぞれの責任，適用される規準などが明記されるが，業務実施者は，合理的な正当性がない限り，業務の契約条項の変更に同意してはならない（ISSA5000第87項）。つまり，一度締結した契約書の業務内容は，仮に業務開始後に手続の実施が困難な状況である

ことが判明した場合であっても，原則として変更してはならない。例えば，合理的保証のための適切な証拠が入手不可能と判断された場合，保証の種類を限定的保証に変更することは認められない。変更を行う場合は変更の合理的な正当性を確認する必要があり，変更することになった背景などを考慮して変更後の業務の受入れを判断しなければならない。そのため，契約書の締結前に業務の前提条件や範囲，企業側の準備体制を十分に検討することが重要となる。

## 第2節　サステナビリティ情報保証業務の全体的な手続の流れ

　保証契約の受嘱手続を終えた契約書の締結後，保証業務の全体的な手続の流れは図表2－2－1のように進めるのが一般的である。それぞれの保証のステップによって，ISAE3000やISAE3410，ISSA5000も踏まえた要求事項や実際の実務の流れを概説する。

図表2－2－1　サステナビリティ情報に対する保証の一般的なプロセス

| 保証計画の策定 | 保証手続の実施 | 審査と保証意見の形成 | 保証報告書の発行 |
|---|---|---|---|
| ● 主題の算定範囲および算定報告規準やマニュアル類の適切性の評価<br>● クライアントで実施されている集計・算定プロセスおよび統制環境を理解<br>● 重要性の決定<br>● 実施する手続の種類，時期，範囲の決定 | ● 分析的手続および質問により保証手続を実施＋重要な事業所に対しては現地へ赴き往査を実施<br>● 開示原稿を入手し，開示内容を検討<br>● 確認書の入手<br>● 後発事象の検討 | ● 保証業務実施中に生じた重要な事項を審査担当者と協議する<br>● 全体的な結果の評価と保証意見の形成を行う | ● サステナビリティ情報開示に対して「保証報告書」を発行<br>● クライアントに対して保証結果を報告するとともに，今後の検討課題なども協議 |

出所：ISAE3000，ISAE3410およびISSA5000をもとにPwC作成

## （1）　保証計画の策定

　保証業務実施者は，まず，保証が効果的かつ効率的な方法で実施されるように保証計画を策定することになる。保証計画では，保証の結論を形成するに足る基礎を得るために十分かつ適切な証拠を入手するという目的を達成するために，実施が必要とされる手続の種類，実施時期および範囲の立案を行っていく。適切な保証計画の立案は，保証業務を効果的かつ効率的な方法で実施するために，重要な領域に適切な注意を向け，潜在的な課題をタイムリーに識別し，保証業務を全体として適切に管理することに役立つ。具体的には以下の点についての計画を策定していく。

---

① 　主題の算定範囲や算定報告規準，マニュアル類の適切性の検討
② 　クライアントで実施されている集計・算定プロセスおよび統制環境の理解
③ 　重要性の決定
④ 　実施する手続の種類，時期，範囲の決定

---

### ①　主題の算定範囲や算定報告規準，マニュアル類の適切性の検討

　主題の算定範囲や算定報告規準は，契約受嘱前の段階において保証の前提条件を具備しているかはあらかじめ評価を行っているものではあるが，その時点ではあくまで保証を実施することに適した前提があるかないかの事前評価といえる。保証契約後において，改めて具体的な算定方法等の詳細を確認し，データ分析に先立ち，集計上および算定上の前提を理解する必要がある。例えば，データの集計プロセスのフロー，データのモニタリング方法（購買量ベースであるのか使用量ベースであるのか等），データ収集頻度，データ集計に用いるシステムの概要，推計値が含まれる場合にはその推計ロジック，などなど，実際の保証業務に応じて検討内容は異なるものの，クライアントが採用している集計上および算定上の前提事項の詳細の検討である。

## ② クライアントで実施されている集計・算定プロセスおよび統制環境の理解

　また，算定報告規準やマニュアル類で定めている集計・算定プロセスが，実際どのように実施されているか，またその過程においてデータの確認をどのような視点で誰が実施しているか（していないか）を理解する。通常は，実際の集計・算定プロセスをend-to-endで理解するために，ウォークスルーを実施する。例えばGHG排出量の集計・算定プロセスであれば，エネルギーの購入から始まり，どの証憑をもとに使用量データを拾い，必要であるならばどのような換算を行っていて，どの単位でどの程度の頻度で報告し，どういったツールでデータを収集し，どの係数を用いて，どういった計算式で排出量を算定し，有効数字は何桁で開示値としているかなど，実際の一連のプロセスを確認することで理解を行う。また，この実際のプロセスが，算定報告規準，マニュアル類と整合しているかどうかも含めて検討を行う。

　加えて，主題情報に意図的か，意図的でないかを含めて虚偽表示が生ずるリスクがないかどうかを検討する。企業およびその経営環境の理解には，規制環境の厳しさやマクロ経済環境などの外部要因や，企業の事業拠点の数および所在地，収益源や製品およびサービスの数，サプライチェーンの複雑さ，特定の取引先への依存度などの企業の事業運営上の性質のほか，企業のガバナンスの体制，資本構造，財務活動などの内部要因を理解する。また，保証対象の主題情報の目的や戦略や関連するリスクを理解する。

**図表２－２－２**　**リスク評価手続に関するISSA5000の要求事項**

業務実施者は，不正または誤謬による開示レベル（限定的保証業務の場合）またはアサーション・レベル（合理的保証業務の場合）の重要な虚偽表示リスクを識別および評価し，追加手続の立案および実施を行うために十分なリスク評価手続を実施する（ISSA5000第103L項，第103R項参照）。
- （a）　適用される規準の適合性の判断（ISSA5000第107項参照）
- （b）　企業の報告方針の理解，報告方針の変更理由の理解（ISSA5000第108項，第109項参照）
- （c）　企業および企業環境の理解（ISSA5000第110項参照）
- （d）　法規制上の枠組みの理解（ISSA5000第111項参照）
- （e）　適切な当事者への質問および協議（ISSA5000第112項参照）

| |
|---|
| （f）　企業の内部統制システムの構成要素の理解（ISSA5000第113L項，第113R項参照） |
| （g）　内部統制のデザインと業務への適用（ISSA5000第120L項，第120R項参照），統制の不備識別（ISSA5000第121項参照） |
| （h）　重要な虚偽表示リスクの識別と評価（ISSA5000第122L項，第122R項参照） |
| A315. 業務実施者が実施するリスク手続の種類には，以下を含むことがある。 |
| （a）　経営者及び内部監査の活動に従事する者（内部監査機能がある場合）への質問，並びに，不正か誤謬かを問わず，重要な虚偽表示が生じる可能性のある開示情報（限定的保証業務）の識別又は重要な虚偽表示リスク（合理的保証業務）の識別に役立つ可能性がある情報を有していると業務実施者が判断するその他の事業体の構成員への質問 |
| （b）　分析的手続 |
| （c）　観察及び閲覧 |

出所：ISSA5000第103L項，第103R項，A315項

　重要な虚偽表示のリスクを評価する際には，不正リスクも考慮する必要がある。例えば，役員報酬の決定において，GHG排出量の削減目標達成インセンティブの割合が高い場合は，意図的にGHG排出量を低く報告するリスクが高くなる。また，規制環境，ステークホルダーからの要請，評判上のリスクから，意図的な虚偽表示を行う動機が生じることもある。不正の機会，動機・プレッシャー，正当化・姿勢の観点から不正リスクの検討を行うことが適切である。

### 図表2－2－3　不正のトライアングル

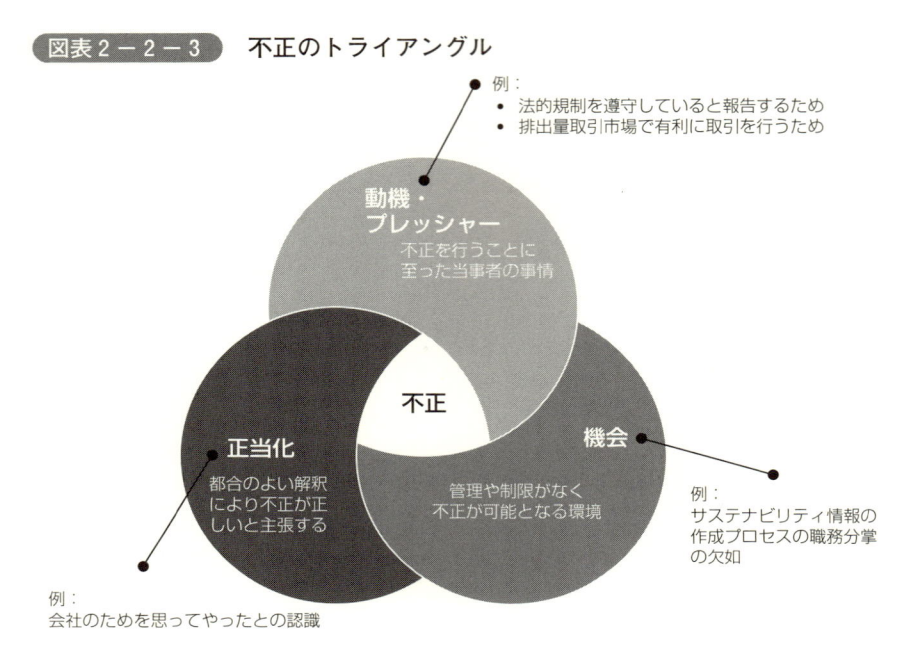

なお，限定的保証では通常，主題や統制環境，クライアント自体のリスク評価プロセスの結果については「理解」までに留まる。限定的保証においては，通常，クライアントの内部統制の有効性に依拠した手続を計画するものではなく，主題情報に係る重要な虚偽表示リスクが高い領域を識別できるようにすることを優先するからである。このように識別された重要な虚偽表示リスクが高い領域に対応する形で，実施する手続の立案につなげていく。

### ③　重要性の決定

保証における重要性は，(a)主題情報に重要な虚偽表示がないかどうかの評価，(b)手続の種類，実施時期および範囲を決定する場合を含む保証業務の計画および実施の考慮のため，計画時点で策定する。重要性は，虚偽表示が主題情報の想定利用者の意思決定に影響を与えると合理的に想定される場合に重要性があるとみなされ，それぞれの業務の状況に応じて職業的専門家としての判断により策定されるものである。なお，重要性は，量的要因および適用可能な場合は

質的要因に照らして考慮されるが，質的要因と量的要因の相対的な重要度も，職業的専門家としての判断事項である。なお，ISSA5000では，定量的な開示情報の重要性は「決定する」，定性的な開示情報の重要性は「考慮する」と表現している。

　ちなみに，重要性は想定利用者の情報ニーズに基づいているものであり，同一の想定利用者および目的に対しては，合理的保証であっても，限定的保証であっても，保証水準による影響を受けるものではない。

　一般的に重要性の基準値は，保証対象の数値に対して特定の割合を乗じて算定される。通常，サステナビリティレポートにおける異なる開示については，同一の意図された利用者が異なる情報ニーズを有していたり，虚偽表示の許容度が異なっていたり，開示が異なる測定単位を用いて表現されていたりする場合がある。そのため，重要性の基準値は，定性的な情報を含んだ異なる開示項目についてそれぞれで検討し決定される。

　そのためGHG排出量であれば，通常は保証の対象とする排出量や，その構成要素（スコープ１，スコープ２，スコープ３のそれぞれの排出量など）の排出量も考慮して，通常は，GHG排出量の構成要素に特定の割合を適用してそれぞれの重要性の基準値を設定する。また，廃棄物に関する情報が主題情報であれば，廃棄物の総量のほか，廃棄物排出の内訳それぞれについても考慮して重要性を設定することがある。

　また，業務実施者は，手続実施上の重要性を設定する。手続実施上の重要性は，定量的な開示情報における未修正の虚偽表示と未発見の虚偽表示の合計が重要となる可能性を適切な低い水準に抑えるために，業務実施者が当該開示情報に関して重要であると判断する数値より低く設定した数値をいい，重要な虚偽表示のリスク評価や，追加手続の内容，時期および範囲を決定する際に使用される（ISSA5000第100項，A307項，A308項参照）。

　なお，重要性は保証業務実施者による職業的専門家としての判断事項であり，そこにおいては主題情報の想定利用者の情報ニーズについての業務実施者の認識に基づいて決定されるものである。それゆえ，すべての開示情報において重要性に係る考慮事項が同一であるとは限らない。例えば，労働災害に起因する死亡事故に関する報告や，油や化学物質の甚大な漏出といった個別のインシデ

ントに起因する報告は，一般に人や環境へのインパクトが深刻であり，このような場合には主題情報に対する一定割合をベースとした重要性が適切でない場合が考えられる。

　また，ISSA5000では，ダブルマテリアリティについては，サステナビリティ報告の枠組みにおいて，企業に対してサステナビリティ情報の作成に際し財務的マテリアリティとインパクト・マテリアリティの双方を適用することが求められている場合，業務実施者は重要性の考慮または決定に際して，財務的マテリアリティとインパクト・マテリアリティの双方を考慮することが要求事項として扱われている。

### ④　実施する手続の種類，時期，範囲の決定

　サステナビリティ情報を開示する企業はグローバルに事業を展開していることが多く，通常，主題情報に関連する事業拠点や子会社が複数にわたる。GHGの排出源や水の使用および排出拠点が複数の工場や営業所から構成されている場合などが想定される。保証の手続を立案するにあたり，企業グループレベルで求める保証レベルの証拠を十分に入手するために，手続を実施する拠点の選定を行う必要がある（スコーピング）。

　スコーピングを行う際には，拠点の重要性，重要な虚偽表示リスクの程度，グループレベルの内部統制の整備状況の評価およびその適用状況などを考慮する。1つの拠点でGHGの多くの割合を排出している場合，拠点の重要性から，通常その拠点を手続を実施する拠点に選定することが想定される。具体的に企業全体の総排出量の何％を占めると重要性があると判断するかは，職業的専門家としての判断による。

　なお，重要拠点の考え方については，ISSA5000で直接の規定はないものの，ISAE3410において図表2-2-4に示した規定（総生産量の15％）があり，現在の保証の実務において取り入れられていることが多い。

**図表2-2-4**　重要施設の識別

14. 本ISAEにおける用語の定義は，以下のとおりとする。

（略）

（t）　重要施設－GHG報告に含まれる総排出量に占める個別施設の排出量の大きさ，又は特定の重要な虚偽表示リスクを生じさせる特定の性質若しくは状況により，個別に重要である施設

A15．GHG報告上で報告される総排出量に占める個々の施設の排出量の割合が大きくなるほど，GHG報告に対する重要な虚偽表示リスクは，通常，増大する。業務実施者は，GHG報告に含まれる総排出量に占める個別施設の排出量の大きさを判断するため，個別に重要である施設を識別する一助として，選択されるベンチマークに割合を適用することがある。ベンチマークの識別及びそれに適用すべき割合の決定に当たっては，職業的専門家としての判断を行使しなければならない。例えば，業務実施者は，総生産量の15％を超える施設が重要施設であると考える場合がある。しかし，業務実施者の職業的専門家としての判断によって，これよりも高い又は低い割合がその状況において適切であると判断されることもある。これは，例えば，以下の場合などの事例である。

・　少数の施設から構成される場合に，それぞれの施設が総生産量の15％以上を占めるが，職業的専門家としての判断において重要でないとする施設がある場合，又は
・　総生産量の15％を僅かに下回る多くの施設が，業務実施者の職業的専門家としての判断においては重要であるとする場合

A16．業務実施者は，特定の重要な虚偽表示リスクを生じさせる特有の性質又は状況により，施設を重要と識別することもある。例えば，ある施設は，他の施設とは異なったデータ収集プロセス又は算定方法を用いていることもあれば，特に複雑な又は専門化した計算が必要であることもあれば，特に複雑な又は専門化した化学的又は物理的プロセスを必要とすることもある。

出所：ISAE3410第14項，A15項およびA16項より抜粋

　スコーピングにより，金額的・質的重要性を踏まえた各拠点のグルーピングを行い，各グループごとに，必要な保証レベルの証拠を入手できるように手続を立案することになる（下記図表2－2－5参照）。実証手続や拠点ごとの分析的手続などより証拠力の高い手続を実施する拠点が，全体の何％を占めていれば十分な証拠を入手したと判断できるかは，職業的専門家としての判断による。

　そのため，拠点のグルーピングごとに必要な保証レベルの証拠を入手できるよう，財務諸表監査のグループ監査の考え方と同様に，重要性を各拠点ごとに配分することが手続上考えられる。各拠点の虚偽表示の合計値がグループ全体

としての重要性の基準値を超過するリスクを軽減するために，業務実施者は，グループ全体の重要性の基準値を下回る個々の構成単位に対する構成単位の全体的な重要性の基準値を決定する。具体的には，構成単位全体の全体的な重要性の基準値を決定し（構成単位に配賦できる構成単位の全体的な重要性の基準値の合計の最大値を決定する），その後，グループ内の個々の構成単位に対して構成単位全体の重要性の基準値を配分する。これらの配分は，職業的専門家としての判断による。

**図表2−2−5** **スコーピングの例（スコープ2のGHG排出量を例に取る）**

| GHG排出量合計 | 拠点 | 排出量（トン） | 累計排出量（トン） | グルーピング | スコーピングの規準および実施する手続の例 | 重要性（※1） |
|---|---|---|---|---|---|---|
| 1,000トン | A工場 | 350 | 350 | Group 1 | 個別に15％以上を占める拠点を重要拠点とし，サイトごとに分析的手続および詳細テストを実施する。往査による排出源の現物確認およびプロトコル理解のための質問，サンプルベースでの証憑突合および分析により報告値が正しいことを確かめる。 | 50 |
| | B工場 | 250 | 600 | | | 40 |
| | C工場 | 110 | 710 | Group 2 | Group 1ほど個別に重要性はないものの，一定の重要性があるサイトを個別に分析する拠点とし，拠点ごとに分析的手続および必要に応じて詳細テストを実施する。 | 20 |
| | 本社 | 80 | 790 | | | 20 |
| | D営業所 | 50 | 840 | | | 10 |
| | E営業所 | 35 | 875 | Group 3 | 個別に重要性はなく，合計しても主題情報の16％であり虚偽表示を集計した虚偽表示リスクの重要性がないことを確かめるため，合計してリスク評価分析を実施する。 | N/A |
| | F営業所 | 35 | 910 | | | N/A |
| | G営業所 | 35 | 945 | | | N/A |
| | H営業所 | 30 | 975 | | | N/A |
| | I営業所 | 25 | 1,000 | | | N/A |
| | 合計 | 1,000 | — | | | |

（※1）重要性の基準値（スコープ2GHG排出量の5％である50）を踏まえて決定した。

## （2）　保証手続の立案および実施

### ①　実施する手続の種類，時期，範囲の決定

　保証業務の実施に必要な資源のリソースの確保，時期や範囲，また必要な場合には専門家の関与なども含めたチームメンバーの構成から始まり，企業の開示媒体の発行時期と保証報告書の発行予定時期から全体スケジュールを線引きし，いつ，誰が，どのような手続を実施すべきか，どのタイミングで誰に対して必要なコミュニケーションを実施すべきか等を計画する。保証計画は，保証を実施するチームの構成員に適切に作業を割り当て，その指導，監督および作業の査閲を容易にすることにも役立つ。

　また，限定的保証手続においても，通常，本社のほかいくつかの主要な事業所の現地を訪問し保証手続を実施する。現地往査先とする事業所の選定にあたっては，クライアント側と保証機関との協議により決定されるが，まずは保証機関としてリスク・アプローチに基づく選定基準を定め，その選定基準に基づいて現地往査先を選定する。現地往査先の選定も職業的専門家としての判断により策定されるものであるが，その考え方としては，主題情報に占める影響割合の大きなサイトが候補となりうる。ISAE3410においては，あくまで例示ではあるものの，「状況に応じて，重要施設の現場における手続実施の必要性を判断しなければならない」（ISAE3410第31項），「総生産量の15％を超える施設が重要施設であると考える場合がある」（ISAE3410 A15項）といった記載もなされている。

### ②　手続の種類

　業務実施者は，以下の例のような手続を組み合わせて保証手続の立案を行う。業務実施者による手続の選択に影響を与える要因には，主題の性質，得るべき保証の水準，および想定利用者や契約当事者の，関連する時間と費用の制約を含む，情報ニーズが含まれる。

**図表２－２－６**　保証手続の内容とその例示

| 手続の種類 | 内容 | 例 |
|---|---|---|
| 閲覧 | （ａ）　紙媒体，電子媒体，または，例えば監視装置の校正記録など，他の媒体による事業体内外の記録や文書を確かめる手続<br>（ｂ）　物理的実地調査，例えば校正機器を物理的に確認する手続 | ・　閲覧：GHG排出量のテストにおける，電力やガスの供給会社からの請求書や使用量通知書との照合 |
| 観察 | 観察は，他の者が実施するプロセスや手続を確かめる手続 | ・　事業体の構成員が校正している監視装置の観察や，統制活動の実施状況を業務実施者が観察する手続 |
| 確認 | 紙媒体，電子媒体またはその他の媒体により，業務実施者が確認先である第三者から文書による回答を直接入手する手続 | ・　納入業者が測定する，施設へのエネルギー納入記録の確認 |
| 再計算 | 記録や文書の計算の正確性を業務実施者自らが計算し確かめる手続。再計算は，手作業によってまたはITを用いて実施する | ・　エネルギー使用量と排出係数等に基づく排出量の再計算 |
| 再実施 | 企業が内部統制の一環として実施している手続または内部統制を業務実施者が自ら実施することによって確かめる手続 | ・　オイルタンクなどの物的測定の再実施 |
| 分析的手続 | 定量データ相互間または定量データと定性データとの間に存在すると推定される関係の分析を通じて，サステナビリティ情報を評価する手続。分析的手続には，他の関連情報と矛盾する，または業務実施者の推定値と大きく乖離する変動や関係についての必要な調査も含まれる | ・　生産台数や売上高などに基づくGHG排出量に関する合理性テスト |
| 質問 | 監査人が主題情報または主題情報以外の分野に精通している企業内外の関係者に情報を求める手続。質問は，質問以外の手続と組み合わせて保証業務の全過程で利用される。質問は，公式な書面または電磁的記録による質問から非公式な口頭による質問まで様々である。質問に対する回答を評価することは，質問のプロセスの不可欠な部分である | ・　主題に責任を負う者への質問（経営者へのインタビュー）<br>・　サステナビリティ報告に関連する内部統制について関係者への質問 |

主な主題情報に対するテストとして，下記のような手続が考えられる。

**GHG排出量**
- 購入電力のキロワット時などの，活動データの収集と記録を対象とする内部統制の運用状況の有効性に関する運用評価手続
- 排出係数と適切な情報源（例えば，官庁出版物など）との突合，およびその状況におけるそれらの適用可能性の検討
- 事業体の組織境界の決定に関連する合弁事業契約およびその他の契約のレビュー
- 記録されたデータにつき，例えば事業体が所有する車両の走行距離メーターとの照合
- 計算の再実施（例えば，マスバランスおよびエネルギーバランス計算など）および検出された差異の調整
- 継続的な監視装置からの読取り
- オイルタンクなどの物的測定の観察または再実施
- 特異な測定または算定技術，例えばリサイクルまたはフィードバック・ループなどに関連することのある，特に複雑な方法の健全性と適切性の分析
- サンプリングおよび（石炭などの）材料の性状の独自の分析，または事業体のサンプリング技術の観察および研究所の試験結果の記録のレビュー
- 計算の正確性および利用した計算方法の適切性の検証（例えば，インプット測定に係る換算と集計など）
- 記録データと，製造記録，燃料消費記録，購入エネルギーの請求書などの原始証憑との突合

**取水量，排水量**
- 取水もしくは排水経路および流量計のリストに基づく現物確認
- 記録データと，水道局からの通知・請求書などの原始証憑との突合
- 記録データと，社内の内部統制に則って作成された製造月報，水消費記録簿，水処理管理記録簿などの社内証憑との突合

- ・ 分析的手続（分析的手続が適切な場合）

**廃棄物排出量・発生量・リサイクル量**
- ・ 記録データとマニフェストや（有価物の場合）売買契約書などの証憑との突合
- ・ 分析的手続（分析的手続が適切な場合）

### ③ 保証手続の実施

　業務実施者は，計画策定時において識別した，主題情報に係る重要な虚偽表示の生じるリスクの高い領域に対応して，重要な虚偽表示リスクに対応して実施する手続の種類，時期および範囲を決定する。業務実施者は，手続の過程で主題情報に重要な虚偽表示の可能性があると確信させる事項に気付くことがある。例えば，GHG報告に関する現地調査の実施時に，GHG報告に含まれているようには見えない，排出量の潜在的な排出源を識別することがある。そのような場合，業務実施者は，潜在的な排出源がGHG報告に組み込まれているかどうかに関して，追加質問を行う。限定的保証業務では，主に分析的手続と質問を中心とした手続を実施するが，追加手続が必要かどうかの判断や，実施する場合の追加手続の範囲は，職業的専門家としての判断事項となる。重要な虚偽表示の可能性が高ければ高いほど，業務実施者はより心証を得られる証拠を入手することが求められる。

　なお，ISSA5000での合理的保証義務においては，アサーション・レベルの重要な虚偽表示リスクに対応した手続の立案・実施を要請している。アサーションは，合理的保証業務において，あるいは，限定的保証業務でも利用する場合があるが，発生する可能性のある様々な種類の潜在的な虚偽表示を考慮するために用いる，経営者の主張に相当する。ISAE3410では，GHGに特化した形ではあるが，アサーションを以下のように区分している。

| 図表２－２－７ | アサーションの区分 |

| 発生および実在性 | 開示情報は，発生したまたは実際に存在する事象または状況に関連している。 |
|---|---|
| 責任 | 開示情報は，事業体に関係している。 |
| 網羅性 | 事業体および報告境界に関係して発生または存在し，サステナビリティ情報に含まれるべき事象または状況（過去の事象または状況であるか将来の事象または状況であるかを問わない）がすべて含まれている。 |
| 正確性および評価 | 見積りを含む開示情報が適用される規準に従って適切に測定，評価または記載されている。 |
| 期間帰属 | 開示情報が関連する報告期間に記録されている。 |
| 表示，分類の妥当性および理解可能性 | 開示情報が適切に集計または細分化され，適切に体系化され，適用される規準に従って表示および記載され，明瞭に表示されている。 |
| 整合性 | 規準およびその適用が前期に適用された方針と整合しているか，または変更に正当な理由があり，適切に適用および開示されており，比較情報がある場合には，前年度どおりに報告されているか，または適切に修正再表示されている。 |

出所：ISSA5000 A415R項

　サステナビリティに関する主題情報作成過程のよくある間違いとしては，以下のようなものが挙げられる。主題情報に関する重要な虚偽表示リスクの評価や識別されたリスクへの対応を行う際には留意が必要となる。

- ・収集したデータの単位が異なっていたことによる集計誤り（例：ある拠点のエネルギー使用量の報告単位がトン（t）であり，別の拠点の単位がkgであるような場合）
- ・データの集計範囲の誤り（例：主題情報の集計対象である拠点のデータが網羅的に集計されていない場合）
- ・使用するデータや排出係数が適切なものではない場合や，最新のものではない場合

### a. 質 問

　業務実施者は，適切な当事者，および適切な場合にはその他の事業体構成員に対する質問を通じて，リスク評価手続の実施に関する有用な情報を入手することができる。例えば，以下のような情報を得ることができる。

**適切な当事者への質問**

| 適切な当事者への質問及び協議 |
| --- |
| 112. 業務実施者は，適切な当事者，及び適切な場合にはその他の事業体構成員に，以下の事項について質問を実施しなければならない。<br>（a） サステナビリティ情報に影響を及ぼす不正又はその疑い，法令違反又はその疑いを把握しているかどうか。<br>（b） 事業体が内部監査機能を有しているかどうか。有している場合は，更なる質問を実施し，サステナビリティ情報に関する内部監査機能の活動及び主な発見事項を理解する。 |
| A352. 業務実施者は，適切な当事者，及び適切な場合にはその他の事業体構成員に対する質問を通じて，リスク手続の実施に関する異なる見方を入手することがある。<br>・ ガバナンスに責任を有する者への質問は，サステナビリティ情報の作成に対する監視の程度を業務実施者が理解するのに役立つ。<br>・ 経営者への質問は，適用される規準の選択と適用の適切性を業務実施者が評価するのに役立つ。<br>・ 事業体の法務部門への質問は，サステナビリティ情報に影響する，訴訟，法令の遵守，不正又はその疑いの認識に関する情報を提供する。<br>・ リスク管理に従事する者（又はそのような役割を果たす者）への質問は，サステナビリティ情報に影響を及ぼす可能性がある事業運営上又は規制上のリスクについての情報を提供する。<br>・ IT担当者への質問は，情報システムの変更，情報システムの不具合や内部統制の逸脱等の情報システムに関連するリスクについての情報を提供する。 |

出所：ISSA5000第112項，A352項

　以下は，経営者への質問項目の例である。これは気候変動関連指標を想定した一例であり，企業が置かれた状況や主題情報の内容に応じて適宜修正することが求められる。

経営者への質問項目の例：

・　主題情報に関連して企業が進めている対応や，関連指標に関して講じられているモニタリングの仕組みおよびその実施状況について。また，環境計画の現時点での進捗状況，見えている課題，今後の見通しについて。

・　現状において課題として認識しているステークホルダーからの要望やニーズについて。

・　企業が設定した目標達成に向けて，経営者レベルや従業員レベルのそれぞれで取組みを評価する際の施策やKPIなどについて。また，組織メンバーのサステナビリティ意識の醸成のために実施している取組みについて。

・　サステナビリティレポートやウェブサイト等において開示している気候変動関連指標に関する取組みとその成果について，こうした情報（収集されているGHG排出量自体）に影響がある意図的な改ざんのリスク（虚偽記載リスク）について，想定される（潜在的な）発生要因の有無，その発生の可能性および影響の度合いについて，経営者がどのような認識を有しているか。また，そのような想定されるリスクがある場合，それに対して，どのような施策を講じているかについて（内部監査等）。

・　サステナビリティ，特に気候変動関連指標に係る情報開示について注目度ならびに要求水準が急速に高まってきている中，この気候変動関連指標に係る「情報開示」の点で，企業においても特に意識している活動・取組み，イニシアチブ等があれば。

## ｂ．分析的手続

　分析的手続は，サステナビリティ情報と財務上または業務上の情報との間に合理的に予測可能な関係が存在する場合に実施する手続であり，重要な虚偽表示リスクの識別と評価を目的として実施することが求められているとともに，評価した重要な虚偽表示リスクへの対応手続として実施することもある。例え

ば，種々の施設からのGHG排出量を当該施設の生産状況と比較するなどして，量や比率を推定する分析的手続として，製造業の企業のGHG排出量に対する分析を例にとると以下のとおりである。

【分析的手続の例】

　下記は上記（1）④の「実施する手続の種類，時期，範囲の決定」における検討で使用した例（図表2－2－5）を使って，スコープ2のGHG排出量に対する分析的手続を想定している。スコープ2は他社から供給された電気等を使うことで間接的に排出されるGHGを対象としており，当社のスコープ2は購入電力の消費が主な排出源である。

**図表2－2－9　スコーピングの例（図表2－2－5）を用いた分析的手続の演習**

（単位：トン）

| 拠点 | X2年検証年度 | 推定値 | 差異 | % | 閾値（※1） | 追加調査 |
|---|---|---|---|---|---|---|
| A工場 | 380 | 430 | △50 | △15.1% | 35 | Yes |
| B工場 | 240 | 220 | +20 | +14.3% | 35 | No |
| C工場 | 110 | 100 | +10 | +10% | 15 | No |
| 本社 | 80 | 85 | +5 | +5.9% | 15 | No |
| D営業所 | 50 | 50 | ±— | ±—% | 15 | No |

※1：重要性の基準値を踏まえて決定。

　分析的手続では，GHG排出量と相関関係にある情報に基づいて推定値を算出し，検証対象の数値と比較して閾値を超える差異について経営者に質問を行い差異の理由を調査し，必要に応じて追加の分析や手続を行う。当事例では，各拠点の推定値は以下のように算定している。

**図表 2 － 2 －10**　　スコーピングの例（図表 2 － 2 － 5 ）を用いた分析的手続の演習（続き）

| 拠点 | 推定値の算出方法 |
|---|---|
| A工場 | 当工場の製造工程は生産数量に応じて電力消費量が増減する。そのため，生産数量の前期からの増減率に基づいて推定値を算定した。 |
| B工場 | 当工場の製造工程は生産数量にかかわらず一定の電力を消費する。電力消費量は工場の稼働時間に応じて変動すると推定されるため，稼働時間の前期からの増減率に基づいて推定値を算定した。 |
| C工場 | 当工場の製造工程は，電力消費量は生産活動の影響をほとんど受けないと考えられるため前期数値を推定値とした。 |
| 本社<br>D営業所 | 本社や営業所などの拠点は，施設の規模や稼働状況に重要な変化がなければ，前年度と同水準の排出量があると推定されるため，前期数値を推定値とした。 |

　分析の結果，A工場では閾値を超える差異が識別されたため，企業に質問を行ったところ，以下のような回答であった。

---

　・工場の屋根に太陽光発電のパネルを設置し，購入電力を減少させた。
　・製造設備更新の時期が来ていたため，電力消費量が少ない省エネ設備を導入した。

---

　上記の回答を検討した結果，差異の理由が合理的であると判断された場合は追加の手続は不要であると判断され，そうでない場合は，追加の質問や，追加的な実証手続の要否を検討する。

　分析的手続で重要なのは，推定値を適切に設定することである。分析的手続は，例えば，種々の施設からのGHG排出量を，当該施設の生産状況と比較することなどを含むことがある。限定的保証業務における分析的手続は，趨勢，関係および比率の方向に関する推定に関して裏付けを得るために立案されることが多いが，合理的保証業務では，評価した重要な虚偽表示リスクに対応して実施される分析的手続は，重要な虚偽表示を識別するのに十分な精度の推定値を算出する必要がある。

### c. 観察および閲覧

　業務実施者は，観察および閲覧により，経営者等に対する質問の回答を裏付けたり，事業体および事業体環境についての情報を入手することがある。手続例としては，以下の観察および閲覧がある（ISAE3410 A68項）。

---

・事業体の事業活動。監視装置を含む，施設でのプロセスと設備の観察は，重要なスコープ1排出量がGHG報告に含まれている場合，特に関連することがある。
・文書（排出量の削減計画と戦略など），記録（校正記録および試験施設での結果など），および情報収集手続と内部統制を詳細に記したマニュアル
・事業体環境マネジメントシステムに関する内外の報告書などの，経営者または統治責任者向けに作成された報告書
・経営者の作成した報告書（四半期経営報告書など）および統治責任者の作成した報告書（取締役会議事録など）

---

　ここで，環境関連の主題情報に対する保証手続を実施する上で重要となる工場往査について紹介する。工場往査は，①サイトの概要把握，②サイトツアー，③集計プロセスのヒアリング，④証憑資料の確認などを実施する。

　スコープ1，2のGHG排出量に対する手続を実施する場合の工場往査のスケジュール例およびサイト往査でのポイントは下記のとおりである。

### 図表2－2－11　工場往査

【工場往査のスケジュール例－スコープ1，2のGHG排出量のケース】

| 項目 | 内容 |
|---|---|
| オープニング | ご挨拶，サイトの概要に関する質疑 |
| サイトツアー | 環境負荷の発生源や監視点の視察 |
|  | GHGを保証する場合の例：主要な排出源や関連設備（ボイラ，発 |

| | 電機，冷温水発生器など），受電設備（取引メータ），ガスメータ，自家発電設備，燃料貯蔵施設 |
|---|---|
| 保証手続 | データの測定や集計・報告プロセスのヒアリング<br>証憑資料の確認（サンプリングベース） |
| 発見事項取りまとめ | 往査における発見事項取りまとめ |
| クロージング | 発見事項についての報告，ディスカッション |

**【サイト往査でのポイント】**

| 項目 | ポイント |
|---|---|
| オープニング | ・　往査サイトでの，原料〜製品までの製造プロセスを理解する<br>・　どの種類のエネルギーが，どの製造プロセスの，どの設備で使用されているか，を把握する<br>・　サイトマップ等から，認識されているエネルギーの流れを理解する（公道で隔てられたエリアや，少し離れた建屋等がある場合，そのエネルギーはどうまかなわれているか）<br>・　サイトツアーで確認すべき監視点や施設をあらかじめ整理する |
| サイトツアー | ・　認識されているエネルギーの監視点（モニタリングポイント）が実在していることを確かめる<br>・　監視点（モニタリングポイント）でどのように使用量の把握を行っているかを確認する（外部の供給会社から送付される請求書等に記載されたメータ使用料を使っているのか，自社担当者がメータを読んだ値を使っているのか）<br>・　監視点（モニタリングポイント）での読み値の単位が，エネルギーデータの単位と合っているか（異なっているなら，単位換算について別途確認）<br>・　認識されているエネルギー以外のエネルギーの使用がないかを確かめる（集計されていない低圧電力の引込み，構内車両の燃料使用，LPGの使用などは，集計から漏れることがある） |
| 保証手続 | ・　データ集計プロセスや統制の有無を確認する<br>・　転記ミスや集計上のエラーがあれば，その原因についても議論する<br>・　月ズレ（期間帰属）がないか<br>・　単位換算が適切か |
| 発見事項取りまとめ | ・　発見事項について，修正を求めるのか，重要性を踏まえ，次年度以降の改善でよしとするかを整理 |
| クロージング | ・　フォローアップが必要な事項の相互確認 |

　上記はGHG排出量が保証の対象となっているケースであるが，取水量・排水量や，産業廃棄物量の場合は以下の様な点に留意する。

112

**取水量，排水量**

・ サイトツアー時に，水のフローを把握するとともに，取水箇所，排水口（最終放流口），水質測定箇所の確認，またその計量方法（水質の場合は特に，測定箇所（どの排水が含まれているか／含まれていないか），測定頻度なども）を確認する。

**産業廃棄物量**

廃棄物保管場所を視察し，以下を理解する。

・ 当サイトでどのような種類の廃棄物が排出されているか

　→保管場所標識を確認し，報告されている廃棄物データの種類（区分）と齟齬がないか

・ 廃棄物の保管状況

　→産業廃棄物，一般廃棄物，有価物の別に適切に分別しているか

　→（別法人による保管場所の共有がある場合）どの会社の廃棄物であるかわかるように区別して保管されているか

・ 廃棄物の排出数量の把握方法のチェック

　→計量器やトラックスケール（台貫）の有無

　→荷姿（ローリー／ダンパー／ドラム缶／斗缶／パレット／コンテナ等）と体積／重量／個数（$m^3$／t／ドラム缶数／フレコン数等）の把握

　工場往査時の準備段階で作成する事前依頼資料リストの例は下記のとおりである。

**図表 2 - 2 -12**　**工場往査時の依頼資料**

**【工場往査時の事前依頼資料リスト例】**

概要・全般

・ サイト概要説明資料（パンフレットなどでも可）
・ サイト内組織図
・ サイト内設備配置図（サイトツアー時にも使用）
・ 製造工程フロー図

- マテリアルフロー図
- 適用環境法令一覧

電気
- 単線結線図（※）
- 電力メニュー別の電力使用量の月次推移表・集計表（本社報告データの元資料）
- 電気事業者ないし供給業者からの使用量の通知（検針票）
- 自家発電電力量の実測記録（月報等）
- 電力会社との契約書，再生可能エネルギー証書等，再エネメニューに関する覚書
（※）　受電した電気を，構内でどのように処理し監視しているか図示したもの。開閉器，遮断器，変圧器（トランス）などの設置機器の全体的な接続をわかりやすく表現するために，接続状況を1本の線で表したシンプルな設計図のこと。

ガス
- ガス配管系統図
- ガス使用量の月次推移表・集計表（本社報告データの元資料）
- ガス使用量の標準状態換算の計算シート，ゲージ圧を確認できる資料（供給約款等）
- LPGの重量換算の計算シート，産気率の根拠資料
- 供給業者からの使用量の通知（検針票）

灯油，ガソリン
- 燃料使用量の月次推移表・集計表（本社報告データの元資料）
- 給業者からの使用量の通知（納品書ないし請求書）
- 購買量ベースでなく，使用量ベースで本社報告を行っている場合の在庫棚卸記録

取水量，排水量
- 用水および排水の系統図
- 水使用量，排水量の月次推移表・集計表（本社報告データの元資料）
- 水使用量，排水量の根拠資料（水道局からの通知・請求書，下水道局からの通知・請求書など）

産業廃棄物量

- ・　事業所内廃棄物集積箇所が読み取れる図面
- ・　廃棄物処理関連書類（①廃棄物処理業者一覧，②廃棄物処理委託契約書）
- ・　廃棄物排出量の種類別・処理方法別の集計表（本社報告データの元資料）
- ・　マニフェスト（電子の場合JWNET登録データ）
- ・　行政への届出情報（マニフェスト交付等状況報告書）


④　見積りおよび将来予測情報

　主題情報の種類によっては，その測定に見積りの要素が介在する場合がある。例えば，GHG排出量の測定に用いられる「地球温暖化係数」の値も見積りの一種である。また，将来予測情報は，最善の見積りによる仮定または仮説的な仮定に基づくシナリオを使用して作成されることがあり，いずれの仮定も経営者の判断の影響を受けるものである。見積りの不確実性は，①見積手法の選択，②データの選択（例えば，使用される計測装置に関係する固有の不確実性など），③仮定の設定の要素から生じるが，業務実施者は，見積手法の選択と適用において経営者の偏向なくその状況において適切であり，仮定の選択においても経営者の偏向なく適切に設定されていること，適合性と信頼性を有した適切なデータが選択されているかどうかについて評価を行う必要がある。

　見積りおよび将来予測情報に関する手続として，業務実施者は，評価した重要な虚偽表示リスクに基づいて，以下を行わなければならない。

| 限定的保証<br>（ISSA5000<br>第134L項） | 業務実施者は，見積りまたは将来予測情報について追加手続を立案し実施する場合，以下を実施しなければならない。<br>（a）　以下の事項について評価する。<br>　（ⅰ）　経営者が，見積りまたは将来予測情報に関して適用される規準の要求事項を適切に適用しているかどうか。<br>　（ⅱ）　見積りまたは将来予測情報を設定する方法が適切であり，首尾一貫して適用されているかどうか。<br>　（ⅲ）　報告された見積りまたは将来予測情報の変更，もしくは見積りまたは将来予測情報の設定方法について過年度から変更がある場合，当該変更がその状況において適切であるかどうか。<br>（b）　その状況においてその他の手続が必要であるかどうかを検討する。 |
| 合理的保証<br>（ISSA5000 | 業務実施者は，見積りまたは将来予測情報を含む開示情報に関連して評価した重要な虚偽表示リスクに対応するにあたって，以下を実施し |

| 第134R項） | なければならない。 |
|---|---|

（a）　経営者が見積りまたは将来予測情報に関連して適用する規準の要求事項を適切に適用しているかどうかを評価する。

（b）　以下のうち１つまたは複数を実施する。

（ⅰ）　経営者がどのように見積りまたは将来予測情報および関連する開示情報を設定したか，ならびに見積りまたは将来予測情報の基礎となる情報をテストする。その際，業務実施者は，以下の事項について評価しなければならない。

　a．見積方法が適切に選択および適用され，過年度からの変更が適切かどうか

　b．過年度からの変更を含め，使用された仮定が適切かどうか

　c．過年度からの変更を含め，データが適切かどうか

（ⅱ）　経営者の見積りを評価するために見積額または許容範囲を設定する。この目的のために，業務実施者は，以下を実施しなければならない。

　a．使用した見積方法，仮定またはデータが，規準に照らして適切であるかどうかを評価すること。

　b．業務実施者が許容範囲を設定する場合，

　　ⅰ．十分な証拠により裏付けられ，合理的であると業務実施者が評価した金額のみが含まれるように許容範囲を決定すること。

　　ⅱ．不確実性を記述するサステナビリティ情報の開示情報に関連して評価した重要な虚偽表示リスクに対して，十分かつ適切な証拠を入手するための追加手続を立案し実施すること。

（ⅲ）　業務実施者の報告書日までに発生した事象から証拠を入手する。

## ◆コラム◆スコープ３排出量算定見積り（自動車メーカー）

　自動車メーカーのスコープ３カテゴリー11（販売した製品の使用）GHG排出量は，一般的に①販売車種ごとの$CO_2$排出量×②自動車生涯走行距離×③年間販売台数により算定される。③年間販売台数はその年に販売した実際販売台数のため実績値となるが，①と②については，見積り計算となる。例えば，①販売車種ごとの$CO_2$排出量については，プラグインハイブリッド車（PHEV）のようなガソリンと電気の両方を使用して走行する車種については，ガソリン走行時と電気での走行時の割合（仮定）をどのように見積もるかが論点となる。また，排出係数の算定においては，

自動車の走行時にテールランプから直接排出される$CO_2$（Tank to Wheel：TtW）に加え，燃料の採掘・精製，電気の発電段階で排出される$CO_2$（Well to Tank：WtT）を加えたWell to Wheel（WtW）で評価することになるが，車種ごとの燃費値であるTtWをWtWベースに換算するに際して，どの国のどの排出係数で見積もるかも論点となる。

|← Tank to Wheel →|
|←——— Well to Wheel ———→|

　また，②自動車生涯走行距離（＝年間走行距離×生涯年数）については，当初新車販売ののち，中古車として二次流通することを想定した場合，生涯年数（仮定）をどのように見積もるのかが論点となりうる。

### ⑤　他の業務実施者の作業の利用

　最終的なISSA5000では，「構成単位（component）」についても整理がなされており，報告企業の子会社に該当する「グループ構成単位」に加え，報告企業のバリューチェーンの上流または下流の一部である他の企業を「バリューチェーン構成単位」と定義した（ISSA5000 A17項）。そして，グループ構成単位のみならず，バリューチェーン構成単位に対してサステナビリティ保証業務を実施している他のファームの業務実施者の作業を利用する場合の規定が詳細になされた。なお，バリューチェーンからの情報を含むこのようなサステナビリティ情報を，ISSA5000では「グループサステナビリティ情報」と呼んでいる。

　これは，サステナビリティ情報では，例えばスコープ３排出量に用いられるサプライヤーからの一次データのように，バリューチェーン内の複数の企業（構成単位）からの情報が含まれるためである（ISSA5000 A13項参照）。保証業務においては，バリューチェーン構成単位に対してサステナビリティ保証業務を実施している他のファームの業務実施者の作業結果を利用することも想定

され，そのような他のファームによる保証報告書をISSA5000では「一対多レポート（one-to-many report）」と呼び，（a）他のファームが実施した手続と結果の説明が業務実施者の目的に対して適切であるか，（b）保証報告書発行のもとになった基準が妥当であるかを評価することによって，その一対多レポートの利用の可否を判断する（ISSA5000第51項）。当該一対多レポートでは十分な適切な証拠が提供されていないと判断する場合，その他の業務実施者とコミュニケーションをとることで手続や結論の理解を補足できるかどうかを検討する（ISSA5000 A131項参照）。

　なお，業務実施者は，経営者が報告したバリューチェーン情報についても十分かつ適切な証拠を入手する必要がある点は，他の情報と変わりはない。ただし，企業の統制下にないバリューチェーン企業からの情報へのアクセスや，そのような情報に関する保証報告書を提供している可能性のある他の業務実施者の作業へのアクセスが制限される可能性もある。このような制限は，証拠として使用することを意図したこの情報の関連性と信頼性に関する業務実施者の評価にも影響を与える可能性がある（ISSA5000 A238項）。

### ⑥　開示の妥当性の確認

　保証手続を実施し主題情報に関する証拠を入手した後は，主題情報が開示されるサステナビリティレポートなどにおける開示の妥当性を確認する。適切に集計・算定された主題情報が，公表される開示媒体において適切に反映されているかどうかの検討である。特に，現状の任意開示のもとでは，開示項目や様式が規制等で定められているものではないため，クライアントが採用し適用した算定報告規準について十分なレベルで説明が行われており，その情報利用者によって理解が可能な開示になっているかも含めた検討を行う。開示の妥当性を検証する際には，サステナビリティ情報が，適用される規準およびその出所を適切に参照または記述しているかどうかを評価しなければならない（ISSA5000第162項）。具体的に開示内容の検討手続において留意している事項を例示として図表2－2－13に列挙した。

　想定利用者が，主題情報がどのような規準に基づいて評価または測定されたのかを理解できる開示となっているかを判断する材料として，主題情報の作成

に適用される規準を，明瞭な方法で主題情報の表示に含める等の方法で，規準を想定利用者が利用できるようにすることが必要となる。

**図表 2 − 2 −13** 開示内容の検討手続の例

- ・ 主題情報の集計値と，調書との一致を確認する。組替集計などの必要性があれば，その組替えの適切性も検討する。
- ・ 主題情報および保証報告書の記載内容が，その他の記載内容と重要な不整合がないかどうか，その他の記載内容を通読する。
- ・ 算定報告規準の記載の十分性を検討する。一般には，算定対象に含まれる組織の範囲，算定の対象期間，算定方法，使用した係数の説明などが含まれる。
- ・ 算定範囲や算定規準の重要な変更がある場合には，その変更があった旨，変更の内容，変更の理由，変更による影響の説明を行うことが考えられる。

## （3） 内部統制の理解と評価

### ① 内部統制の理解の要否と理解すべき内部統制の構成要素の範囲

　サステナビリティ保証業務において理解すべき内部統制の構成要素の範囲は，主題に対する保証水準が限定的保証か合理的保証かで異なる。ISSA5000では限定的保証について，業務に関連する統制活動の理解自体要求していない。

　限定的保証の場合（ISSA5000第113項），サステナビリティ事項およびサステナビリティ情報の作成に関連する内部統制に対し，業務実施者は重要な虚偽表示リスクの識別と評価の基礎として以下の構成要素を理解しなければならない。

- ・統制環境
- ・企業のリスク評価プロセスの結果（合理的保証の場合は，企業のリスク評価プロセスとその結果）
- ・内部統制システムを監視する企業のプロセスの結果（合理的保証の場合は，内部統制システムを監視する企業のプロセスとその結果）
- ・情報システムおよび関連する業務プロセス

　合理的保証の場合（ISSA5000第113R項），上記に加えて以下の構成要素についても理解しなければならない。また，各構成要素の理解に際しては，内部統制のデザインを評価し，これらが業務に適用されているかどうかについて，事業体の担当者への質問とその他の手続を実施して評価しなければならない。

> ・企業のリスク評価プロセス
> ・内部統制システムを監視する企業のプロセス
> ・業務に関連する統制活動

　統制活動を除く内部統制の構成要素は，「経営トップの姿勢」のような具体的に明確でない要素または統制である場合がある。したがって，これらの構成要素は，その性質により，判断的要素が多いが，これらの構成要素が統制活動に比べて重要性が低いことを意味するものではない。内部統制のフレームワークにおける内部統制の構成要素は，統制活動のシステム全体にわたって広範囲な影響を与える可能性があり，そのため我々は通常，監査プロセスの早い段階で理解する。また，判断的要素が多いことに伴い，統制活動を除く各構成要素の理解や評価には，経験豊富な業務実施者が関与する必要性が高くなる場合が多い。

### ②　内部統制の理解において実施すべき手続

　業務実施者は，限定的保証の場合と合理的保証の場合でそれぞれ求められる内部統制の理解に対して実施すべき手続を検討する。

　限定的保証の場合，排出量の算定や報告などサステナビリティ報告に関連する主題情報の作成に関連する事業体のプロセスや内部統制を理解する際，サステナビリティ報告に関連する担当者に質問する。このとき業務実施者は，当該プロセスのどの側面が主題情報に関連しているかを判断するとともに，当該側面について適切な当事者に質問を行うために，職業的専門家として慎重に検討する。また，限定的保証の場合でも基礎となる主題や企業のプロセスが複雑な場合は，当該プロセスを理解するために質問だけでなくウォークスルー手続の実施等，より広範な手続が必要になることがある（ISAE3000ガイダンス247項）。

　合理的保証の場合，サステナビリティ報告に関連する内部統制について質問に加えて追加の手続まで行い理解することが必要な場合がある。これは，内部統制のデザインを評価し，業務に適用されているかどうかについて評価することが求められているためである（ISSA5000第114R項）。

　内部統制の構成要素ごとにどのような観点で確認するか，業務実施者の考慮事項を以下に例示する。

**図表２－２－14**　**内部統制の構成要素ごとの考慮事項**

| 内部統制の構成要素 | 業務実施者の考慮事項（例示） |
|---|---|
| 統制環境<br>リスク評価プロセス<br>内部統制システムの監視プロセス | 「EER（外部報告サステナビリティおよびその他の拡張された外部報告）情報作成プロセスの統治および監督」という表題の下で統制環境，リスク評価プロセス，内部統制システムの監視プロセスはともに検討される。<br>（a）　企業の事業上の意思決定に際して利用されるEER事項の管理および報告において，高品質で倫理的な実務を奨励するために適切な「経営者の姿勢」を示す統治責任者または上級経営者（いずれか適切な者）の存在。<br>（b）　EER情報の承認（適切な場合）を含むEER情報の作成プロセスの全体にわたって適切な段階での統治責任者および上級経営者の関与。<br>（c）　EER情報作成の監視責任を有する統治責任者のサブグループ（監査委員会など）の設置（大規模な企業の場合）。<br>（d）　統治責任者または上級経営者（のいずれか適切な者）が下した，取締役会議事録等の文書に記録された重要な決定。<br>（e）　EER情報作成プロセスに係る権限と責任の割当ておよびそのような責任に見合った説明責任の実施。<br>（f）　EER情報の作成に利用されたプロセスに関連するリスクを識別・評価し，これに対処するために実施されるプロセス。<br>（g）　EER情報の作成または内部統制システムを監視するために実施されるプロセス。これには，統制活動の有効性の監視および不備を識別し改善するプロセスが含まれる。 |
| 情報システムと伝達 | （a）　EER情報で扱われる，報告トピックを特定する企業のプロセス（該当する場合）を含む，規準の選定または開発プロセス。<br>（b）　報告トピックの測定または評価（報告トピックの表示および開示を含む）のための規準の選定または開発プロセス。そして，開示が適切かつ網羅的であるか否か，さらに，必要に応じて，その開示に，前回の報告期間以降の規準の変更が含まれているか否か，と |

| | | |
|---|---|---|
| | | いうことのレビューに係る規準の選定または開発プロセス。 |
| | （c） | 報告トピックに関する定性的情報を含むデータおよび情報を取得，記録，処理，修正し，EER情報に含めるためのプロセス。そのようなプロセスには，レビュー担当者がデータと情報の正確性と網羅性についてチェックを行い，レビューが実施されたという証跡としてそれらを承認する内部検証プロセスが含まれる場合がある。 |
| | （d） | 外部情報源から入手したデータおよび情報を選定，入手，レビュー，そして監視するプロセス。 |
| | （e） | 報告トピックに関連する主題情報の作成を支援するための記録と情報源となる文書。これらは，業務実施者が証拠として利用できるように，万全の状態で保管され，利用可能な状態となっていること。 |
| | （f） | 上記事項を支援するために企業がどのようにITを利用しているか。 |
| 統制活動 | （a） | EER情報作成プロセスに関与する個人間で，企業の規模に適した範囲で職務の分離を要求する統制。例として，情報の作成者と情報のレビュー担当者の分離が挙げられる。 |
| | （b） | 業務実施者が証拠として使用するデータ，情報または文書の根拠となる情報源に，作成者が不適切な変更を加えることを防止する統制。 |
| | （c） | 取引，発生事由および事象を識別し，それらを網羅的，正確かつ適時に記録し，適切に分類するための統制。 |
| | （d） | 測定機器の保守管理（測定装置が調整されており，不正な変更ができないことの確認等）に係る統制。 |
| | （e） | 関連するITシステムが十分な安全性，堅牢性および信頼性を備え適切な保守管理を受けることを（例えば，物理的および論理的なアクセスを制限することにより）支援するIT統制。データのバックアップおよび災害復旧に係る統制。 |
| | （f） | 測定または評価の基礎およびその他の報告方針の策定プロセスまたは適用プロセスで発生しうる経営者の偏向の可能性に対応する統制。 |

出所：「サステナビリティおよびその他の拡張された外部報告（EER）に対する保証業務への国際保証業務基準3000（ISAE 3000）（改訂）の適用に関する規範性のないガイダンス」より，主題情報の作成に利用された企業のプロセスまたは主題情報の作成を対象とする内部統制についての理解　第234項，237項，244項の業務実施者が考慮する事項の例示をもとにPwC作成

### ③　運用評価手続

　内部統制に関する理解が深まったところで運用評価手続の要否をどのように検討するか説明する。限定的保証の場合，合理的保証業務より業務リスクを高く設定し，消極的形式で結論を表明するものであるため，ISSA5000では内部

統制の運用評価手続を計画している場合を除き，内部統制のデザインの評価，およびそれらが業務に適用されているかどうかの判断は要求されない。そのため，ここでは合理的保証の場合を前提として説明する。

　運用評価手続は前項で内部統制のデザインを評価し，業務に適用されていると判断した内部統制が有効に運用されているか評価する手続であり，主題情報を対象とした関連する内部統制の運用状況の有効性について十分かつ適切な証拠を入手する。運用評価手続の対象となる統制を識別する際には，主題情報に係るアサーション・レベルの重要な虚偽表示リスクに対応する十分かつ適切な証拠を最も有効かつ効率的に入手できるかに基づき，職業的専門家として判断する。以下のいずれかの場合には運用評価手続を立案し実施しなければならない（ISSA5000第119R項，ISAE3410第38R項参照）。

（a）　業務実施者が，運用状況の有効性をテストすることにより証拠を入手することを計画している場合

（b）　運用評価手続以外の手続のみでは，アサーション・レベルで十分かつ適切な証拠を入手できない場合

（c）　他の業務実施者の保証報告書において特定され，利用企業に関連すると判断された補完的な内部統制の運用状況の有効性をテストすることにより証拠を入手することを計画している場合

　業務実施者は，依拠しようとする内部統制からの逸脱を発見した場合には，逸脱が生じた原因およびその潜在的な影響を理解するために質問を実施し，以下の事項について判断しなければならない（ISSA5000第125項）。

（a）　実施した運用評価手続は内部統制の運用状況の有効性に関する十分かつ適切な証拠を提供するかどうか。

（b）　追加的な運用評価手続が必要かどうか。

（c）　実証手続を実施することにより，潜在的な重要な虚偽表示リスク（合理的保証）または重要な虚偽表示が生じる可能性が高い開示情

報（限定的保証）に対応する必要があるかどうか。

運用評価手続をどのように実施するか，ISSA5000第132項では「内部統制の運用状況の有効性に関する証拠を入手するための質問及び他の手続を実施する」と規定されているところであるが，一般的には上記（2）②に記載している質問，観察，閲覧，再実施を組み合わせて実施することが考えられる。

#### ④ IT統制の理解と評価

ａ．IT環境の理解

**図表２－２－15** サステナビリティ開示と情報システム利用，関連する内部統制の全体図

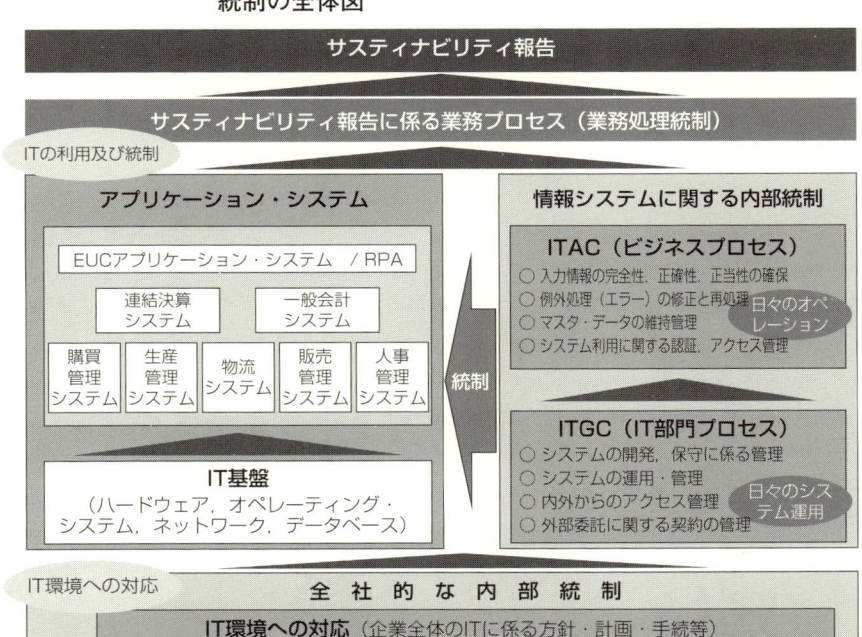

参照出所：経済産業省システム管理基準追補版「図表Ⅱ.1-3 財務報告とIT統制との関係」より加工

**図表2－2－16** ITに依存した統制とIT全般統制の関係図

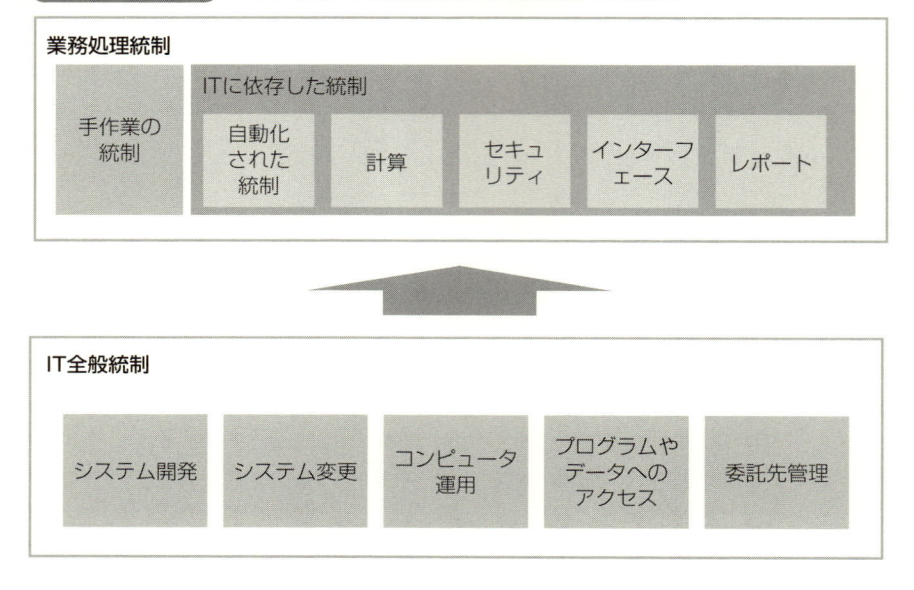

　情報システムおよび関連する業務プロセスの理解の一環として，主題情報の作成に関連して識別されたシステムに関連するIT環境を理解する必要があるが，ISAE3000やISAE3410，さらにはISSA5000においても，IT環境の理解について具体的な考慮事項は明示されていないため，監査基準報告書315「重要な虚偽表示リスクの識別と評価」（以下「315」という）の記載が参考になると考えられる。IT環境とは一般に，「ITアプリケーションおよびそれを支援するITインフラストラクチャーをいい，ITプロセスやITプロセスに関わる要員も含まれる。」（315第11項（1））と定義されている。IT環境が複雑な場合にはITの専門家を利用することを検討する。

　IT環境を理解するために，システムの管理部門に対して以下のような観点を考慮することが考えられる。

**図表2－2－17**　**IT環境の理解のための考慮事項**

| 考慮項目 | IT環境を理解するための一般的な考慮事項（例示） |
|---|---|
| 自動化の範囲およびデータの利用に関する事項 | ・処理手続の自動化の範囲および自動化された処理手続の複雑性。これには，高度に自動化されているか，ペーパーレス処理であるかどうかを含む<br>・情報処理においてシステムが生成するレポートに企業が依拠する範囲<br>・データの入力方法（すなわち，手作業入力，顧客またはベンダーによる外部入力，またはファイルのアップロード）<br>・ITは，内部または外部を問わず，アプリケーション，データベースまたは関連するその他のIT環境の間での情報伝達を，システム・インターフェースを通じてどのように実施するか。<br>・会計記録またはその他の情報がデジタル形式で保存されているかどうかおよび保存されたデータの場所を含む，情報システムによって処理されるデジタル形式のデータの量と複雑性 |
| ITアプリケーションやIT基盤に関する事項 | ・アプリケーションの種類（例えば，カスタマイズがほとんど行われていないか，まったく行われていない市販のアプリケーション，外部から購入し高度にカスタマイズもしくは高度に統合したアプリケーション，または社内で開発されたアプリケーション）<br>・ITアプリケーションとその基礎となるIT基盤の性質の複雑性<br>・第三者によるホスティングまたはITのアウトソーシングの有無<br>・企業が財務報告に影響を与える新技術を利用しているかどうか |
| ITプロセスに関する事項 | ・IT環境のメンテナンス担当者（セキュリティとIT環境の変更を管理するITサポート人材の数とスキルレベル）<br>・アクセス権を管理するプロセスの複雑性<br>・IT環境に対するセキュリティの複雑性。特にウェブベースの取引または外部とのインターフェースを含む取引がある場合における，ITアプリケーション，データベースおよびその他のIT環境のサイバーリスクに対する脆弱性等<br>・情報の処理方法に対しプログラム変更が実施されているか，またその変更の頻度<br>・IT環境内の変更の程度（例えば，ITアプリケーションに関連するその他の環境の追加，またはITアプリケーションもしくはそれを支援するITインフラストラクチャーの著しい変更）<br>・期中に重要なデータ変換があったか。IT環境の変更があった場合には，その内容と重要性およびデータ変換の有無 |

出所：「315　付録5　ITを理解するための考慮事項」 IT環境を理解するための一般的な考慮事項の例示を引用してPwC作成

## b．IT全般統制の理解と評価

　業務プロセスの理解の中でシステムに依存している業務処理統制（以下「IT業務処理統制」という）が識別された場合にはそのシステムに関連するIT全般統制の理解が必要となる場合がある。IT全般統制とは一般に，「IT環境の継続的かつ適切な運用を支援する企業のITプロセスに係る内部統制のことをいう。IT環境の継続的かつ適切な運用には，継続して有効に機能する情報処理統制，および企業の情報システム内の情報のインテグリティ（すなわち，情報（データ）の網羅性，正確性，正当性）の確保が含まれる。」（315第11項（2））と定義される。

　限定的保証または合理的保証のいずれの場合においてもIT業務処理統制の運用状況の有効性を評価する場合には，ITGCの理解（デザインと業務への適用を評価）が必要となる（ISSA5000第119R項，第120L項）。ISAE3000やISAE3410さらにはISSA5000においてもIT全般統制の理解について具体的な考慮事項は明示されていないが，IT環境の理解と同様に315の記載が参考になると考えられる。

**図表2－2－18　IT全般統制の理解ための考慮事項**

| プロセス | 複雑ではない市販ソフトウェアにおけるIT全般統制の例 |
|---|---|
| アクセス管理 | ・管理者は，利用者のアクセス権の新規追加および修正について，内容と範囲を承認する。これには，基本的なアプリケーションのプロファイルや役割，重要な財務報告上の処理，および職務の分離へのアクセスを含む（プロビジョニング）。<br>・退職または異動した利用者のアクセス（権）は，適時な方法で削除または修正される（デプロビジョニング）。<br>・利用者のアクセス権の付与状況は定期的にレビューされる。<br>・特権レベルのアクセス（例えば，環境設定，データおよびセキュリティの管理者）が承認され，また適切に制限される。<br>・ユーザーのシステムへのアクセスを承認する仕組みとして，固有のユーザー IDとパスワードまたは他の方法による認証がある。パスワードのパラメータは会社や業界の基準を満たしている（例えば，パスワードの必要最低限の長さと複雑性，有効期限ならびにアカウントのロック）。 |
| 変更管理 | ・アプリケーションの変更は，本番環境に移行する前に適切にテストさ |

| | れ，承認されている。<br>・管理者が，旧アプリケーションシステムやデータ構造から，新しいアプリケーションシステムやデータ構造へのデータのコンバージョン（例えば，比較や調整の作業）の結果を承認する。また，コンバージョンが確立したその方針と手続に準拠しているかどうか監視する。 |
|---|---|
| ITの運用 | ・データは，設定されたスケジュールと頻度に従って，定期的にバックアップされる。<br>・重要なシステム，プログラム，またはジョブが監視されており，確実に正常終了できるようにエラーが修正される。 |

出所：「315　付録6　IT全般統制を理解するための考慮事項」　IT全般統制の例示をもとにPwC作成

### c．クラウドサービスの理解と評価

　サステナビリティ報告関連の集計や開示業務に関連するシステムとしては，クラウドサービスを利用することが一般的となってきている。クラウドサービスを利用して各拠点からのデータ収集，自動計算やレポート作成，職務分掌の機能などを利用している場合には，クラウドサービス事業者（受託会社）が構築した内部統制を理解することが適切な場合がある（ISSA5000 A389項）。また，サステナビリティ保証に係る基準上では明記されていないものの，これらのIT業務処理統制に依拠した監査アプローチを計画している場合には，会計監査と同様にクラウドサービス事業者が構築しているIT全般統制についてSOC1レポートを入手して評価することが考えられる。

## （4）　完了

### ①　識別した虚偽表示の集計・評価

　業務実施者は，計画段階で実施したリスク評価の結果が，保証手続の過程で入手した証拠などに基づき見直す必要があるかどうかを検討するとともに，識別した虚偽表示の集計，評価を行う。

**図表2-2-19**　**業務の進捗に伴い識別した虚偽表示の検討**

155. 業務実施者は，以下の場合，業務のアプローチを修正する必要があるかどうか判断しなければならない。

> (a) 識別した虚偽表示の内容とその発生状況が，他の虚偽表示が存在し，業務の過程で集計した虚偽表示と集計すると重要な虚偽表示となり得る可能性を示唆している場合，又は
> (b) 業務の過程で集計した虚偽表示が，集計すると，サステナビリティ情報に重要な虚偽表示が存在することになる可能性がある場合

出所：ISSA5000第155項

　識別した虚偽表示は企業に適時に伝達して修正を要求しなければならない。企業が，当該虚偽表示を修正した場合においても，業務実施者は，未発見の重要な虚偽表示があるかどうか判断するため事業体の実施した作業に関して手続を実施しなければならない（ISSA5000第157項）。企業が業務実施者によって報告された虚偽表示の一部またはすべてを修正することに同意しない場合は事業体が修正しない理由を把握した上で，業務実施者の結論の形成時に当該理解を考慮し，未修正の虚偽表示が，個別または集計して重要であるかどうか評価する。

## ② 確 認 書

　本節冒頭の図表2－2－1において，保証業務のプロセスを説明しているが，ここでは「保証手続の実施」における経営者等からの確認書の入手について説明する。

　業務実施者は，以下に関係する事項に関して，適切な責任を有し，知識を有する事業体構成員に対して確認書を提出するように要請しなければならない。

**図表2－2－20　確認書**

> 165. 業務実施者は，以下の確認書を，経営者及び適切な場合にはガバナンスに責任を有する者（経営者等）に要求しなければならない。
> 　　（a） 経営者等が，契約条件に規定されているとおり，適用される規準に従って，サステナビリティ情報（適切な場合には比較情報を含む。）を作成する責任を果たした旨

（b）　経営者等が，契約条件において合意されたとおり，全ての関連する情報及びアクセスを業務実施者に提供し，全ての関連事項をサステナビリティ情報に反映させた旨

（c）　未修正の虚偽表示が及ぼす影響が，個別にも集計しても，サステナビリティ情報にとって重要でないと，経営者等が判断しているかどうか。そのような項目の要約は，確認書に記載するか添付しなければならない。

（d）　見積りの実施及び将来予測情報の作成に使用した重要な仮定が適切であると，経営者等が考えているかどうか。

（e）　経営者等が，明らかに僅少ではないと認識している，業務に関連する内部統制の不備を全て業務実施者に伝達した旨不正又は法令違反がサステナビリティ情報に重要な影響を及ぼし得る場合，あらゆる不正若しくは法令違反の事実又は疑いに関して知っていることを，経営者等が業務実施者に開示したかどうか。

（f）　サステナビリティ情報の日付以降に発生し，適用される規準が調整又は開示を要求する全ての事象について，経営者等がサステナビリティ情報を修正した，又はそれらの事象を開示した旨

出所：ISSA5000第165項

　確認書は，企業のサステナビリティ情報に関連して証拠を裏付けるために業務実施者が求める必要な情報である。

　確認書は，保証報告書を発行する前に入手する必要があり（ISSA5000第168項），通常保証報告書と同日付けで入手される。確認を求める適切な責任者とは，通常，業務依頼者である会社の上級経営者または統治責任者のメンバーが想定される。

　確認書は会計監査の実務として浸透しているが，サステナビリティ保証の手続においても必須の実務であると理解いただくべきものである。そのため，確認書の目的や確認内容，適切な責任者への署名を求めるタイミングなどについて業務実施者から会社担当者に説明を十分に行い，あらかじめ合意を得ておくことがスムーズな確認書入手のために重要である。

# 第3章

## サステナビリティ報告に関する
## ガバナンスと内部統制

# 第1節　サステナビリティ報告に関する内部統制構築の必要性

## （1）　内部統制の重要性の高まり

　これまで述べてきたとおり，サステナビリティ報告は，企業と投資家との対話の基盤として，その重要性を増しつつある。経営者が意思決定を行うにあたっては，サステナビリティが重要なファクターとして考慮されるようになったことに加え，従来の財務報告にさほど高い関心を持っていなかったNPOなども含め，サステナビリティ報告に関心を寄せる層は拡大している。

　一方で，その重要性が高まるにつれて，サステナビリティ報告における誤りは，以前に増して企業価値や企業のレピュテーションに大きな影響を与えるようになってきた。さらに，サステナビリティ報告の粉飾ともいうべき，グリーン・ウォッシュへの懸念や批判も高まってきている。

　このような流れの中で，サステナビリティ報告の信頼性を確保するためのプロセス，すなわちサステナビリティ情報関連の内部統制を確かなものとすることは，開示企業にとって喫緊の課題となっている。また，コーポレート・ガバナンスに関する国際的な基準である「G20/OECDコーポレート・ガバナンス原則」は，2023年9月に改訂が行われ，新たにサステナビリティに関する章（6章：持続可能性および強靭性）が創設された。この新章の補足原則6.C.は，サステナビリティに関する開示の信頼性向上のために，取締役会が効果的なガバナンスと内部統制を整備する役割を担うことを求めており，内部統制の重要性を認識している。

　また，開示の強制化が進み，第三者による合理的保証が要求されるようになってきていることを考えれば，合理的保証に耐えうる開示体制を構築することは，サステナビリティ報告を行う企業にとって必然であるともいえる[1]。サ

---

1　国際監査・保証基準審議会（IAASB）により公表されている「国際サステナビリティ保証基準」（ISSA5000）において，サステナビリティ報告に対して限定的保証を行う場合は，内部統制の評価は求められていない。

ステナビリティ報告の合理的保証を行う場合には，ISSA5000によれば，保証人は内部統制システムの5つの要素（図表3－1－1参照）を理解し，評価することが求められる。したがって，合理的保証を受ける企業の側も，これに備える必要が生じることとなる。

**図表3－1－1**　**合理的保証と限定的保証の差異：内部統制システムの理解に関する要求事項**（図表1－3－7再掲）

| | 限定的保証 | 合理的保証 |
|---|---|---|
| 内部統制システムの理解 | 内部統制システムの5つの構成要素のうち，以下についてのみ理解を要求<br>・　統制環境<br>・　企業のリスク評価プロセスの結果<br>・　内部統制システムを監視する企業のプロセスの結果<br>・　情報システムと伝達 | 内部統制システムの5つの構成要素について理解を要求<br>・　統制環境<br>・　企業のリスク評価プロセスとその結果<br>・　内部統制システムを監視する企業のプロセスとその結果<br>・　情報システムと伝達<br>・　統制活動 |
| デザインの評価および業務への適用の判断 | 内部統制の運用状況の有効性の評価により証拠を入手することを計画する場合にのみ，該当する内部統制および関連するIT全般統制のデザインの評価および業務への適用の判断を要求 | 統制活動の理解に際し，以下についてデザインの評価および業務への適用の判断を要求<br>・　内部統制の運用状況の有効性の評価により証拠を入手することを計画する内部統制および関連するIT全般統制<br>・　アサーション・レベルの重要な虚偽表示リスクの識別・評価およびさらなる手続の立案のため，業務実施者が必要と判断したその他の内部統制 |
| 内部統制の不備の識別 | 内部統制システムの構成要素の理解に基づき，内部統制の不備が識別されたかどうかの<u>考慮</u>を要求 | 内部統制システムの構成要素の評価に基づき，内部統制の不備が識別されたかどうかの<u>判断</u>を要求 |

## （2）　サステナビリティ報告に係る内部統制を取り巻く現状

　国際的にみれば，非財務情報の重要性が増大するのを受け，既存の内部統制フレームワークに非財務情報を取り込む動きがある。米国のトレッドウェイ委

員会支援組織委員会（COSO）が2013年に改訂を行った「内部統制の統合的フレームワーク」（COSOフレームワーク）では，内部統制の目的の１つが，旧フレームワークの「財務報告の信頼性」から，「報告の信頼性」に変更された。この変更により，財務報告だけでなく，非財務情報の報告も，内部統制の目的に含まれるようになった。また，後述するように，2023年３月には，COSOフレームワークをサステナビリティ報告へどのように適用できるかについて，補足ガイダンス（「サステナビリティ報告に係る有効な内部統制（ICSR）の実現」，ICSRガイダンス）が公表されている。

国内では，2023年４月，金融庁により「財務報告に係る内部統制の評価及び監査の基準並びに財務報告に係る内部統制の評価及び監査に関する実施基準の改訂について（意見書）」が公表された。この改訂によって，内部統制の目的の１つである「財務報告の信頼性」は「報告の信頼性」に変更されており，2013年版COSOフレームワークと平仄をとるかたちとなっている。

改訂の過程では，サステナビリティを含む非財務情報の，内部統制報告制度における取扱いについて，「当該情報の開示等に係る国内外における議論を踏まえて検討すべき」との問題提起もなされた。したがって，国際的な動きと同様に，これまで財務報告の信頼性の確保を目的としてきた内部統制報告制度（J-SOX）においても，非財務情報の重要性は認識されている。今後，サステナビリティ報告に関する内部統制について，J-SOXに含めるか否かの議論が進展することが予想される。

ただし，現時点では，サステナビリティ報告の開示に関する基準やフレームワーク等は乱立しており，そもそも開示のプロセス自体が発展途上にある。そのため，サステナビリティ情報に関する内部統制への対応も進んでいるとはいえず，国内において関連する明確な基準等が存在しない中，各社が手探りで対応を進めているのが現状である。

本章においては，このような現状のもとで，堅確な内部統制を構築するためにどのようなアプローチが可能か，先行事例を交えて述べていきたい。

# 第2節　内部統制構築のアプローチ

## （1）　COSOフレームワークとICSRガイダンス

　国内において，サステナビリティに関する内部統制フレームワークは未整備であるものの，現在利用できるフレームワークとして，COSOフレームワークがあり，その補足ガイダンスとして23年3月に発表されたICSRガイダンスがある。

### ①　COSOフレームワーク

　COSOフレームワークは内部統制におけるグローバルスタンダードとして世界で広く利用されており，日本のJ-SOXもこのフレームワークに基づいて整備されている。COSOフレームワークは，前述のとおり，2013年の改訂において，内部統制の目的の1つを「財務報告」から「報告」へと拡張し，内部，外部，財務，非財務を問わずあらゆる形態の報告にも適用しうるものとなった。

　この「報告」には，当然にサステナビリティ報告が含まれることになるため，COSOフレームワークは，サステナビリティ報告に関する内部統制を構築する上で，その考え方の一助となる。

　図表3－2－1は，COSOフレームワークが提示する①内部統制の目的，②目的を達成するために必要な構成要素，③組織構造の三者の関係を立方体で示したものであり，通称COSOキューブと呼ばれる。上面が，内部統制の3つの目的（業務，報告，コンプライアンス），前面が5つの構成要素，側面の軸が事業体の組織構造を表す。

　5つの構成要素（①統制環境，②リスク評価，③統制活動，④情報と伝達，⑤モニタリング活動）には，それぞれに関連する基本概念を示す合計17の原則があり，これらの原則がすべて充足されたとき，有効な内部統制が構築できているといえ，その結果として3つの目的が達成される，というのがCOSOフレームワークの基本的な考え方である。各原則には，原則を解釈して実務上適用する際の助けとなるよう，87の着眼点が示されている。着眼点は，あくまで

例示であり，着眼点を充足すると原則が充足される，という関係にはない点に留意する必要がある。

17の原則そのものは，やや漠然としているため，どのように原則の充足を確認するかは第5節および第6節で詳述する。

**図表3－2－1** **COSOのフレームワーク**

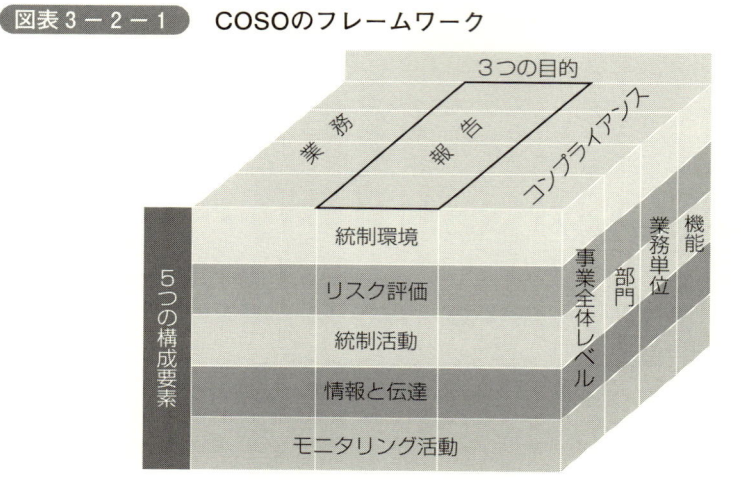

出所：COSO "Internal Control-Integrated Framework"

**図表３－２－２**　COSOの３つの目的・５つの構成要素・17原則・87着眼点の関係

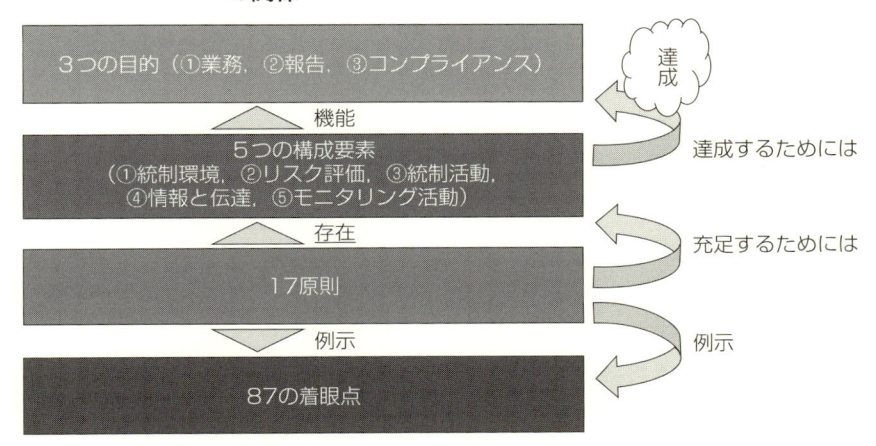

出所：COSO "Internal Control-Integrated Framework" をもとにPwC作成

**図表３－２－３**　COSOフレームワークの各要素の関係性

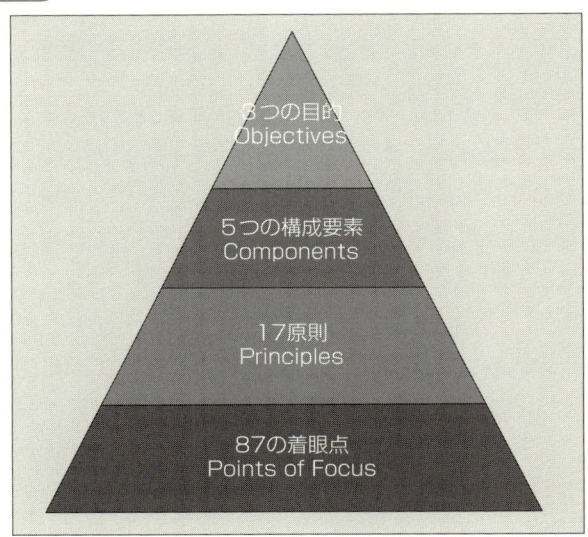

出所：COSO "Internal Control-Integrated Framework" をもとにPwC作成

## ②　ICSRガイダンス

　ICSRガイダンスは，サステナビリティ報告の重要性が高まる中，この
COSOフレームワークをより効果的にサステナビリティ報告の内部統制に適用
できるよう，COSOが解説を加えたものである。図に示したCOSOフレーム
ワークの枠組みはそのままに，各原則と着眼点を引用し，それらがどのように
サステナビリティに関する内部統制に適用可能であるかを説明している。また，
「洞察」として，先行事例の紹介や，より詳細な解説も述べている。

　現在，サステナビリティ報告に係る内部統制に焦点を当てたフレームワーク，
ガイダンスとしてあるのはICSRガイダンスのみであり，今後，日本企業がサ
ステナビリティ報告に係る内部統制構築を進めるには，このICSRガイダンス
の内容を理解し，実務に落とし込んでいく必要があるだろう。

　しかし，COSOフレームワークやICSRガイダンスは，あくまでフレームワー
クであるので，実務に落とし込む際には，その解釈なども含めて，一定の困難
も予想される。そこで，次項で述べるように，その落とし込みにおいては，既
存の財務報告の適切性を担保するための枠組み，すなわちJ-SOXのアプローチ
を参考にするとよい。

## （2）　J-SOXを活用した内部統制構築／既存の内部統制の活用

　2024年12月現在，日本において，サステナビリティ報告に係る内部統制構築
について記載された基準等はなく，したがって，J-SOXに則って整備・運用・
評価すべきだとする基準や法規制等も存在しない。しかし，以下の理由から，
J-SOXを活用したアプローチをとることが，企業にとっては現実的な対応であ
ると考えられる[2]。

## ①　ICSRガイダンスにおける既存の内部統制の枠組みの活用の推奨

　ICSRガイダンスの記載において，「既存の専門知識を活用する」との記載が
ある。その中で，ICSR（サステナビリティ報告に係る有効な内部統制）とは，

---

2　SOX法に関してはUS-SOXも当然，参考とすることができる。しかしながら，日本で広
　く認知されているJ-SOXを参照することが本書の利用者の理解を深めることに資すると考
　え，ここでは「J-SOXの活用」としている。

財務情報に係る統制から得られた定評ある概念を新たに適用したものであると
されている。

　また，ICSRガイダンスには「既存の統制を活用する」との記載もある。その中では，一部のサステナビリティ報告に係る内部統制は，新たなプロセスや統制を必要とするものの，財務報告に係る内部統制の一部として，すでにあるプロセスに手を加え，サステナビリティ情報に適用することも可能としている。

　その他の記述においても既存の枠組みについての言及が複数されており，既存の枠組みの活用が推奨されていることが読み取れる。

### ②　TCFD提言における言及

　「気候関連財務情報開示タスクフォースの提言」，いわゆるTCFD提言においては，気候関連財務情報を年次財務報告に含めて開示する場合，既存の財務情報開示と同様のガバナンスのプロセス（CFOのレビューや監査委員会のレビュー等）を期待する旨が記載されている。

　また，財務報告に含めずに他の公式報告書の中で開示する場合にも，財務報告と同レベルの内部統制プロセスのもとで開示するよう奨励している。

　このように気候変動開示の枠組みとして広く認識されているガイダンスにおいても，財務報告と同レベル，つまり（J-）SOXと同レベルの内部統制を構築することが望ましいことが，複数回言及されている。

### ③　関係者の理解の得やすさ

　J-SOXについては，その発効から15年以上が経過し，内部統制を構築・評価する側（会社側）においても，それを監査する側（監査人側）においても，内部統制の整備・運用評価の実務を行うための枠組みとして定着してきている。

　したがって，サステナビリティ開示の内部統制に関して，ガバナンス体制・統制の水準・文書化の深度・評価方法などを議論して決定するに際しても，J-SOXで実施されている実務を参考にしながらその決定を行うことにより，関係者の理解が得やすくなる。

　サステナビリティ報告に関する内部統制構築に取り組もうとする企業は，いわゆる3点セット（フローチャート，業務記述書，RCM）を作成して利用す

るなど，財務報告にかかわる内部統制において培ってきた知見をベースとすることが合理的だろう。

　サステナビリティ開示の内部統制を検討するにあたり，J-SOXの内部統制構築の枠組みを利用することで，すみやかに方向性を決め，実務に落とし込むことが容易となり，ひいては人材育成・教育コストなども低廉に抑えられる可能性が高くなる。

### ④　一定水準の内部統制の確保

　合理的保証を受ける前提として，内部統制が一定の水準以上で整備されていることが必要となる。ただし，すでに法整備と実務への導入が進んでいるJ-SOXを上回る水準で，サステナビリティ開示の内部統制の厳格さが求められる可能性は，当面の間，低いように思われる。内部統制整備の程度の目安として，J-SOXの水準を達成できていれば，合理的保証の前提として利用できる水準を十分に満たしていると判断される可能性が高い。

### ⑤　財務報告と非財務報告の保証アプローチ統合の流れ

　保証実務における近年の潮流として，非財務報告についても，合理的保証を受けることが時代の要請となりつつあり，非財務報告に関する保証実務についても，財務報告に対する保証実務と同様のアプローチに近付ける流れがある。例えば，指摘事項を挙げる際の重要性の基準値として，財務諸表監査上の慣行としている基準値の取り方を，非財務情報の保証においても利用するといったことがみられる。将来的に，サステナビリティ開示に関する保証を受けることを想定すると，財務報告にならった内部統制を構築しておくことは，こうした財務・非財務統合の流れからみて合理的である。

　また，財務報告・非財務報告の内部統制の考え方を統一しておくことで，二重に基準を作成するのを避けることや，それぞれまったく異なったアプローチをとることで生じる無用な混乱を避けることにも資すると考えられる。

　また，以上に挙げた点の前提として，サステナビリティ報告に係る内部統制構築を考えたときに，報告に含まれる情報こそ財務報告とは異なるものの，

J-SOXに規定されている目的や，構成要素等が当てはまらないということは考えにくい。

　ただし，財務報告とサステナビリティ報告には，報告の対象範囲や見積要素の多さなど，現時点でいくつかの相違点があり，これらの点については本章の最終節において触れることとする。

　なお，注意を要する点として，J-SOXは内部統制の有効性評価そのものを監査（保証）対象とするものの，サステナビリティ報告においては内部統制の有効性評価は保証対象としない点を挙げておきたい。サステナビリティ報告における内部統制の評価は，保証する側が，サステナビリティ報告を保証するための実証手続[3]の実施の前提として行うこととなる。

　言い換えれば，保証を受ける企業の側として，内部統制の評価は義務ではなく，必ずしも実施しないといけないものではない。とはいえ，少なくとも合理的保証を受ける場合，企業側による評価がまったく存在しなければ，保証人が一から内部統制の水準を評価することとなり，企業には保証人への報酬が増加するという意味において，コスト負担が生じる（図表3－2－4参照）。最悪の場合，その後の実証手続にかかる工数が膨大になる保証人側の懸念から，そもそも保証を受けることができないというケースも考えうる。したがって，企業が合理的保証を受けようとする場合，内部統制を評価することで一定の質を担保し，保証人に対して一定のアカウンタビリティを確保しておくことが重要であり，実質的には企業による評価が求められるようになっていくのではないだろうか。

　また，そもそもサステナビリティ報告の開示を誤らないようにすることは，企業自身の責任であり，それを支える内部統制を整備し，それが期待どおりに運用されていることを評価することは，ある意味で当然のことといえるかもしれない。これ以降，本章において，企業は内部統制の整備のみならず，その評

---

3　実証手続とは，各種開示において，重要な虚偽記載を検出する目的で行う検証手続のことを指す。通常は内部統制評価の後に実施され，各開示項目に対する直接の検証のことを実証手続と呼ぶ。例えば，電力使用料に関する請求書記載の使用量と，データ提供元がデータを報告する際にエクセルに入力した電力使用量の一致を確認すること（突合）などを指す。

142

価も（必須ではないものの）自身で実施することを前提として記載する。

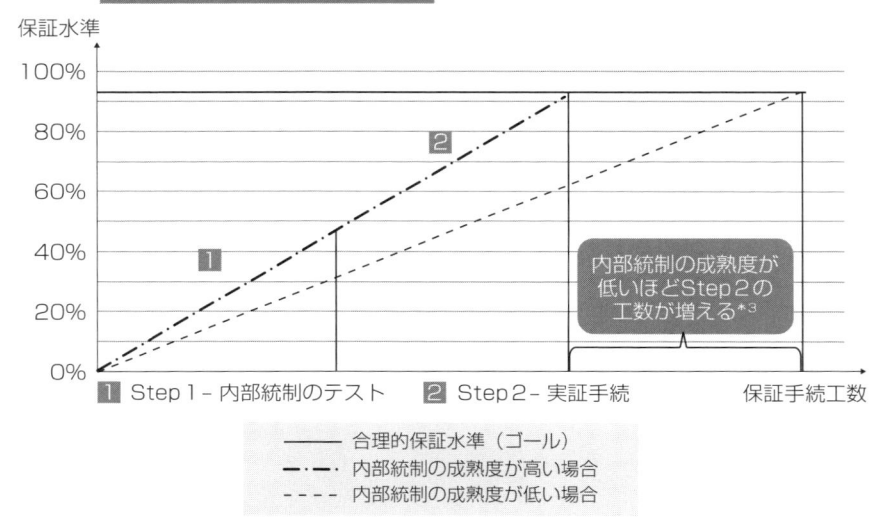

**図表3－2－4** 内部統制と実証手続の関係

保証水準のイメージ（数値は仮）
・絶対的保証…100％
・合理的保証*1…90％
・限定的保証*2…60％

① Step1-内部統制のテスト　② Step2-実証手続　保証手続工数

―――― 合理的保証水準（ゴール）
－・－ 内部統制の成熟度が高い場合
－－－ 内部統制の成熟度が低い場合

＊1　合理的保証の保証水準
　　　絶対的ではないが，結論を誤って表明してしまう可能性を合理的な水準まで低く抑えた保証。
＊2　限定的保証の保証水準
　　　結論を誤って表明してしまう可能性を一定の水準まで抑えた保証。
＊3　実証手続（Step2）の工数は，基礎となる内部統制の成熟度が低い場合，サンプル数の増加や
　　　手続強化などにより一般的に増加する傾向にある。

# 第3節　サステナビリティ報告とガバナンス

## （1）　ガバナンス体制の一般的な形

　ガバナンス体制は，内部統制全体を支える基本的な枠組み（体制）であり，個々の内部統制の話に入る前に，まずはガバナンス体制について論じることと

したい。

　サステナビリティ報告のガバナンス体制に関しては，法令上あるべき体制が定められているわけではない。その中で，サステナビリティ報告のガバナンス体制について検討する際に，大きく2つの方向性が考えられる（図表3－3－1）。1つは，従来の財務報告におけるガバナンス体制からは独立させ，サステナビリティ報告独自のガバナンスを構築する進め方である。この場合，サステナビリティ報告に特化した内部統制統括部署[4]を置き，サステナビリティ開示委員会等の委員会が監督を行う。最終的な責任者はCFOとは別のCxO（CSuO等）が担う（独立SOXモデル）。

　もう1つは，最終的な責任者はCFOと別に置きつつも，既存のSOX制度を拡大し，内部統制統括部署とその監督を担う会議体については，財務報告と同じ主体がカバー範囲を拡大して対応する方法である（既存SOX制度拡大モデル）。

**図表3－3－1**　**非財務ガバナンス体制にかかる検討（イメージ）**

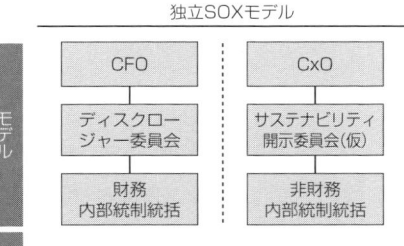

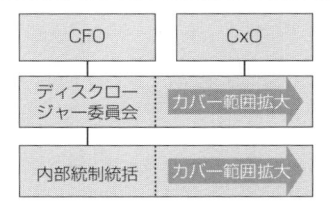

---

4　内部統制統括部署は，内部統制を統括する部署であり，全体計画を定めたり，実際の整備・運用状況の点検において，関連部署への指示や指導の役割を担う。内部統制の評価において，後述する自己点検方式を採る場合には，自己点検実施部署から点検結果の報告を受け，評価の取りまとめも行う。独立SOXモデルにおいては，この役割をサステナビリティ関連部署（サステナビリティ企画部・サステナビリティ推進部等）が担うケースがある。

　前者の独立SOXモデルは，サステナビリティ報告の特殊性や，財務報告との違いを考慮した上で，より実行可能性のある内部統制制度の整備や，運用・評価を目指すものである。この場合には，発展途上にあるサステナビリティ情報に関する内部統制制度に見合った評価制度を設計できるというメリットがある。一方で，新たな体制づくりが必要となるため，制度の立上げには相応の負荷や時間がかかることが見込まれる。

　後者の既存SOX制度拡大モデルにおいては，財務報告とサステナビリティ報告で，共通した内部統制評価を実施することにより，リソース・経営資源の有効活用や迅速な制度理解，財務報告との品質の整合性をとることに主眼を置く。すでにあるSOXの枠組みを，サステナビリティ報告にも拡大することになるため，制度自体の導入が容易であることがメリットである。しかし，サステナビリティ情報に対し，SOX以前から高い品質水準が求められてきた財務情報と同様の枠組みを適用することは，実現可能性の面で懸念があり，また，現時点では過剰対応となるおそれもある。

　企業においては，以上に挙げたような両モデルの長所短所を比較し，自社の実状に見合った制度を選択することになるだろう（図表3－3－2）。

**図表3－3－2　2つのモデルの比較**

| | 独立SOXモデル | 既存SOX制度拡大モデル |
|---|---|---|
| メリット | ・　サステナビリティ情報に関する内部統制について，独自の制度設計（整備，運用，評価）がしやすい | ・　既存のSOXの枠組みを利用するため，制度導入が比較的容易（リソースの有効活用，迅速な制度理解，財務報告との整合性確保につながる） |
| デメリット | ・　新たな体制づくりが必要 | ・　SOXの高い品質水準に合わせるため，実現可能性に懸念<br>・　過剰対応のおそれ |

## （2）　規程の整備

　サステナビリティ報告に関するガバナンス体制を整えるにあたっては，規程類を定め，その詳細を体系付けて文書化することが重要となる。ここでは，ど

のような規程を整備すべきかを例示する（図表3－3－3）。

**図表3－3－3**　サステナビリティ報告に関する規程の類型例

| 規程類の名称（例） | 概要（例） |
|---|---|
| サステナビリティ報告の開示規則 | どのようなフレームワークに沿って作成するか，関係する部署，承認者など，開示にかかわる基本的な事項を定める。 |
| サステナビリティ開示委員会規程 | 委員会の組織内の位置付け，審議の対象事項，報告先等を定める。 |
| サステナビリティ報告に係る内部統制評価規程 | 内部統制の整備・運用評価にあたって準拠する基準や評価範囲，評価の承認者など，内部統制評価に関する基本的事項を定める。 |
| サステナビリティ報告に係る内部統制評価規則 | 各部署の役割を含む評価体制や，全体的な評価の流れを定める。 |
| サステナビリティ報告に係る内部統制評価手続 | 統制領域ごとに評価手順や評価時期，不備が見つかった場合の対応などを詳細に定める。 |
| サステナビリティ報告に係る内部統制文書化規程 | 内部統制の文書化に関する方針，記載すべき要素，テンプレートなどについて定める。 |
| 自己点検報告のマニュアル | 次項（3）で述べる自己点検方式を採用する場合は，自己点検の方法を定める。 |

　この他，各種のマニュアルなど，規程をサポートする文書等の整備が必要となるケースも想定される。

　また，すでに組織図，組織規程，決裁規程，職務権限規程，情報開示に関する（全般的な）規則などが整備されている場合は，それらの既存の規程類との整合性の確認や，サステナビリティに関する追加の記載が必要なケースも想定される。

## （3）　自己点検方式または独立点検方式

　実際に内部統制の評価を行う役割をどの部署が担うかについても，現状，決まったやり方があるわけではなく，各社の判断に任されている。考えられる評価方法の1つとしては，内部統制の実施部署自体が一次的な評価を行う自己点検方式がある。自己点検方式においては，自己点検実施部署（実際の業務を実施している部署）は，内部統制統括部署（サステナビリティ企画部等）が作成

したチェックリスト等を用いて自己点検を実施し，その結果を内部統制統括部署に報告する。内部統制統括部署は，その結果を取りまとめ，内部統制の整備・運用状況に関する総合的な評価を行う。

もう１つの方法は，実際の業務の実施部署では内部統制の評価を行わず，独立した部署（内部監査部や独立した権限を持つ内部統制評価室等）が評価を実施する独立点検方式である。例えば，内部監査部門等が独自に評価手続や評価基準を設定し，業務の実施部署から資料を徴求するなどして，内部統制の整備・運用状況の評価を，総合評価も含めて行う。

自己点検方式，独立点検方式のいずれにおいても，最終的な決裁はCSuO等が行う。

自己点検方式の場合は，業務の実施者が評価者となるため，サステナビリティ報告開示の業務に精通した者が評価を行えるという利点がある。ただし，内部統制やその評価を日頃の業務としていないため，適切な評価を行うには，支援が必要となるかもしれない。

業務実施部署とは別の部署が評価を行う場合，評価の独立性が保たれると同時に，内部統制に関する知識や経験を有する部署によって適切な評価が行われる可能性が高まる。一方で，評価者がサステナビリティの分野に精通していないことも多く，そのことが評価の質を低下させる可能性がある。

いずれの方式も一長一短があり，メリット・デメリットを踏まえ検討する必要がある（図表３－３－４）。既存の枠組みを活用できるという点においては，既存のSOXの評価の枠組みと揃えることが，効率性の観点から有益なケースもあるだろう。

**図表３－３－４　２つの点検方式の比較**

| | 自己点検方式 | 独立点検方式 |
|---|---|---|
| メリット | ・　点検対象の業務に精通した担当者が評価を行える | ・　評価の独立性が保たれる<br>・　内部統制に関する知見を有する部署により適切な評価が行われる可能性が高まる |
| デメリッ | ・　業務担当者が内部統制に詳しく | ・　評価者がサステナビリティの分 |

| ト | ない場合，適切な評価を行うには支援が必要となる可能性がある | 野に精通していない場合，評価の質を低下させる可能性がある |
|---|---|---|

## 第4節　サステナビリティ報告に関する内部統制評価の対象範囲の選定

### （1）　評価対象とする指標の選定方法

　サステナビリティ報告における内部統制評価対象を選定するにあたって，どのような指標や定性的な記述（以下「指標等」という）を対象とするべきかは，難しい問題である。基準等で指標等間の優先順位が決められているわけではなく，また財務報告とは異なり，数値基準をもって統一的・機械的に重要性を判断することが難しいためである。

　サステナビリティ開示のあるべき姿からいえば，サステナビリティ報告において開示される内容は，重要性の評価が行われた上で，重要性があると判断され，開示されているはずである。したがって，本質的には，開示されている内容については等しく重要であることから，すべての指標等に関する内部統制を評価対象として含めることが望ましい。

　実際には，企業による内部統制評価が，サステナビリティ報告において保証を受ける前提として行われることを踏まえれば，集計プロセスが複雑であるなど，虚偽表示のリスクが高い指標について，優先的に評価対象とすべきだろう。

　ただし，気候関連の指標については一般的に重要性が高いとされており，他の指標に比べて優先順位が高くなる可能性がある。また，CSRD/ESRSにおいても，トピック別の基準のうちE1（気候変動）に関しては重要性がないとして開示しない場合は，その理由を開示すべきとしており，他の指標に比べて重要性が高いとされていることが窺える。

## （2） 内部統制評価の深度（プロセスのどこからどこまでを評価対象とするか）

　内部統制評価の対象となる指標が決まったとして，報告の作成プロセスのどこを始点として，どこまでの評価を行えばよいだろうか。一般的に，サステナビリティ報告の作成プロセスは，以下のような工程を踏むと思われる。

---

① 　元データ計測：各部署や子会社などの各拠点において，報告の大元となるデータの計測・集計が行われ，その集計結果が親会社や地域統括会社等への報告パッケージ等にまとめられる

② 　開示データ集計：開示の作成部署など（例えばサステナビリティ企画部）が報告パッケージ等のデータをもとに，集計・計算を行う

③ 　開示データ加工：データを開示目的に沿うよう調整・加工し，最終的な開示データを集計・生成する

④ 　報告書作成：③のデータを，最終的な報告書として成形し開示する

---

　内部統制評価の対象としては，①以降のすべてのプロセスが含まれる。そのため，これらの各段階において統制が整備されていることが前提となる。例えば，「管理職に占める女性労働者の割合」を開示しようとするならば，①のデータ計測プロセスにおいて，まず人事マスターの登録の正確性が確保されなければならないし，温室効果ガスの排出量を開示するのであれば，集計対象とする事業所のデータが正しく集計されているかの確認が必要となるだろう。

　①〜④の各プロセスの内部統制を整理するにあたっては，以下のような視点からプロセスごとの内部統制の十分性を判断することが有益と考える。
　・網羅性
　・正確性
　・正当性
　・アクセス制限
　これは，あるプロセスにおいて流れているデータが正しく作成されているかを評価するために利用する視点であり，以下「４つの視点」と呼ぶ。これにつ

いては第7節で詳述する。

## （3）　内部統制評価の対象範囲（組織境界・バウンダリ）

　サステナビリティ報告プロセスのどこからどこまでを内部統制評価の対象とするかという，前項の論点とは別に，サステナビリティ開示に含まれる子会社や取引先，業務委託先等について，どこまでを内部統制評価の対象として含めるべきかという論点についても触れておきたい。この点については，基本的に，財務報告とサステナビリティ報告において，以下の留意点を除き，特段異なるアプローチをとる必要はないと思われる。財務報告において，開示対象となる連結グループの各拠点のうち，定量的・定性的重要性を考慮して評価範囲に含めるのと同様，サステナビリティ報告においても，開示することを選択した指標にとって，重要な拠点等を評価対象とすることが考えられるだろう。

　ここでの留意すべきポイントとして，金額的規模の小さい子会社だからといって影響が小さいとは限らない点がある。例えば，汚染物質の漏出や人権侵害などに関連する主題情報は，規模が小さければ，非財務報告の利用者の意思決定に重要な影響を与えない，ということが一概には言い切れないからである。このような点に留意して，子会社の評価範囲を決めるべきであろう。

　また，サステナビリティ報告では，財務報告と異なり，連結グループ外の取引先等についても，広くデータを収集する必要が生じることがある。これらの取引先等については，サステナビリティ報告の主体である企業が，内部統制を直接整備・評価することができない。したがって，連結グループの外からデータを受領し，それをサステナビリティ開示に使用する場合は，受領したデータの正確性や正当性を検証する統制が必要となり，内部統制評価においては，これらのデータの受入れ側（連結グループ側）の統制が評価の対象となる。加えて，可能な場合には，データの提供元のSOC1レポート[5]を入手することも有益だろう。

---

5　アウトソーシング事業者（受託会社）が委託されている業務のうち，委託会社の財務報告に係る内部統制の適切性・有効性を対象とした保証報告書

## 第5節 内部統制の種類と全社的な内部統制

### （1） 内部統制の種類

　第2節（1）で述べたCOSOフレームワークの5つの構成要素および関連する17の原則の充足について，具体的な充足の方法を述べる前に，どのような内部統制を構築することで充足できるのか，内部統制の種類との側面から整理しておきたい。

　J-SOXにおける内部統制は，①全社的な内部統制，②決算・財務報告プロセスに係る内部統制，③業務プロセスに係る内部統制（業務処理統制），④ITの統制，の4種類に大まかに分けられる。これはサステナビリティ報告においても同様の側面があると考えることができる。サステナビリティ報告の場合，②については，「決算・財務報告プロセスに係る内部統制」ではなく「サステナビリティ報告プロセスに係る内部統制」に読み替えることができるだろう。

　第2節で触れたCOSOフレームワークの5つの構成要素（統制環境，リスク評価，統制活動，情報と伝達，モニタリング活動）を満たそうとするとき，これらに対応する①全社的な内部統制を整備し，運用・評価することでおおむね充足することができる。ただし，全社的な内部統制（次項で詳述）は，直接的に虚偽記載を抑制することに資する統制ではないことが多い。そのため，5つの構成要素のうち，「統制活動」については，全社的な内部統制に加えて，②〜④の類型に該当する，より開示実務に近い現場での具体的な統制（入力者とは別の人間によるチェックや上長による承認等）を構築することにより，虚偽記載のリスクを低減するアプローチが一般的である。

　したがって，サステナビリティ報告に関する内部統制を構築するにあたっては，①〜④すべての内部統制とその評価体制を構築することにより，COSOフレームワークの5つの構成要素および17の原則を充足させることが期待される。

　以下，本節において①の全社的な内部統制について論じ，第6節でサステナビリティ報告作成プロセス，第7節で業務処理統制，第8節でIT統制についてそれぞれ述べることとする。

**図表 3 － 5 － 1**　　**構成要素と各節の関係**

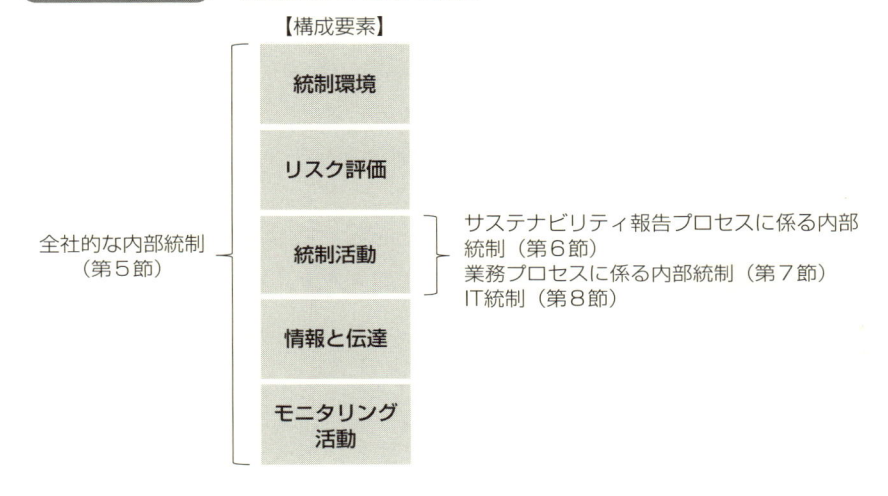

（2）　全社的な内部統制の定義

　①の全社的な内部統制（全社統制，事業体レベルの統制）とは，「企業集団全体にかかわり連結ベースでの財務報告全体に重要な影響を及ぼす内部統制」（財務報告に係る内部統制の評価及び監査に関する実施基準）と定義され，③の業務処理統制などの土台になる統制のことをいう。サステナビリティ報告で言い換えれば，「開示グループ全体にかかわりサステナビリティ報告全体に重要な影響を及ぼす内部統制」となるだろう。

　例えば，経営理念を設定し周知する，報告の基本方針を定める，内部通報制度を整備する，といった統制がそれに当たる。直接的に虚偽記載を抑止する統制というより，日常的な業務処理統制を支えるような性質を持つものである。

　抽象的なCOSOフレームワークの17原則について，全社的な内部統制という形で具体化し，リスクと統制を整理することで，その充足を図ることが期待される。

（3）　充足のためのアプローチ

　ここでは，サステナビリティ報告に係る全社的な内部統制の具体例について

見ていく。COSOの17原則に沿って、ICSRの内容を加味しつつ、サステナビリティ報告に係る全社的な内部統制を考える場合の、統制の例示が図表3－5－2である。原則自体は2013年版COSOフレームワークからの引用であり、ICSRガイダンスにおいて、どのようにサステナビリティ報告に適用すべきかについて補足的な記載が追加されている（図表3－5－2の「17の原則と補足的説明」欄を参照）。

図表3－5－2 **サステナビリティ報告に関する全社的な内部統制の例示**

| 【構成要素】 | 【17の原則と補足的説明】 | 【統制の例示】 |
|---|---|---|
| 統制環境 | **1．組織は，誠実性と倫理観に対するコミットメントを表明する**<br>組織はステークホルダーに対して，信頼に足る組織であり公共の利益のために行動していると表明することによって組織の目的を推進する。事業体は，サステナブルに行動するというコミットメントを表明する。 | ・ESGリスク・機会が企業の戦略・財務・業務に及ぼす影響を分析し，企業価値向上に資する目標を設定・達成することに企業トップがコミットメントを表明する<br>・経営方針に則った企業全体の戦略が設定され，周知されている |
| | **2．取締役会は，経営者から独立していることを表明し，かつ，内部統制の整備および運用状況について監督を行う**<br>独立した取締役会による監督は，経営者が組織のサステナブルビジネスの目的に沿って行動しているかをチェックする役割を果たす。 | ・取締役会はサステナビリティ開示を監督するために，取締役に必要な資質，専門性を特定し，充足する |
| | **3．経営者は，取締役会の監督の下，内部統制の目的を達成するために組織構造，報告経路および適切な権限と責任を確立する**<br>サステナブルビジネスの目的達成に向けて，組織の経営者は取締役会の監督のもと，権限と責任を定めた内部構造を確立する。 | ・サステナビリティ報告に関する取締役会や経営陣の承認権限・責任を明確化する<br>・サステナビリティ委員会を設置する<br>・逸脱行為を発見・是正するための手法や制裁について定められている |
| | **4．組織は，内部統制の目的に合わせて，有能な個人を惹きつけ，育成し，かつ，維持することに対するコミットメントを表明する**<br>サステナブルビジネス目的を達成するた | ・サステナビリティに関する職務記述書や採用方針等を制定し，アップデートを行う<br>・サステナビリティに関する研修を実施する |

| | | |
|---|---|---|
| 統制環境 | めに，組織は人材を頼りにする。 | |
| | **5．組織は，内部統制の目的を達成するに当たり，内部統制に対する責任を個々人に持たせる**<br>サステナブルビジネスの目的を達成するために，組織は人材を支援する有意義な方法を確立して実施すると同時に，パフォーマンスをモニタリングする必要がある。 | ・経営陣は業務評価指標（KPI）を設定し，インセンティブや報酬と整合させ，定期的な評価と説明責任を果たす<br>・過度にインセンティブを与えるような報酬体系になっていない<br>・外部委託先に対して，受入評価や継続的な評価を行う |
| リスク評価 | **6．組織は，内部統制の目的に関連するリスクの識別と評価ができるように，十分な明確さを備えた目的を明示する**<br>組織は，サステナブルビジネスの目的を明示する。この目的は，組織のパーパスやミッション，価値観，企業の社会的責任の目標を戦略に結び付けるための手段である。組織のサステナブルビジネスの目的は，誠実性と倫理観へのコミットメントから導かれ，業務目的，外部財務報告目的，外部非財務報告目的，内部報告目的，コンプライアンス目的と一体的に結び付いている。これらの目的を明示することは，リスク，すなわち組織の目的達成能力を脅かすような事象の発生可能性を考慮するための前提条件である。 | ・関連規制やステークホルダーの要求や期待を適時・適切に把握するための統制を整備する<br>・開示戦略とマテリアリティを検討する |
| | **7．組織は，自らの目的の達成に関連する組織全体にわたるリスクを識別し，当該リスクの管理の仕方を決定するための基礎としてのリスクを分析する**<br>サステナブルビジネスの目的を設定した後，組織はこれらの目的を部分的または完全に達成する能力を妨げうる様々な状況を識別する。<br>この評価の目的は，これらのリスクに対応する手段を整備して実施することである。 | ・経営戦略実行を阻害するESGリスクを中長期的な時間軸で特定し，評価する<br>・データソースや算出根拠について文書化を行う<br>・サステナビリティに関するリスクとリスク管理の基本方針を整合させ，企業全体に周知している<br>・上記リスク管理の方法に則り，リスク管理を行う |
| | **8．組織は，内部統制の目的の達成に関連するリスクの評価において，不正の可能性について検討する**<br>サステナブルビジネスの目的達成のためのリスクを識別して評価し，有効な対応 | ・グリーンウォッシュ等の不正の可能性について検討する<br>・報告情報は，仮定，見積り，判断に基づくものが多いため，その過程を文書化する |

| | | |
|---|---|---|
| リスク評価 | 策を策定する際に，組織は当事者が故意の虚偽記載や貴重な経営資源の不正流用などの不正行為を行うリスクを検討する。 | |
| | **9．組織は，内部統制システムに重大な影響を与え得る変化を識別し評価する**<br>組織は，サステナブルビジネスの目的の達成に対するリスクを識別して評価する一環として，最新動向を考慮する。サステナビリティに関連するリスクは，規制の動向や経済的要因に対応するために，継続的または定期的に評価する。 | ・規制当局の動向や経済動向など，外部環境の変化について情報を収集し，検討する |
| 統制活動 | **10．組織は，内部統制の目的に対するリスクを許容可能なレベルまで低減するのに役立つ統制活動を選択し整備する**<br>組織は，サステナブルビジネスの目的達成に対するリスクを識別して評価した後，これらのリスクに部分的または完全に対抗する手段を設計し，開発し，導入する。これにより監督活動は，報告を含むサステナブルビジネスの目的と関連するリスクに確実に対応できる。 | ・財務報告に係るデータガバナンス方針等の既存の内部統制を活用しつつ，新たな統制を確立する<br>・職務分掌を確立する |
| | **11．組織は，内部統制の目的の達成を支援するテクノロジーに関する全般的統制活動を選択し整備する**<br>組織は，サステナブルビジネスの目的達成に対するリスクに対応するために，統制活動を設計する。<br>その際，どの程度テクノロジーに依存するか検討する。これには，GHG排出量，エネルギー使用量，水使用量，廃棄物管理，サプライチェーン管理，多様性などのサステナブルビジネス情報の，収集，処理，報告，セキュリティに，既存のITシステムを活用することが含まれる。 | ・サステナビリティ情報の収集・処理・報告・セキュリティに既存<br>・新規のテクノロジーを活用する<br>・全般統制，業務処理統制においてシステムの利用と依存度を確認する |
| | **12．組織は，期待されていることを明確にした方針とその方針を有効にさせる関連手続に対する統制活動を展開する**<br>組織は，様々な監督手段を用いて，サステナブルビジネスの目的を達成する。これらの手段のうち主要なものは，確立された方針と手続である。これらの方針と | ・財務報告とは異なるバウンダリーや取得頻度等も考慮の上，サステナビリティ情報の収集・加工・分析・報告に関する構造・方針・手順を整備し，文書化する |

| | | |
|---|---|---|
| | 手続は，組織がサステナブルビジネスの目的を達成する方法の明確化を促す。 | |
| 情報と伝達 | **13. 組織は，内部統制が機能することを支援する，関連性のある質の高い情報を入手・作成して利用する**<br>組織は，自らのプロセスがサステナブルビジネスの目的達成を促進しているかを知るために，質の高いデータが必要である。 | ・サステナビリティ報告に関する情報システムが整備・運用され，必要な関係者がシステムにアクセスできる仕組みとなっている<br>・信頼性が高く，意思決定に有用な情報を内部・外部から収集し，可視化ツール等を活用して分析する |
| | **14. 組織は，内部統制を機能させるために必要な内部統制の目的と内部統制に対する責任を含む情報を組織内部に伝達する**<br>組織は，監督構造を確立して方針と手続を表明した後，これらの構造と方針を組織全体に伝達する。この伝達により，組織のサステナブルビジネスの目的達成に対する責任を，すべての当事者が理解しやすくなる。 | ・関連する法令や基準に基づきサステナビリティ報告を作成する旨の方針が，社内に周知されている<br>・サステナビリティ報告に係る内部統制の目的・責任・機能が，非公式なコミュニケーションも含め社内の責任者に伝達される |
| | **15. 組織は，内部統制の機能に影響を与える事項に関して，外部の関係者との間で情報伝達を行う**<br>組織は，監督構造を確立して方針と手続を表明した後，これらの構造とプロセスを，信頼性のあるサステナブルビジネス情報を提供するこれらのプロセスに依存している，債権と株式の投資家やその他のステークホルダーなどの外部の関係者に伝達する。 | ・特定業種や企業戦略に関連する重要なKPIと開示を特定するために，一般的に広く利用されているサステナビリティ報告基準やガイダンスを活用する<br>・外部の関係者と積極的にコミュニケーションを行う<br>・内部通報制度を整備する |
| モニタリング活動 | **16. 組織は，内部統制の構成要素が実在し機能していることを確かめるため，日常的評価および／または独立的評価を選択し，適用，実施する**<br>組織は，監督構造とプロセスを導入した後，それらがサステナブルビジネスの目的達成を促進するのに有効であることを確認するために再評価を行う。このような再評価は，計画的かつ継続的に行われる場合もあれば，特定のニーズが発生した場合に行われる場合もある。 | ・重要なサステナビリティ報告に関する内部統制の整備・運用状況について，日常的または独立的な評価を実施する<br>・内部統制の整備・運用状況の評価は，適切な時期に，適切な人材によって実施される |
| | **17. 組織は，適時に内部統制の不備を評** | ・サステナビリティ報告（あるいは，関 |

| | | |
|---|---|---|
| モニタリング活動 | 価し，必要に応じてそれを適時に上級経営者および取締役会を含む是正措置を講じる責任を負う者に対して伝達する<br><br>組織は，サステナブルビジネスの活動に関する構造，方針，手続を再評価する際に，その結果を伝達することで，当事者は組織のサステナブルビジネスの目的に沿って，活動をより適切に行えるようになる。 | 連する内部統制）に関して不備が検出された場合，取締役会等の各種統治機関および経営陣に適時に報告され，是正措置が講じられる |

　全社的な内部統制についての文書化は，チェックリスト方式を用いることが一般的である。COSOの17原則に則った「評価の目線」を記載した上で，具体的な「統制の記述」を記載し，その充足状況をチェックリストで確認していく。J-SOXの適用を受けている企業は，J-SOX目的で作成された全社的な内部統制を定めた文書がすでにあるのであれば，それを転用することも効率性・有効性の観点から有益だろう。

**図表３－５－３　チェックリストに記載すべき事項の例示**

| # | 評価の目線 | 統制の記述 | 統制活動を裏付ける証拠 | 担当部門 |
|---|---|---|---|---|
| 1 | ステークホルダーに対して，サステナブルに行動するというコミットメントを表明しているか | ESGリスク・機会が企業の戦略・財務・業務に及ぼす影響を分析し，企業価値向上に資する目標を設定・達成することに企業トップがコミットメントを表明する | ・行動規範<br>・サステナビリティ開示規則 | ・経営企画部<br>・コンプライアンス統括部 |
| 2 | 独立した取締役会が，経営者が組織のサステナブルビジネスの目的に沿って行動しているかを監督しているか | 取締役会はサステナビリティ開示を監督するために，取締役に必要な資質，専門性を特定し，充足する | ・取締役会規程 | ・経営企画部 |
| 3 | サステナブルビジネスの目的達成に向けて，組織の経営者は取締役会の監督のもと，権限と責任を定めた内部構造を確立しているか | サステナビリティ報告に関する取締役会や経営陣の承認権限・責任を明確化する | ・組織規程<br>・職務権限表<br>・取締役会規程 | ・経営企画部<br>・人事部 |

# 第6節　サステナビリティ報告プロセスに係る内部統制

## （1）　定義

　先に挙げた4種類の内部統制のうち，財務報告における②「決算・財務報告プロセスに係る内部統制」は，サステナビリティ報告に当てはめた場合，「サステナビリティ報告プロセスに係る内部統制」と読み替えることができる。これは，実際に開示する報告書（統合報告書やTCFDレポート等）の作成過程についての統制であり，より大きな類型で考えれば，③の業務処理統制に含まれることもある。データの集計・作成部署から，開示のもととなる原稿を受領したのち，サステナビリティ報告そのものを作成し開示するまでの一連のプロセスが対象となる。

**図表3-6-1**　「統制活動」と各節の関係

| 【構成要素】 | 【原則】 | |
|---|---|---|
| 統制活動 | 10. 組織は，内部統制の目的に対するリスクを許容可能なレベルまで低減するのに役立つ統制活動を選択し整備する | |
| | 11. 組織は，内部統制の目的の達成を支援するテクノロジーに関する全般的統制活動を選択し整備する | サステナビリティ報告プロセスに係る内部統制（第6節）　業務プロセスに係る内部統制（第7節）　IT統制（第8節） |
| | 12. 組織は，期待されていることを明確にした方針とその方針を有効にさせる関連手続に対する統制活動を展開する | |

## （2） 充足のためのアプローチ

「サステナビリティ報告プロセスに係る内部統制」の整備と評価は，あるべき統制を網羅したチェックリストの作成を通じて，その構築を目指すことが有益と考えられる。財務報告のため内部統制を構築してきた企業においては，すでに報告作成プロセスの統制が具体化され，チェックリスト化されているケースもあるだろう。そうしたチェックリストをベースとすることで，サステナビリティ報告用のチェックリストを効率的に作成することもできる。

これには，いくつかの理由がある。1つには，原稿の収集から報告作成までのプロセスは，後述するような業務処理統制に比べ作業の流れがシンプルであり，実施すべき統制や実施のタイミングが明確であるケースが多いということがある。このため，チェックリストを用いることで，業務の担当者は統制の実施について容易に記録でき，評価者はより効率的に評価が行える。2つ目には，開示データの入手から始まるサステナビリティ報告作成の過程は，比較的短期間のうちに行われるため，フローチャート等にして時系列とともにリスクと統制を示す必要性が薄いためでもある。

チェックリストに含まれる項目の具体例として，以下のような項目が考えられる。

**図表3－6－2** サステナビリティ報告プロセスに係る内部統制の具体例

| | 評価の目線 | 統制の記述 |
|---|---|---|
| 1 | 開示方針は適切な機関の承認を得ているか | 開示方針については，ディスクロージャー委員会にて承認されている。変更時に同様の承認が必要となる |
| 2 | サステナビリティ報告に関連する部署の職務分掌はなされているか | サステナビリティ報告に関連する部署の職務分掌につき，職務分掌規程・決裁権限規程に明記されている |
| 3 | サステナビリティ報告書作成の手順・手続は明確化されているか | 報告書作成の手順・手続を示した文書が整備されている |
| 4 | 開示に関連する基準や法令等について，新たに公表されたものや変更があったときに，適時に把握する体制があるか | 基準や法令等の変更等について，有無を確認する手続が定められている |

| 5 | 各部署から提出された報告作成用の資料は，適切な承認者の承認を得た資料であるか | 各部の部長の承認を得ている |
|---|---|---|
| 6 | サステナビリティ報告書作成の開示スケジュールが明確化されているか | サステナビリティ報告書作成の年間スケジュールが作成され，それに基づいた進捗管理がなされている |
| 7 | サステナビリティ報告に関連するデータは適切に保全されているか | 開示に必要なデータは，フォルダ管理されており，アクセス権限が設定されている。また，各ファイルにはパスワードがかけられている |

　また，サステナビリティ報告プロセスも，1つの業務処理プロセスとみなすことも可能である。その場合は，チェックリストを用いず，次節で述べる業務処理統制と同様の方法で内部統制を構築することもできる。

# 第7節　業務プロセスに係る内部統制（業務処理統制）

## （1）　業務処理統制の定義

　業務処理統制は，全社的な内部統制とは異なり，企業活動における日常の業務に組み込まれ，一体となって遂行される統制の仕組みのことを指す。例えば，財務報告でいえば，業務担当者が経費申請書を作成し，上長が内容を確認して押印する，といったような統制がこれに当たる。個々の業務が正しく実施されるための統制と言い換えることもできる。

## （2）　充足のためのアプローチ

　業務処理統制の十分性については，どのように確認すればよいだろうか。ここでは，サステナビリティ報告に限らず，あるプロセスにおいて，情報処理が正しく行われているか（データが正しく集計されているか）を評価する一般的な手法として第4節において触れた「4つの視点」について述べる。
　「4つの視点」の，それぞれが意味するところは次のとおりである。

> ① 網羅性
> ・すべての記録された取引は，（ただ一度だけ）システムによって受け付けられる。二重入力はシステムによって否認される。
> ・否認された取引は通知され，かつ否認記録が残される。
> ② 正確性
> ・記録されかつコンピュータに入力された取引に関する主要なデータの要素（マスターデータを含む）は正確である。
> ・マスターデータの変更は正確に入力される。
> ③ 正当性
> ・マスターデータの変更を含め，取引は承認されている。
> ・マスターデータ・ファイルを含め，取引は虚偽のものではなく，また会社の事業に関連しているものである。
> ④ アクセス制限
> ・承認のないデータの修正はシステムによって禁じられている。
> ・データの機密性が確保されている。
> ・会社の資産は，盗難および悪用から物理的に保護されている。
> ・職務分掌が確保されている。

　これらの点が，1つの業務の流れの中ですべて充足されているならば，そのプロセスの業務処理統制は十分だと考えることができる。

### ① 女性管理職比率の開示プロセスにおける業務処理統制例

　4つの視点の具体例な利用方法について，サステナビリティ人的資本開示における代表的な指標の1つである「女性の管理職比率」を開示するプロセスを例に考える。集計にあたっては，担当部署が，子会社や各部門から，全体の管理職数と女性管理職数のデータを受け取り，それをもとに女性管理職比率を計算するプロセスを想定する。正当な承認を受けたデータ（正当性）を，漏れなく（網羅性），正確に（正確性）集計しており，そのデータについてはアクセスが制限されていて不当に改変できない（アクセス制限）状態にあることが担保されることで，このプロセスにおける内部統制が適切に構築されている，と

いえることとなる。本プロセスにおいて，4つの視点を踏まえた統制の具体例を，以下に表形式で挙げる。

**図表3－7－1**　**4つの視点と業務処理統制の具体例**

| 情報処理目的 | 具体的なリスク | 統制の例 |
|---|---|---|
| 網羅性<br>(Completeness) | ・管理職の集計を漏らす，または重複して集計される<br>・女性管理職の集計を減らす，または重複して集計される | ・システムによる二重入力禁止<br>・人事マスターへの登録漏れ防止のための申請書と登録結果の照合，未登録残の棚卸<br>・総数チェック（全子会社・部門からのデータ合計と人事部データの一致確認）<br>・合計チェック（個々のデータの合計数と全データの合計数の一致を確認） |
| 正確性<br>(Accuracy) | ・管理職の定義が不正確で集計を誤る<br>・女性管理職の定義が不正確で集計を誤る<br>・データ集計を誤る<br>・最終的な女性管理職比率の算出を誤る | ・管理職の定義を決めて文書化し周知する<br>・合計チェック<br>・人事データの予実比較<br>・集計結果の上司によるダブルチェック<br>・数値の前期比較<br>・システム上の入力制限（人数をマイナスで入力できない，など）<br>・兼職などの二重計上リスクのため職員番号等の名寄せに関する確認を実施 |
| 正当性<br>(Validity) | ・集計される元データは各部門や子会社で承認された正当なデータでない | ・データ提供元の検印や承認履歴の確認（データ提供元の責任者，子会社の責任者）<br>・最終集計結果の適切な管理者による承認 |
| アクセス制限<br>(Restrictiveness) | ・集計するデータが改ざんされる<br>・集計後のデータが改ざんされる<br>・外部からのサイバー攻撃によってデータが損なわれる | ・集計表のパスワード管理<br>・人事データへのアクセスログの確認<br>・人事マスターメンテナンス<br>・人事データの職務分掌<br>・サイバーセキュリティ対策の導入<br>・データサーバを複数拠点で保持（コンティンジェンシープラン） |

**図表3－7－2** **女性管理職比率算出プロセスのフローチャートの記載例**

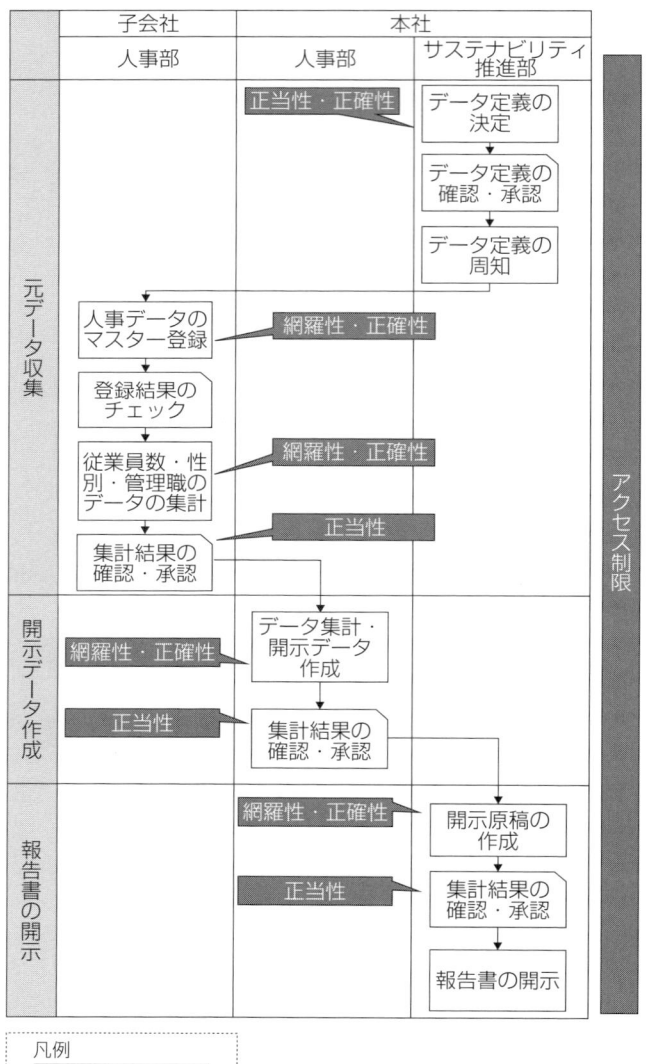

**②　温室効果ガス排出量の開示プロセスにおける業務処理統制例**

　サステナビリティ開示における業務処理統制の例をもう一点挙げる。製造業において，温室効果ガス排出量を開示する場合，4つの視点からどのように整理できるだろうか。

　工場から元となるデータが収集され，集計され，開示するまでのプロセスを考える。まず，各工場から得られるデータについて，網羅的に集計されているか，正確なデータが計測されているかの統制が必要となる。工場からデータを収集する段階では，データが各工場責任者の適切な承認を得たものであること（正当性）についての統制が求められる。工場からのデータを集計する段階では，集計の正確性・網羅性が求められる。また，最終的なデータの開示においては，適切な機関（役員）による承認を経た上で開示が行われているかについての統制が必要となる。また，プロセス全体にわたって，扱われる情報へのアクセスが，適切な担当者にのみ制限されているか（アクセス制限）という視点での統制も必要となる。

## （3）　文書化の方法

　業務処理統制へのアプローチについて述べてきたが，ここでは文書化の方法についても触れておきたい。業務処理統制は，全社的な内部統制やサステナビリティ報告プロセスに係る内部統制に比べ，各企業の固有のプロセスにかかわることが多い。そのため，各プロセスにおいて生じるリスクに漏れなく対応するため，リスクと統制の対応関係をより詳細に把握し，文書によって「見える化」しておく必要がある。必然的に文書化する量も他の統制に比べ多くなるため，一般的な文書化の方法を紹介する。

　業務処理統制を視覚化し，統制の流れやそのプロセスに内在するリスクを把握する上で有益な文書化の方法として，いわゆる「3点セット」の作成が挙げられる。これらの作成は必須ではないが，財務報告に関する業務処理統制においては一般的に採用されている方法である。3点セットとは，以下を指す[6]。

---

6　なお，文書化の方法については，財務報告・非財務報告で大きな差異はないと思われるので，ここでは簡潔な紹介に留める。

164

**図表 3－7－3　温室効果ガス排出量における論点と４つの視点の関係**

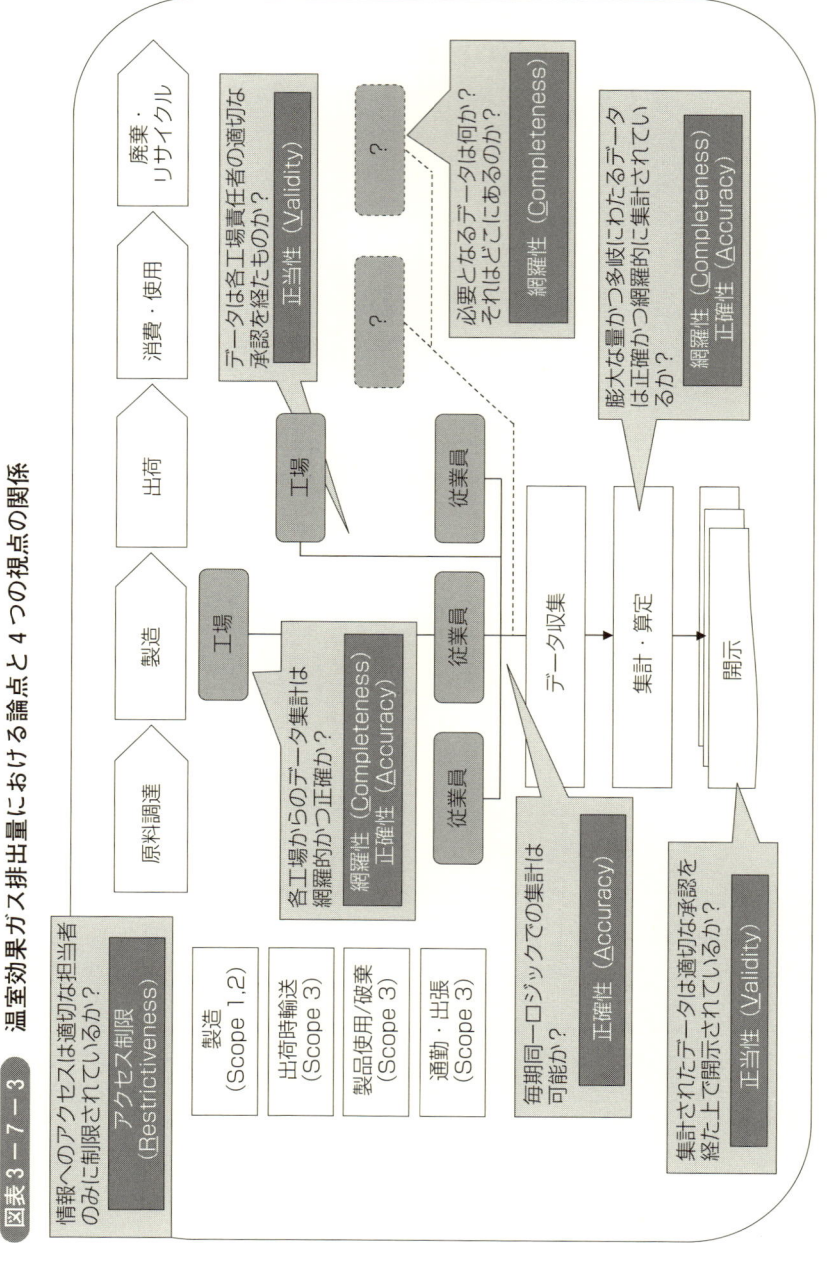

① **業務記述書**

　特定の業務の詳細なプロセスを，業務の流れに沿って説明した文書。業務内容を詳しく理解することを目的とする。

**図表 3 － 7 － 4**　**業務記述書の記載例**

<table>
<tr><td colspan="2" align="center">業務記述書</td></tr>
<tr><td>業務管理番号</td><td>XX-XXX-XX</td></tr>
<tr><td>業務名</td><td>xxxxxxxxxxxxxxxxxxxxxxxxxxxxx</td></tr>
</table>

**１．業務の概要（背景・目的）**

xxxxxxxxxxxxxxxxxxxxxxxxxxxxxxxxxxxxxxxxxxxxxxxxxxxxxxxxxxxxxxxxxxxxxxxx
xxxxxxx
xxxxxxxxxxxxxxxxxxxxxxxxxxxxxx

　（関連する基準）
　xxxxxxxxxxxxxxxxxxxxxxxxxxxxxxxxxxxxxxxxxxxxxxxxxxxxxxxxxxxxxxxxxxx
　xx
　xxxxxxxxxxxxxxxxxxxxxxxxxxxx

**２．使用するデータおよび作成物**

＜入力データ＞
名称：「xxxx（月末基準)」
説明：xxxxxxxxxxxxxxxxxxxxxxxxxxxxxxxxxxxxxxxxxxxxx
入手元：xxxx部　xxxx担当

＜作成物＞
名称：「xxxxxxxxxx報告」
提出先：xxxx部　xxxx担当
作成頻度：四半期次
作成基準日：四半期末営業日

**３．作業用スプレッドシート**

スプレッドシート名称：xxxxxxxxxxxxxxxxxx
参照すべき操作マニュアル類：xxxxxxxxxxxx

---

**4．具体的な対応内容**

① xxxxxxxxxxxxxxxxxxxxxxxxxxxxxx
本件はxxxxxすることが目的であり，xxxxxとすることも考えられるが，当社業務におけるxxxxxを勘案し，xxxxxについてはxxxxxとすることで監査人と合意済

② xxxxxxxxxxxxxxxxxxxxx

③ xxxxxxxxxxxxxxxxxxxxx

１実施回数あたりの作業時間（目安）：１時間

**5．内部統制手続**

（検証の視点）xxxxxxxxxxxxxxxxxxxxxxxxxxxxxxxxxxxx

（実施事項）xxxxxxxxxxxxxxxxxxxxxxxxxxxxx（承認者：部長）

**6．制約事項・留意事項**

① xxxxxxxxxxxxxxxxxxxxxxxxxxx

---

② **リスクコントロールマトリクス（RCM）**

以下を一覧化した文書。

・対象の業務プロセスに内在する内部統制リスク

・統制リスクを低減するために設計された統制活動

・統制活動の内容および頻度に関する情報

リスクと統制を一覧にすることで，すべての重要なリスクと統制が対応していることを確認できる。リスクの記載はあるが，そのリスクに対応する統制の記載ができない（空欄になってしまう）場合，リスクをカバーする統制がないということが視覚的に確認できる。

**図表3－7－5** RCMの記載例

| プロセス# | XX1 | XXXXプロセス |
|---|---|---|
| サブプロセス# | XX1-3 | XXXXサブプロセス |

| リスク | | | | アサーション | | | | | | | コントロール | | | | | | | | | | | |
|---|---|---|---|---|---|---|---|---|---|---|---|---|---|---|---|---|---|---|---|---|---|---|
| プロセス | | 通番 | リスク項目 | 発生及び実在性 | 責任 | 網羅性 | 正確性及び評価 | 期間帰属 | 表示、分類の妥当性及び理解可能性 | 整合性 | プロセス | | 連番 | コントロール項目 | 統制証跡 帳票名 | 統制目標 完全性 | 正確性 | 正当性 | アクセス制限 | 統制レベル キーコントロール | 統制カテゴリー 予防的／発見的 | 統制頻度 都度～年次 | 統制方法 手動／自動 | 自動統制 ITアプリ名称 | 統制部門 | 統制担当者 |
| # | サブ# | | | | | | | | | | # | サブ# | | | | | | | | | | | | | | |
| XX1 | X1-3 | R1 | 誤ったデータを入力するリスク | ○ | ー | ー | ー | ー | ー | | XX1 | X1-3 | C1 | マイナスの値や上限値を超えるデータを入力することができないシステムになっている。 | XXX | ○ | ○ | ○ | ー | ○ | 予防的 | 日次 | 自動 | ×Xシステム | XX部 | ー |
| | | | | | | | | | | | XX1 | X1-3 | C2 | 入力したデータとYYYが一致していることを，確認者が確認し押印する。 | YYY | ー | ー | ○ | ー | ○ | 発見的 | 日次 | 手動 | ー | YY部 | 確認者 |
| | | | | | | | | | | | XX1 | X1-3 | C3 | 入力データに異常値がないことを確認し，承認する。異常値とは，具体的には×××の場合を指す。 | ZZZ | ー | ー | ○ | ー | ○ | 発見的 | 月次 | 手動 | ー | XX部 | 承認者 |

③ **フローチャート**

　特定の業務の流れを網羅的に図示し，視覚的に理解できるようにする。フローチャート内で，統制の記載をすることで，業務の流れのどのタイミングで統制が実施されるか，視覚的に理解できる。

**図表 3 − 7 − 6**　フローチャートの記載例

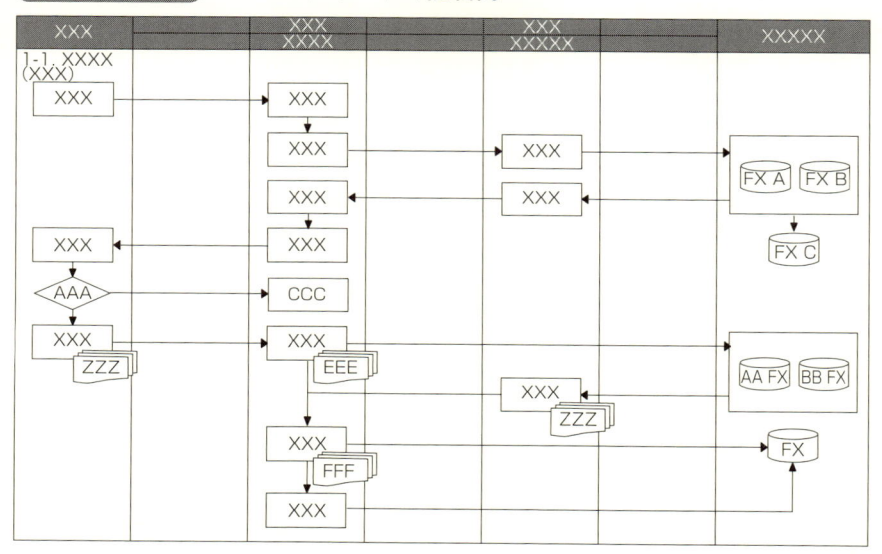

◆コラム◆現時点での各内部統制の論点に関する対応の水準について

　2025年初頭における，サステナビリティに関する内部統制構築および文書化の実務の水準の現状について触れておく。

　現時点では，将来的な合理的保証を見据えつつも，まずは限定的保証レベルの対応を行っている企業が多いようである。

　具体的には，

① 開示ガバナンスや内部統制ガバナンスについては，既存の財務報告の承認体制や文書化体制（体系）を参考にしつつ，現状のサステナビリティ報告に関するガバナンス体制の現状を把握し，あるべき姿（体制）

を模索しているケースが多い。

　サステナビリティ報告書（例えば，CSRDでのマネジメントレポートなど）について，誰が基礎データを収集し，誰がそれを集計し，誰が報告書を作成し，誰が承認するのか，といった体制がない（あるいは，はっきり決まっていない）ケースも多い。そのため，足元では，各関係部の役割分担や承認体制を決め，その上で承認機関（会議体）への参加者を検討しているケースがある。

　加えて，当該ガバナンス体制を支える規程の作成も徐々に始まってきている。

　ガバナンス体制については，保証人の関心も高いところである。どのような体制となっているのかの質問を受けるケースを想定し，体制をしっかりと構築しておくとともに，文書（規程等）に落として体系的に説明できるようにしておくことが重要と考える。

② 　個々の統制活動レベルでの内部統制についても，基礎データの入力から最終的な開示に至るプロセスにおけるリスクと統制の有無を把握することが，保証対応という意味でも重要である。保証人も内部統制を理解するために，集計プロセスについて質問や簡易的なウォークスルーなどの手続を実施するケースが想定されるからである。

　そのため，まずは企業側においても，各関係部へのヒアリングや簡易的なウォークスルーなどを通じて，必要な統制が整備されているかの確認に着手しているケースがある。すでに開示が進んでいる指標などを優先的に選定し，既存の開示プロセスについて内部統制が十分に整備されているかを確認し始めている企業も少なくない。そこでの経験をもとに，未だ開示が始まっていない指標に関するプロセスについて，あるべき統制の形を考えていこう，というアプローチと思われる。

③ 　②に関する内部統制の文書化については，J-SOXレベル（3点セット）を整備しているケースは現時点では少ないように思われる。フローチャートに若干の補足説明を加えた統制文書を作成したり，通常想定されるプロセスフローや一般的な統制を網羅したチェックリストを親会社

主導で作成し，子会社などへ展開するケースもある。保証人としても，内部統制を理解するために，一定の文書化を企業側に求めるケースが一般的であり，程度の差こそあれ企業側で文書化を行っているケースは相当程度あると思われる。

しかし，繰り返しになるが，現時点で重厚な統制文書を作成しているケースは少数派と思われる。まずは基礎データの入力から最終的な開示に至るプロセスにおけるリスクと統制を把握するための簡易的な文書化を行っているのが実務上の対応であり，今後保証実務の進展により，文書化の水準についてもコンセンサスが形成されるのではないかと思料する。

早めに保証人などと，必要な統制の水準や文書化の方針について，意見交換を開始することが，大きな手戻りを防ぐことにつながるのではないだろうか。

# 第8節　IT統制

## （1）　IT業務処理統制の定義

第7節で紹介した業務処理統制の中にはITに依存した統制が存在する。これはあらかじめシステムの機能に組み込まれ，自動化された統制のことを指し，一般的にIT業務処理統制と呼ばれている。例えば，GHGを担当者が手作業で集計し集計結果を確かめる統制はITに依存しない統制（手作業による統制）ということになるが，システムの機能で自動集計を行い，集計結果を信頼してそのまま利用するような場合にはITに依存した統制ということになる。システムに統制を組み込むことにより判断が介在せず同一処理が反復的に実行されるため，手作業で見られるような人為的な作業ミスは発生せず，業務効率を向上させる特長を持つ。

## （2）　IT業務処理統制の種類

　IT業務処理統制には以下5つの種類がある。

### ①　自動化された統制

　業務規則を徹底するためにシステムに組み込まれた統制。取引が入力された際のフォーマットチェックや，実在性チェック，合理性チェックを行い，要件を満たさない情報が入力された場合はエラー表示され，入力拒否する機能のことをいう。

　　例：計測器に表示された燃料消費量を資材管理システムに入力する。あらか
　　　　じめ決められた閾値内で入力しなかった場合，入力エラーとなる。

### ②　計　　算

　システムに組み込んだ計算ロジックと計算時に必要になるインプットデータを用いて自動実行される統制。四則計算や前段で例に挙げた集計処理を計算ロジックとしてシステムに組み込み，計算結果をアウトプットとして返す機能のことをいう。

　　例：GHGの排出量は，生産管理システムにおいて消費量×排出係数で自動
　　　　計算され，エネルギー種類ごとの合計が自動集計される。

### ③　インターフェース

　あるシステムから他のシステムへデータを正確かつ網羅的に移行させる統制。

　　例：計測器で読み取られた燃料の使用料が，日次夜間バッチ処理で生産管理
　　　　システムにインターフェースされ，その後に生産管理システムから月初
　　　　に環境情報データベースシステムにインターフェースされる。

### ④　レポート

　他のデータとの整合性確認や集計作業，各種分析作業等の手作業の統制を行うために利用するレポートを正確かつ網羅的に出力する統制。システム内の必要な情報が正しく生成・出力されるよう組み込んだ機能がITに依存した統制

に該当する。

> 例：担当者がGHG排出量を拠点単位，もしくは製品ごとなど様々な角度から分析を行うため，GHG排出量データ分析レポートを必要な期間を指定してレポーティングシステムから出力する。

### ⑤ セキュリティ

業務上の役割分担や職務分掌に応じて必要な情報へのアクセスのみ許可することにより，情報へのアクセスを制限する統制。重要性・機密性の高い情報が不正にもしくは誤って更新されるリスクを予防し，また権限規程等で定める業務上の役割分担や職務分掌に基づくアクセス権限をシステムに実装することで，権限を逸脱した業務が利用できないように制限する機能のことをいう。

> 例：女性管理職比率の計算に使用する人事システムの従業員情報へのアクセス権限は，作業を行う人事部の特定の担当者のみに制限されている。

## （3） IT全般統制の定義

前述のとおり，ITに依存した統制は同一処理を反復的に実行するものである。万が一処理ロジックに誤りがあった場合には，誤ったシステム処理が継続的に実行され，その結果としてサステナビリティ開示プロセスや開示情報の信頼性に重大な問題を生じさせる可能性がある。ITに依存した統制が継続的かつ有効に機能するようにするため，ITの全般的な管理を行う統制としてIT全般統制の構築が必要になる。IT全般統制はシステムの開発・運用が会社の定める方針や手続に従い適切に実施されることを目的とした統制であり，プログラムやデータがシステムに誤って実装されるリスクを低減するように構築される。

## （4） IT全般統制の種類

IT全般統制は一般的に以下の5つの領域に分類される。

| 図表3－8－1 | IT全般統制の種類 |

| サブプロセス | 概要 | 例示 |
|---|---|---|
| システム開発 | 業務処理統制の目的を達成できるように，システムを開発，構築および導入するための方針および手続 | ・開発・導入管理<br>・プロジェクト開始，要件定義<br>・システム構築，パッケージ選定<br>・テストおよび品質保証<br>・データ移行<br>・本番環境への導入<br>・文書化および研修 |
| システム変更 | 業務処理統制の目的を達成できるように，プログラムの変更を要求，承認，実行，テストおよび適用するための方針および手続 | ・変更業務管理<br>・変更要求の承認<br>・プログラム構築<br>・テストおよび品質保証<br>・プログラム移行 |
| コンピュータ運用 | 本番システムが承認されたものとして処理を行うこと，本番システム上の問題が修正され，誤謬を取り込まないことを確実にするための手続または仕組み | ・バッチスケジュール管理<br>・障害管理<br>・バックアップ管理 |
| プログラムやデータへのアクセス | ユーザーIDの認証に基づいたプログラムおよびデータへのアクセスが，権限の与えられた者だけに認められることを判断するための方針および手続 | ・セキュリティ管理（OS/DB/ネットワーク/アプリケーション）<br>・特権アカウントの管理<br>・ログモニタリング |
| 委託先管理 | 経営者が内部統制を外部へ委託している場合において，委託業務を委託先が正しく実施することを担保するための方針および手続 | ・委託先の選定，契約管理<br>・定期的な報告 |

　このIT全般統制は，ITに依存した統制を間接的に支援する役割を担う（図表3－8－2，図表3－8－3）。

**図表3−8−2** サステナビリティ開示と情報システム利用，関連する内部統制の全体図（図表2−2−15再掲）

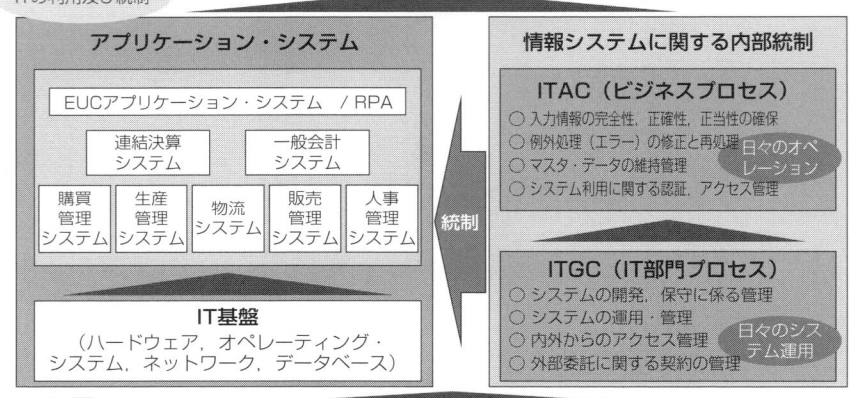

参照出所：経済産業省システム管理基準追補版「図表Ⅱ.1-3 財務報告とIT統制との関係」より加工

**図表3−8−3** ITに依存した統制とIT全般統制の関係図（図表2−2−16再掲）

## （5）　EUC統制の検討

　ここまで，アプリケーションを開発・導入し，日々の業務に利用していく中で通常必要となるIT業務処理統制とIT全般統制を紹介してきた。しかしながら，サステナビリティ開示に関する法規制や開示ルールは開発途上であり，企業としては制度改正に備えて柔軟な対応が求められるといった理由から，業務のシステム化が進んでいないのが実情である。将来的にはサステナビリティ情報の収集・集計・レポート作成等を支援するシステムを導入することで業務を効率化，適時化させていくことが求められる。現状の実務では業務部門で作成したスプレッドシートなどのEUC（End User Computing）が多くの現場で利用されており，データ入力，集計，レポート作成を行っている。サステナビリティ開示に関連する業務処理統制の中でEUCがどの業務において利用されているか網羅的に把握・管理するための仕組みを整備し，各EUCに対する統制を整備することが必要になる。

<u>サステナビリティ開示に影響を及ぼすEUCの複雑性の種類</u>
　・EUCが支援する開示やプロセスの性質および重要性
　・EUC自体の複雑性
　複雑性の例：
①　（入力エラーまたは論理エラーなどの）誤謬の可能性
②　（自動抽出，手作業による作成など）スプレッドシートの作成方法
③　マクロおよびスプレッドシート／データベースのリンクの使用
④　複雑な参照，計算，ピボット・テーブルの使用
⑤　使用されるクエリ，レポートおよび結合の数
⑥　活用されているインデックス，フィールド，データ記録，カラム，列，ワークブックの数
⑦　出力の使用
⑧　スプレッドシートまたはデータベースの利用者数
⑨　スプレッドシートまたはデータベースへの変更および修正の頻度および範囲

EUCの利用から想定されるリスクの例

・誤ったインプット情報が投入されるリスク……不備のあるデータ入力や不正確なデータを参照した結果，誤ったアウトプットが返されるリスク

・誤ったロジックが実行されるリスク……プログラムのロジックが誤って作成された結果，誤ったアウトプットが返されるリスク

上記リスクに対するEUC統制

① EUCの入出力に対するロジック検証

② IT全般統制に類似した統制の整備（図表3－8－4）

**図表3－8－4　EUC統制の種類**

| EUC統制の種類 | EUC統制の説明 |
|---|---|
| 変更管理 | EUC変更の依頼，EUC変更のテスト，および変更が意図したとおり機能しているかについて，独立した者から正式なサイン・オフを得ることについて，管理されたプロセスを維持する。 |
| バージョン管理 | 最新の承認されたバージョンのEUCが命名規則およびディレクトリ構造で管理されている。 |
| アクセス管理 | （作成，読取り，更新，削除など）EUCへのファイル・レベルでのアクセスの制限，および適切なアクセス権の付与。パスワードによる保護も有効。 |
| データの安全性および完全性 | EUCに組み込まれているデータが最新かつ安全であることを確保するためのプロセス。例えばセルを「ロック」または保護することにより，固定データの不注意あるいは意図的な変更を防止することができる。また，EUCは保護されたディレクトリに保存されていなければならない。 |
| 職務分離 | オーナーシップ，サイン・オフ，職務の分離および利用などの問題点について役割，権限，責任および手続が定義されている。 |
| 開発サイクル | より重要で複雑なスプレッドシートまたはデータベースの開発プロセスに対する，標準的なソフトウェア開発ライフサイクルの適用。このプロセスには，通常，要求仕様，デザイン，開発，テストおよび保守が含まれる。テストは，スプレッドシートが正確かつ完全な結果を生成していることを確かめるための重要な内部統制である。 |
| バックアップ | 完全かつ正確な情報を財務報告に使用できるようにするため，スプレッドシートまたはデータベースが定期的にバックアップされていることを確かめるためのプロセスの適用。 |

| アーカイブ | アップデートには使用できない履歴参照用のスプレッドシートまたはデータベース（およびリンクしているデータ・ソース）が別のドライブに保存され，「読み取り専用」としてロックされていること。 |
|---|---|
| 文書化 | スプレッドシートまたはデータベースの文書化が適切な水準で維持され，事業目的およびスプレッドシートまたはデータベースの特定の機能を概略する情報が最新の状態で保存されていること。 |
| ロジック検証 | 重要なスプレッドシートまたはデータベースのロジックについて，スプレッドシートの利用者または作成者以外の者による検証。この検証の結果は，正式に文書化される必要がある。 |
| 入力管理 | データが完全かつ正確に入力されていることを確認するために照合が実施されていることを理解すること。データは，スプレッドシートに手作業で入力されるか，システムによりダウンロードされる。 |
| 全般的な分析 | 使用するスプレッドシートまたはデータベース上の誤謬を発見できるよう分析する。 |
| 詳細な分析 | 手動で再計算し，これらをシステムの処理結果と比較する。 |

# 第9節　不備の評価

## （1）　不備評価の困難性

　ここまで，サステナビリティ報告に係る各種の内部統制を構築する上でのアプローチについて紹介してきた。堅確な内部統制を構築し，内部統制の恣意的な運用を防ぎ，統制を有効に運用していくためには，重要な不備を識別し，改善するプロセスが必須となる。そのためには，何をもって内部統制の不備（エラー）とするかのルールづくりが重要である。この節では，内部統制の不備に関するアプローチについて論じることとする。

　サステナビリティ報告における内部統制の不備として考えられるのは，例えば報告における記載数値の誤りや，他の開示文書との間の内容の不整合，理由なく過去の開示と異なる方法で集計を行い，その変更内容の説明もないケースなどである。

　不備の重大さには軽重があり，何を重要な不備として取り扱うかの判断は，

財務報告に関する不備の判断に比して，サステナビリティ報告のほうが困難を伴うことが多いと思われる。なぜなら，サステナビリティ報告は，計示計数に使われる単位が一定ではなかったり，定性情報が相対的に多く含まれていたりすることから，金額の多寡という単一の物差しが使えないためである。

サステナビリティ報告の不備について，①定量情報の不備，②定性情報の不備の2つの観点から記載する。

① **定量情報の誤り**

保証業務の最近の潮流としては，財務情報・非財務情報における保証の手法を統合する動きがある。

まず財務報告について見てみると，「財務報告に係る内部統制の評価および監査に関する実施基準」において，以下の記載がある。

> 「金額的重要性は，連結総資産，連結売上高，連結税引前利益などに対する比率で判断する。（中略）例えば，連結税引前利益については，おおむねその5％程度とすることが考えられる（後略）」

サステナビリティ報告においても，この基準で示されている5％という判断基準を採用し，評価対象が定量情報にかかる内部統制であれば，重要性の基準値として，財務報告にならって「保証対象となる数値（スコープ）の全体の5％」を1つの目安とすることも考えられる。

例えば，温室効果ガスの実績値の開示を行っているケースがあるとする。その場合，温室効果ガスの総排出量の5％を超える集計値の誤りにつながるような内部統制の不備があったときに，発見事項一覧に載せるという考え方である。5％というのはあくまで目安であり，各企業が自身で不備を認識するにあたっては，投資家の意思決定を誤らせないよう，各企業の規模や開示の性質，開示計数の感度に合わせて設定する必要がある。

② **定性情報の誤り**

定性情報については，数値基準を設けることが難しいが，いくつか不備に該

当する具体的例をルール化しておくことが重要と考えられる。例えば，

---

・財務情報開示との不整合

・他のサステナビリティ報告での定性情報との不整合

・同じ報告書内での情報の不整合

・実際に実施していない取組み等を実施しているかのように記載すること

・不正の意図をもって記載した定性情報

---

などが考えられる。

　定性情報の不備については，すべてのケースを例示化することが難しいことから，企業ごとの実情に応じたルールづくりが必要となる。

## （2）　不備の管理手法

　前項のようにして，内部統制の評価の結果，識別した不備に対しては，その後，一元的に管理していくことが必要となる。これは，1つには識別した不備に対し，対応の漏れを防ぐためである。また，1つひとつはそれほど重要に見えない不備であっても，グループ単位など複数の事業体を総合して見たときには，より大きな課題や内部統制の問題点が見えてくる可能性もある。定量情報であれば，個々には小さな虚偽表示であっても，全体を集計した場合に重大な不備となることもある。

　したがって，まずは不備を取りまとめる担当部署を決め，対象範囲において識別された不備を，当該部署が一覧化する必要がある。そうして収集した種々の不備の中で，企業としての優先順位付けを行い，改善計画を策定する。計画に対しては実行状況のモニタリングを行う。このようなPDCAサイクルを回していくことにより，問題点を解消し，有効な統制を維持していくことが可能となる。

# 第10節　財務報告との相違による内部統制上の考慮事項と今後の展望

## （1）　財務報告とサステナビリティ報告の相違点

　ここまで，サステナビリティ報告にかかわる内部統制の構築や評価について，財務報告における内部統制をベースに解説してきた。一方で，財務報告とサステナビリティ報告には，その性質において多くの相違点があり，内部統制のあり方にも影響を及ぼしている。最後に，今後，サステナビリティ報告にかかわる内部統制に対応しようとする際に，留意すべき相違点について述べたい。

### ①　報告・モニタリングの対象範囲の広さ
【相違点】

　サステナビリティ報告の対象範囲やモニタリング対象は，投資先，取引先等，財務報告より広範に及ぶ可能性が高い。第4節でも述べたとおり，どこまでを集計対象範囲とし，内部統制を構築し，評価すべきなのか，判断が難しい。

【対応策】

　サステナビリティ報告は，重要性のある情報を開示することを求めていることから，まずは，自社の戦略や理念にとって重要な開示項目を特定し，それに関連する集計範囲について，優先的に内部統制を構築することが有益ではないだろうか。その場合は，集計（評価）範囲については，ルールを策定し，明文化する必要があるだろう。

### ②　統一されていない開示基準
【相違点】

　国際的な基準として，ISSBより，S1，S2のサステナビリティ開示基準が公表された。また，他にも基準として，ESRS，GRIなど複数の基準が存在している状態である。そのため，どのガイダンスが自社に適用されるのか（遵守しなければならないのか），あるいはどのガイドラインを適用できるのかを考慮·

選択しなければならないケースがある。

　報告プロセスの確立およびシステムの開発には，各社が選択した任意ガイダンスから開発を行わなければならず，グローバルで統一された基準が完成した場合，再度報告プロセスの確立およびシステムの開発を行う必要が生じる。そのため，内部統制の構築のゴールが見えづらいケースも考えられる。

　【対応策】

　この点についても，優先順位付けが重要となる。自社の戦略や理念にとって重要な開示項目を特定し，それに関連する基準について，まずは優先的に対応を行うことが考えられるだろう。また，特定の指標や基準にとらわれるものではない，ある程度普遍性のある事業体レベルの統制について，優先的に内部統制を構築していくことも考えられるだろう。

### ③　第三者から入手するデータが多く検証が困難

　【相違点】

　第4節で記載したとおり，サステナビリティ開示において使用するデータについては，外部の第三者情報への依存度が高く，その正確性と網羅性を担保することが困難なことが多いと思われる。

　【対応策】

　外部の第三者で行われている，データの管理方法や取組みを理解し，受入データの正確性等を検証する統制（増減分析や比率分析など）を整備することが考えられるだろう。重要な第三者データについてはSOC1レポートの入手を検討することも有益である。

### ④　未熟なITシステム

　【相違点】

　サステナビリティ情報の開示にあたり，現状，外部から多種多様な大量のデータをメール等で収集し，表計算ソフト等を利用して集計し，手作業で開示情報を作成して報告しているケースが散見される。

　大量のデータをすべてメール等で入手するのは，多大な労力と時間を使う作業であり，データの入手漏れ・誤送信といった問題も発生する。またマニュア

ル作業では計算誤りや数式の誤り，誤解による集計誤り等，人為的なミスが生じやすい。

【対応策】

情報の収集・要約・分析・報告について，データのデータベース化や，ツールを使った自動化された情報収集フローを整備することが考えられるだろう。

可能ならば，システムによる高度に自動化されたデータ集計・開示データ作成フローを開発・整備し，IT全般統制の評価を実施するなどの対応策もありうる。

大規模なシステム導入が困難なケースの場合は，ツールを部分的に導入したスモールオートメーションを採用し，それに対応する統制を整備するといったアプローチも有益であろう。

### ⑤　人的リソースの不足

【相違点】

サステナビリティ情報の収集・分析・内部統制構築の知識を有している人材がまだ少なく，そのようなことに通暁している人材の確保は難しい。また，長い歴史のある財務報告とは異なり，非財務報告は人事評価や採用基準の設定・仕組みも未成熟・未整備であることが多い。

【対応策】

サステナビリティに関する知識向上のため，社内研修や経験者の知識共有を積極的に行うことが肝要と思われる。社外セミナー等への参加を奨励したり，外部専門家の採用，アドバイザーの利用も有益である。加えて，サステナビリティ報告に携わる人材の採用方針や人事評価の仕組みの整備，主要業務評価指標（KPI）の設定等を早急に行うことが必要となる。

### ⑥　未熟なデータガバナンス

【相違点】

サステナビリティ情報は，財務報告に比べ，様々な種類のデータ（エネルギー，廃棄物，温室効果ガス排出量，サプライチェーン，サイバーセキュリティ，多様性，公平性等）を取り扱う。収集，蓄積，データ分析／利活用など，

データによって，検討すべき方針，プロセス・ルール，体制が必要となり，これを全社横断的に把握するのは困難を伴うことが多い。

【対応策】

以下のようなデータガバナンス[7]の仕組みを導入し，開示要件に合致したデータを正しく出力・集計できる体制を構築することが考えられる。

---

- ・開示すべき指標の元データについて，定義を明確にし，社内で統一的に適用する
- ・同じ内容のデータに対し，異なる名称が使用されている場合は統一する
- ・必要なデータがどこに格納されているかを明確にする
- ・データに責任を持つ部署等を明確にする
- ・データのメンテナンスを適時実施する

---

### ⑦　見積・仮定要素の多さ

【相違点】

サステナビリティ情報は見積りに基づく情報が多く，計算の合理性は確認できても，見積りの妥当性を確認するのは非常に困難である。

【対応策】

ISSBが公表したサステナビリティ開示基準では，サステナビリティ情報は，将来の見通しに関する情報を含め，結果や測定の不確実性が高く，開示に困難を伴う要求事項が含まれているため，企業による開示を支援するために，「過大なコストや労力をかけずに利用可能な，合理的で裏づけ可能な情報」という概念を導入している。

そのため，サステナビリティ情報の見積りについては財務報告の見積りの監査と同じように，使用した見積手法，仮定およびデータが適用されるサステナ

---

7　データガバナンスは，データ資産のプライバシー／セキュリティの担保，法的規制要件への対応，データ品質／信頼性の改善，組織横断的なデータ利活用などの各領域に対して，計画とルールを提供するもの。また，組織の事業戦略とデータマネジメントの戦略を一致させることもデータガバナンスの役割となる。

ビリティの枠組み（例えば，GHGプロトコル規準等）に照らして適切であるかどうかを確認する（プロトコルとの整合性）アプローチが採られることが多い。また，集計する係数の定義や集計方法，集計範囲などについて，一定の仮定（前提）を置くことが多く，この点も留意すべきである。

したがって，上記アプローチに対応できるように，開示データの整合性の確認の結果や，算出の際のルール・仮定・データソース等を文書化して保管しておくことが有益と考える。

## （2） 今後の論点・展望

本章においては，サステナビリティ報告に係る内部統制をいかに構築していくかについて，J-SOXをベースとするアプローチで解説した。ただし，すでに述べたように，国内でサステナビリティ報告の内部統制について定めた基準等はまだなく，企業のサステナビリティ報告が第三者の保証を受けるにあたって，どの程度の水準の内部統制が求められるのかは，明確になっていない。対応を進める企業においては，法規制の動向を注視していく必要があるだろう。

また，サステナビリティ報告をめぐるガバナンス体制の構築についても，多くの企業はその途上にある。先行事例や，他社の事例を参考にしながら，ガバナンス体制の「あるべき姿」がどのように定まっていくのか，注視していくことが望まれる。

一方で，現時点で強制されるものではないとはいえ，信頼性の高い，適切なサステナビリティ開示を行うためには，関連する内部統制の構築は，喫緊の課題である。投資家の期待や，社会的な要請に鑑みれば，企業は自主的にこの課題に取り組むべきであり，自身で有効な内部統制を構築し，維持・改善していく姿勢が求められるのではないだろうか。

# 第4章

# トピック別サステナビリティ開示と
# データ作成上の留意点

# 第 1 節　気候変動

## （1）　気候変動の開示

### ①　気候変動の開示フレームワーク

　今，気候変動の開示の潮流は，金融安定理事会（FSB）により設置された TCFD（気候関連財務情報開示タスクフォース；Task Force on Climate-related Financial Disclosures）が2017年に公表したいわゆるTCFD提言に沿った情報開示であり，すでに多くの企業開示において浸透している。これには，東京証券取引所が2021年6月に改訂したコーポレートガバナンス・コードにおいて，プライム市場上場企業に対してTCFD提言またはそれと同等の国際的枠組みに沿った開示を義務付けた影響が大きい。TCFD提言では，企業等に対して，自社のビジネス活動に影響を及ぼす気候変動の「リスク」と「機会」について把握し，下記の項目について開示することを推奨している。

**図表4−1−1　TCFD提言で推奨される気候変動開示における中核的要素**

| ガバナンス | 気候関連リスクおよび機会に関する当該組織のガバナンス |
|---|---|
| 戦略 | 当該組織のビジネス・戦略・財務計画に対する気候関連リスクおよび機会の実際の影響および潜在的影響 |
| リスク管理 | 当該組織が気候関連リスクを識別・評価・管理するために用いるプロセス |
| 指標と目標 | 気候関連リスクおよび機会を評価・管理するのに使用する指標と目標 |

　TCFD提言によって，報告を行う企業が気候関連のリスクと機会をどのように捉え，また評価しているかについて，読み手の理解が深まる開示が促されることとなり，投資家などの理解に資する気候変動開示の有用性を高めたといえる。その結果，温室効果ガス排出量という定量的情報の意義もさらに高まり，情報の利用者によって情報の信頼性向上のニーズも高まっていると考えられる。

　一方で，近年における国際的な気候変動開示の動向は急速に進展しており，開示フレームワークや開示基準の乱立が多く，各企業においては対応コストが

高くなるといった問題点も指摘されつつある。そのような中，気候変動を含む
サステナビリティ開示において，グローバルで統一の開示フレームワークを作
ろうと，2021年，国際サステナビリティ基準審議会（ISSB）がIFRS財団によ
り設立され，ISSBは，上記のTCFD提言において推奨されている開示フレー
ムワークを土台としたグローバル統一のサステナビリティ開示基準「IFRSサ
ステナビリティ開示基準」を2023年6月に公表している。各国・各地域におけ
る開示フレームワークはISSBの当該フレームワークを開示の原則として参照
する。日本においてもサステナビリティ基準委員会（SSBJ）が当該ISSB開示
フレームワークを土台として，今後国内企業向けに有価証券報告書上における
サステナビリティ情報開示を要求することとなっている。

### ②　温室効果ガス排出量の開示

　サステナビリティ情報開示のうち，サステナビリティデータとして最も情報
開示が進んでいるのが温室効果ガス（GHG）排出量といえるだろう。これは，
深刻さを増している地球温暖化や気象災害の激甚化といった気候変動問題と
GHG排出が密接に関連しており，企業や自治体等によるGHG排出量の削減が
投資家や顧客などのステークホルダーから注目を浴びているからである。日本
においては2006年4月に温室効果ガスを一定量以上排出する者に対し，「温室
効果ガス排出量算定・報告・公表制度」が導入されたことも契機となっている。
また，2023年1月の「企業内容等の開示に関する内閣府令」等の改正では，有
価証券報告書においてもスコープ1，2のGHG排出量の積極的な開示が求め
られることとなった。

　第1章第2節で紹介した各国のサステナビリティ開示基準においても，以下
のように，GHG排出量に関する情報の開示が求められている。

**図表4－1－2　各開示基準案のGHG排出量に関する特徴と開示要求**

| 項目 | 欧州委員会 ESRS E1気候変動 | ISSB IFRS S2号「気候関連開示」 | SSBJ サステナビリティ開示テーマ別基準公開草案第2号「気候関連開示基準（案）」 | SEC |
|---|---|---|---|---|
| GHGプロトコル*1 | GHGプロトコルが規定する原則，要求事項およびガイダンスを考慮する。 | 法域当局や上場取引所が異なる方法を要求する場合を除き，GHGプロトコルに従って測定する。 | 法域当局や上場取引所が異なる方法を要求する場合（例：温対法*2に基づく報告）を除き，GHGプロトコルに従って測定する。 | GHGプロトコルの使用は要求されない（測定に使用した基準等の開示は必要）。 |
| GHG排出量の組織の境界（バウンダリー） | 親会社と連結子会社は連結財務諸表と同じバウンダリー 関連会社，ジョイント・ベンチャー等の排出量は経営支配力に基づく | 支配力アプローチまたは持分アプローチのいずれかを選択 | 持分割合アプローチ，経営支配力アプローチまたは財務支配力アプローチのいずれかを選択 | 連結財務諸表と同じバウンダリー（重要な差異がある場合は説明が必要） |
| スコープ1，2排出量 | 親会社および連結子会社，ならびに経営上の支配を有する企業について，スコープ1およびスコープ2のGHG排出の総量の開示が提案されている。GHGの種類ごとの排出量の内訳の開示要求はない。 | 連結会計グループだけでなく，他の投資先（関連会社，共同支配企業など）からの排出量の開示も要求される。GHGの種類ごとの排出量の内訳の開示要求はない。 | 報告企業（非連結子会社を除いた連結グループ）とその他の投資先とに分解した開示が要求される。GHGの種類ごとの排出量の内訳の開示要求はない。 | 持分法投資を含む連結グループについて，スコープ1およびスコープ2のGHG排出の総量の開示が提案されている。重要な場合，GHGの種類ごとの排出量の内訳が要求される。 |
| スコープ2排出量の算定手法 | ロケーション基準およびマーケット基準 | ロケーション基準 | ロケーション基準に加えて，契約証書に関する情報とマーケット基準のいずれか | ロケーション基準とマーケット基準のいずれか（または組み合わせ） |

| スコープ3のGHG排出量 | スコープ3の排出量は，親会社および連結子会社ならびに経営上の支配を有する企業（重大なスコープ3カテゴリーを含む）の総量での開示が要求される。 | スコープ3の排出量は，構成要素となるカテゴリーも含めて総量で開示する。 | 報告企業の活動に関連するカテゴリ一別に分解した開示が要求される。 | スコープ3の排出量の開示要求はない。 |
| GHG排出量の原単位 | 純利益の単位当たりのGHG排出量の開示が要求される。 | GHG排出原単位の開示要求はない。 | GHG排出原単位の開示要求はない。 | GHG排出原単位の開示要求はない。 |

\* 1　「温室効果ガスプロトコルの企業算定および報告基準（2004年）」
\* 2　「地球温暖化対策の推進に関する法律」に基づく「温室効果ガス排出量の算定・報告・公表制度」

　なお，GHGには二酸化炭素（$CO_2$），メタン（$CH_4$），一酸化二窒素（$N_2O$），ハイドロフルオロカーボン類（HFCs），パーフルオロカーボン類（PFCs），六ふっ化硫黄（$SF_6$），三ふっ化窒素（$NF_3$）の7種のガスが含まれる。これらのGHGは，排出量を算定するとともに，$CO_2$と比較した場合の各温室効果ガスの温室効果の強さを示す地球温暖化係数（Global Warming Potential：GWP）を用いて$CO_2$等量に換算したGHG総排出量を算定することが求められる。

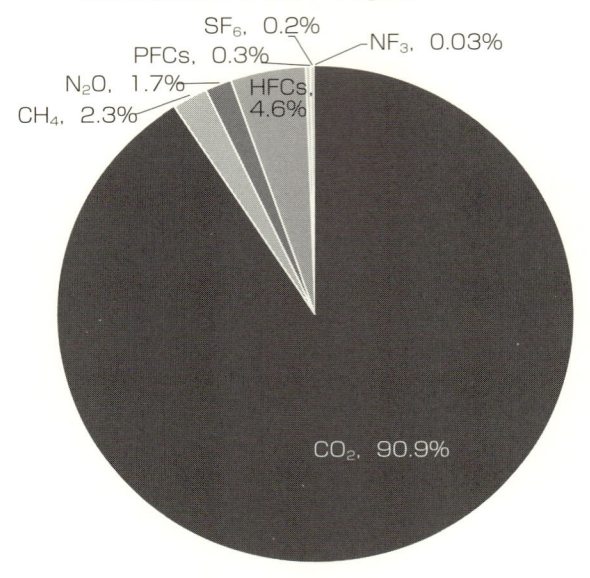

**図表4－1－3** 2021年の我が国が排出するGHG総排出量に占めるガスの種類別排出量の内訳（CO₂換算ベース）

出所：環境省「令和5年版環境・循環型社会・生物多様性白書」よりPwCが作成

## （2） 温室効果ガス排出量（スコープ1，スコープ2）

### ① スコープ1排出量の概要

　スコープ1排出量は，企業等が所有または管理している排出源から直接的に大気中へ温室効果ガスが排出される量のことであり，直接排出量とも呼ばれる。

　スコープ1排出量には，例えば，企業等が所有や管理しているボイラ，炉，車両などで燃料を燃焼させることによってGHGが排出されるいわゆるエネルギー起源の排出量が含まれ，またセメント製造や生石灰製造等の工業プロセスに由来して，あるいは冷凍空調機の冷媒ガスの漏洩という形でGHGが排出されたりするものも含む（図表4－1－4参照）。

| 図表4－1－4 | スコープ１排出量（直接排出量）の事業者の活動に基づく分類とその排出形態 |
| --- | --- |

|  | 事業者の活動 | GHGの排出形態 |
| --- | --- | --- |
| スコープ1排出量 | 蒸気，圧縮空気，電気，熱などの生成 | ボイラ，タービン発電機，加熱機器，吸収式冷凍機，給湯器等の排出源で，燃料を燃焼させることで，エネルギー起源のGHGが排出される。 |
|  | 原材料や製品の輸送，従業員の移動 | フォークリフトや構内車両，営業車両等，移動排出源において，燃料を燃焼させることで，エネルギー起源のGHGが排出される。 |
|  | 化学的／物理的な工業プロセス | 特定セクターにおける排出，例えばセメント製造や生石灰製造での石灰石（炭酸カルシウムが主成分）の焼成による化学的な$CO_2$排出，エチレン製造時のナフサ等の水蒸気分解時の$CO_2$や$CH_4$の排出や，廃棄物の焼却処理に伴うGHG排出，家畜の飼養による$CH_4$排出など。 |
|  | 漏洩による排出 | 原油・ガス生産時の余剰ガスのベントやフレアリングによる排出，ガス製造時のサンプリングや整備に伴う漏出，空調機の冷媒ガスの設置・補充・廃棄等に伴う漏出など。 |

出所：環境省・経済産業省「温室効果ガス排出量算定・報告マニュアル」Ver5.0をもとにPwC作成

## ②　スコープ２排出量の概要

　スコープ２排出量は，企業等が所有または管理している排出源において，電力事業者や熱供給会社などの他社から購入した電気や蒸気などの熱を使用する場合，その使用した電気や熱の生成段階におけるGHG排出量のことをいう。

　自社で電気や蒸気を生成しているものではないため，電気や熱の使用に伴って直接的にGHGを排出するものではないが，電力事業者や熱供給会社が電気や熱を生成した段階ではGHGを排出しており，その排出量を企業等での使用量に応じて配分計算したものがスコープ２排出量となり，間接排出量とも呼ばれる。

　なお，上述のとおり，電力事業者や熱供給会社などの他社から購入した電気や蒸気などの熱を使用する場合がスコープ２排出量であり，自社で燃料等を使用して発電した電力や生成した蒸気はスコープ２排出量ではない。自家発電や

自社で蒸気を生成した場合は，その発電や蒸気生成のために使用した燃料等の使用によるスコープ1排出量を構成する。

**図表4－1－5** スコープ2排出量（間接排出量）の事業者の活動に基づく分類とその排出形態

| | 事業者の活動 | GHGの排出形態 |
|---|---|---|
| スコープ2排出量 | 購入した電気の使用 | 電気事業者の発電所や，他の事業者が発電設備で発電した電気を購入して使用する場合，供給側の発電設備で燃料を燃焼させることで，エネルギー起源のGHGが排出される。 |
| | 購入した蒸気，温水，冷水の使用 | 熱供給事業者や，他の事業者が冷温水発生機やボイラ，コージェネレーションシステムで製造した熱を購入して使用する場合，供給側の設備で燃料を燃焼させることで，エネルギー起源のGHGが排出される。 |

出所：環境省・経済産業省「温室効果ガス排出量算定・報告マニュアル」Ver5.0をもとにPwC作成

### ③ エネルギー起源スコープ1排出量の算定式

　燃料は，燃焼空気と十分混合し，燃焼機器のタイプによらず，燃料中の炭素Cはほぼすべて酸化されて$CO_2$になる。そのため，エネルギー起源のスコープ1排出量は，燃料の種類ごとに，燃料使用量に，単位発熱量，排出係数（単位熱量当たりの炭素排出係数）および12分の44を乗じて算定し，エネルギー種類ごとに算定した排出量を合算することで計算される。ここで乗じている12分の44は，炭素の分子量を12，$CO_2$の分子量を44とした，炭素と$CO_2$の分子量の比であり，その分子量の比を用いて，炭素排出係数により計算した炭素排出量を，$CO_2$排出量に換算するものである。

エネルギー起源スコープ1排出量の算定式
エネルギー起源スコープ1排出量 $[t-CO_2]$
$$= \Sigma (燃料消費量\ [unit] \times 単位発熱量\ [GJ/unit] \times 炭素排出係数\ [t-C/GJ] \times \frac{44}{12})$$

④　**プロセス起因のスコープ１排出量の算定式**

　化学的／物理的な工業プロセスや漏出に伴うスコープ１排出量は，図表４－１－６のようにその種類は多岐にわたるが，一般的にはそれぞれの排出プロセスごと，活動量に，活動量当たりの排出係数を乗じ，さらにGHGの地球温暖化係数（GWP）を乗じて$CO_2$換算することで算定する。

　例えば，燃料の燃焼に伴い，燃料中の炭素の一部が不完全燃焼することによってメタン$CH_4$が排出され，また燃料中の窒素を含む揮発成分と，燃焼により生じた一酸化窒素との反応などによって一酸化二窒素$N_2O$が排出される。この燃料の燃焼に伴う$CH_4$，$N_2O$排出量は燃焼機器のタイプや燃焼条件により変わるものであるため，排出係数を使用して算定するのが一般的である。

> プロセス起因のスコープ１排出量の算定式
> プロセス起因のスコープ１排出量　[t-$CO_2$e]
> 　＝Σ（活動量［unit］×排出係数［t-GHG/unit］×地球温暖化係数GWP）

**図表４－１－６**　**プロセス起因のスコープ１排出量の例**

| 算定対象活動 | 説明 | 算定式 |
|---|---|---|
| 原油の生産（油田） | 原油の生産時に陸上油田ないし海上油田から$CO_2$および$CH_4$が漏出する | 陸上油田・海上油田別の原油生産量($m^3$)×排出係数(t-GHG/$m^3$)×GWP |
| 天然ガスの生産（ガス田） | 天然ガスの生産時にガス田（陸上・海上）から$CO_2$および$CH_4$が漏出する | 陸上ガス田・海上ガス田別の天然ガス生産量($m^3$)×排出係数(t-GHG/$m^3$)×GWP |
| 原油・天然ガスの生産井の点検 | 原油・天然ガスの生産井の点検に伴い$CO_2$および$CH_4$が漏出する | 原油・天然ガスの生産井数(本)×排出係数(t-GHG/本)×GWP |
| 原油・天然ガスの生産（通気弁からのベントほか） | 原油・天然ガス生産時の随伴ガスの一部の，通気弁からの大気放出処分ないし漏出($CO_2$および$CH_4$が漏出) | 原油・天然ガスの生産量($m^3$)×排出係数(t-GHG/$m^3$)×GWP |
| 原油・天然ガスの生産（フレア） | 原油・天然ガス生産時の随伴ガスの一部を焼却処分（フレア）（$CO_2$，$CH_4$，$N_2O$を排出） | 原油・天然ガスの生産量($m^3$)×排出係数(t-GHG/$m^3$)×GWP |

| 算定対象活動 | 説明 | 算定式 |
|---|---|---|
| 原油・コンデンセートの輸送 | 原油・コンデンセートをタンクローリー等で製油所へ輸送する際に，$CO_2$および$CH_4$が漏出する | 原油・コンデンセートの生産量($m^3$)×排出係数($t$-$GHG$/$m^3$)×$GWP$ |
| 原油の貯蔵 | 原油貯蔵に伴い，浮屋根タンク下降時ないし固定屋根タンクでの，油分蒸発による$CH_4$の漏出 | 原油精製量($J$)×排出係数($t$-$CH_4$/$J$)×$GWP$ |
| 天然ガスの生産（熱量調整）・輸送・貯蔵 | パイプラインの移設工事に伴う放散，整圧器の駆動用ガスの放散ガス製造工場での整備等に伴い$CH_4$漏出 | ガス販売量($m^3$)×排出係数，（$t$-$CH_4$/$m^3$)×$GWP$ |
| 地熱発電設備における蒸気の生成 | 地熱流体中の非凝縮性ガスに微量に含まれる$CO_2$，$CH_4$の漏出 | 蒸気生産量($t$)×排出係数($t$-$GHG$/$t$)×$GWP$ |
| 木炭・バイオ炭の製造 | 木炭原料の木質材料を窯に入れて炭化する際に，不完全燃焼によって$CH_4$および$N_2O$が排出する。 | 木炭等生産量($t$)×排出係数($t$-$GHG$/$t$)×$GWP$ |
| 石炭の生産 | 石炭採掘に伴い炭層中の$CO_2$，$CH_4$が大気中に排出される。 | 石炭生産量($t$)×排出係数($t$-$GHG$/$t$)×$GWP$ |
| 反芻家畜の消化管内発酵 | 反芻動物の消化管内発酵に伴い$CH_4$が排出される。 | （反芻家畜の種類別）飼養頭数(頭)）×排出係数($t$-$CH_4$/頭)×$GWP$ |
| 家畜排泄物の管理 | 家畜排泄物中の有機物がメタン発行し$CH_4$が排出，また微生物の硝化・脱窒作用により$N_2O$が排出される。 | 排泄物中の有機物量($t$)×排出係数($t$-$CH_4$/$t$)×$GWP$，排泄物中の窒素量($t$-$N$)×排出係数($t$-$N_2O$-$N$/$t$-$N$頭)×44/28×$GWP$ |
| 稲作 | 水田の嫌気性条件下における微生物の働きで土壌中の有機物が分解され，$CH_4$が排出される | （水田の種類別）作付面積($m^2$)×排出係数($t$-$CH_4$/$m^2$)×$GWP$ |
| セメントの製造 | セメントの焼成工程中，石灰石(炭酸カルシウム$CaCO_3$が主成分，微量だが炭酸マグネシウム$MgCO_3$も含有)をキルン等で焼成し，クリンカ(酸化カルシウム$CaO$が主成分)になる際に$CO_2$が排出される。 | クリンカ生産量($t$)×排出係数($t$-$CO_2$/$t$)×セメントキルンダスト(CKD)補正係数 |
| 生石灰の製造 | 石灰石(主成分として$CaCO_3$，微量に$MgCO_3$を含有)およびドロマイト($CaMg(CO_3)_2$)を焼成して生石灰を製造する際，$CaCO_3$，$MgCO_3$が加熱分解，$CO_2$が放出される。 | 石灰石消費量(乾重量；$t$)×排出係数($t$-$CO_2$/$t$)<br>ドロマイト消費量(乾重量；$t$)×排出係数($t$-$CO_2$/$t$) |

| 算定対象活動 | 説明 | 算定式 |
|---|---|---|
| ガラスの製造 | ガラス（ソーダ石灰ガラス）に透明性と耐久性を改善するため，石灰石・ドロマイトが添加される。この石灰石・ドロマイトを焼成する際，含有する$CaCO_3$，$MgCO_3$，$Na_2CO_3$由来の$CO_2$が排出される。 | 石灰石消費量（乾重量；t）×排出係数（t-$CO_2$/t）<br>ドロマイト消費量（乾重量；t）×排出係数（t-$CO_2$/t） |
| アンモニアの製造 | 工業的には主に，水素と窒素を触媒存在下で直接反応させることで製造（ハーバー・ボッシュ法）され，原料の炭化水素を水蒸気改質プロセスにより原料水素$H_2$を生成する過程で$CO_2$を排出。 | 原料の炭化水素別の消費量（t, kl, $m^3$）×排出係数（t-$CO_2$/t, kl, $m^3$） |
| 硝酸の製造 | オストワルト法をベースとした製造法が主流。アンモニアを触媒存在下で加熱して得た一酸化窒素NOと空気中の酸素と反応して二酸化窒素（$NO_2$）となり，これを水と反応させ硝酸$HNO_3$一酸化窒素NOを得て，その際に$N_2O$も同時に発生する。 | 硝酸生産量（t）×排出係数（t-$N_2O$/t）×GWP |
| アジピン酸の製造 | シクロヘキサノン（$CH_2$）$_5$COとシクロヘキサノール（（$CH_2$）$_5$CHOH）を硝酸酸化することで製造され，その過程で$N_2O$を排出する。 | アジピン酸生産量（t）×排出係数（t-$N_2O$/t）×GWP |
| カプロラクタムの製造 | シクロヘキサンを酸化させ，ヒドロキシルアミン（$NH_2OH$）硫酸塩を用いて変換することで製造されるが，$NH_2OH$硫酸塩の生成過程で，アンモニア酸化反応に伴い$N_2O$を排出。 | カプロラクタム生産量（t）×排出係数（t-$N_2O$/t）×GWP |
| グリオキサールの製造 | 濃硝酸$HNO_3$およびアセトアルデヒド$C_2H_4O$の酸化により製造され，その工程において$N_2O$が排出。 | グリオキサール生産量（t）×排出係数（t-$N_2O$/t）×GWP |
| シリコンカーバイドの製造 | 珪砂，石英，石油コークスを混合し電気炉で通電することで製造され，反応過程で$CO_2$が排出される。さらに，還元剤として使用されるコークスが酸化する際に$CH_4$が発生する。 | 石油コークス消費量（t）×排出係数（t-$CO_2$/t）<br>電炉の電力消費量（kWh）×3.6（MJ/kWh）×排出係数（t-$CH_4$/MJ）×GWP |

| 算定対象活動 | 説明 | 算定式 |
|---|---|---|
| カルシウムカーバイドの製造およびアセチレンの使用 | 生石灰にコークスを混ぜて還元する過程で発生した$CO$が燃焼することで$CO_2$を排出（還元剤起源）。カルシウムカーバイドを水と反応させて得られるアセチレンを燃焼させた際にも$CO_2$が発生（使用時）。 | 還元剤起源：<br>カルシウムカーバイド生産量(t)×排出係数(t-$CO_2$/t)<br>使用時：<br>アセチレン使用量(t)×排出係数(t-$CO_2$/t) |
| エチレンの製造 | ナフサ等を水蒸気により熱分解（スチーム・クラッキング法）するエチレン製造過程で$CO_2$，$CH_4$が分離・排出。 | エチレン生産量(t)×排出係数(t-GHG/t)×GWP |
| 酸化エチレンの製造 | 酸化エチレンは，触媒上で酸素とエチレンを反応させて製造し，副生成物として$CO_2$を排出。またプロセス排ガスの漏出により$CH_4$を排出。 | 酸化エチレン生産量(t)×排出係数(t-GHG/t)×GWP |
| アクリロニトリルの製造 | プロピレンのアンモ酸化によりアクリロニトリル等を製造する過程で$CO_2$を生成・排出。 | アクリロニトリル生産量(t)×排出係数(t-$CO_2$/t) |
| スチレンの製造 | エチレンとベンゼンを反応させて生成するエチルベンゼンの脱水素により製造し，その脱水素過程，原料の炭化水素に由来する$CH_4$を副生 | スチレン生産量(t)×排出係数(t-$CH_4$/t)×GWP |
| 水素の製造 | 天然ガスや石油等の化石燃料を水蒸気改質して水素を製造する際に$CO_2$が発生する。 | 水素生産量($m^3$)×排出係数(t-$CO_2$/$m^3$) |
| 電気炉における炭素電極の使用 | 電気炉（アーク炉）において，アーク放電の熱で炉内物質を融解する際に炭素電極から$CO_2$が排出される。また，炭素電極が炉内で高温に曝れることで，$CH_4$も排出される。 | 炭素電極の使用量(t-C)×44/12<br>電炉の電力消費量(kWh)×3.6(MJ/kWh)×排出係数(t-$CH_4$/MJ)×GWP |
| マグネシウムの製造 | マグネシウムの成型時に溶解したマグネシウムの酸化を防止するためのカバーガスとして$SF_6$やHFC-134a等が使用され，排出される。 | $SF_6$排出量＝$SF_6$使用量，HFC-134a排出量＝HFC-134a使用量 |
| 潤滑油・グリースの使用 | エンジンで使用される潤滑油・グリースが使用中に酸化されることで，$CO_2$を排出する。 | 潤滑油・グリース消費量(J)×炭素含有量(t-C/J)×ODU(Oxidized During Use)係数×44/12 |
| NMVOCの焼却 | VOC対策であるが，NMVOCを焼却処理する際に$CO_2$が排出される。 | NMVOC焼却処理量(t)×炭素含有率(%)×44/12 |

| 算定対象活動 | 説明 | 算定式 |
|---|---|---|
| 半導体，液晶，太陽電池の製造 | ドライエッチングガスおよびCVD装置洗浄用ガスであるHFC-23，PFCs，$SF_6$およびNF$_3$が，反応消費率が低いことから発生する。また，一部は$CF_4$および$C_2F_6$を副生する。加えて，半導体・液晶製造時の溶剤用途としてもHFCsおよびPFCsを使用する。 | ガス使用量(t)×プロセス供給率(%)×（1－反応消費率(%)）×（1－除害装置設置率(%)×除害効率(%)）×GWP |
| 炭酸ガスの使用 | 液化炭酸ガスおよびドライアイスの使用に伴って$CO_2$が排出される。 | 炭素ガス排出量＝$CO_2$使用量 |
| 産業廃水の処理 | 工場等における産業排水の処理に伴い$CH_4$および$N_2O$を排出する。 | BOD負荷量(kg-BOD)×排出係数(t-$CH_4$/kg-BOD)×GWP窒素量(t-N)×排出係数(t-$N_2O$/t-N)×GWP |
| 廃棄物の燃焼 | 工場等における産業排水の処理に伴い$CH_4$および$N_2O$を排出する。 | 廃棄物焼却量(t)×排出係数(t-GHG/t)×GWP |

出所：環境省・経済産業省「温室効果ガス排出量算定・報告マニュアル」Ver5.0をもとにPwC作成

### ⑤　スコープ2排出量の算定式

　スコープ2排出量は，電力の場合は，電力使用量に排出係数（kWh単位当たりの$CO_2$排出係数）を乗じて算定する。また，熱の場合は，熱使用量に排出係数（単位熱量当たりの$CO_2$排出係数）を乗じて算定する。

　エネルギー種類ごとに算定した排出量を合算することで計算される。

---

電気の使用時の排出量
電気の使用に伴うスコープ2排出量［t-$CO_2$］
　＝電力使用量［kWh］×排出係数［t-$CO_2$/kWh］
熱の使用時の排出量
熱の使用に伴うスコープ2排出量［t-$CO_2$］
　＝熱使用量［GJ］×排出係数［t-$CO_2$/GJ］

---

### ⑥　燃料使用量や活動量の把握・集計プロセスにおける留意点

　エネルギー起源であれば，重油，灯油，軽油，揮発油（ガソリン）などの液体燃料，天然ガス，都市ガス，LPガスなどの気体燃料，石炭やオイルコーク

スなどの固体燃料，またバイオエタノールやバイオマス，木質ペレット，水素，アンモニアなどの非化石燃料，電力や蒸気の使用量のことである。エネルギー起因のスコープ1排出量の場合の「燃料使用量」や，プロセス起因のスコープ1排出量の場合の各種の「活動量」，スコープ2排出量の場合の「電力使用量」や「熱使用量」の把握・集計にあたって重要なのは，以下の点にあるといえる。

**燃料使用量等の把握・集計におけるポイント**
a．燃料・エネルギーや該当する活動を網羅的に把握すること
b．適切なモニタリング方法を選択すること
c．エビデンスを保持すること

## a．燃料・エネルギーや該当する活動の網羅的な把握

まず，燃料・エネルギーや該当する活動を把握するにあたっては，燃料・エネルギーや活動の多くが企業活動に際して購入したものであるため，請求書や検針票といった購買伝票・取引伝票をベースに把握できる。燃料・エネルギーの集計単位は一般に工場や事業所が最小単位と考えられるが，その工場や事業所のGHG算定担当者の手元にすべての購買伝票・取引伝票が集約してくるわけではない。本社の経理部門に直接，購買伝票・取引伝票が送られる場合や，工場内・事業所内でもGHG算定担当者以外の部署に回覧されてしまう購買伝票・取引伝票がないか，という観点で網羅性を担保する。一般に燃料やエネルギーは危険物や高圧ガスに該当するため，規制法令に関連する届出等を参照して特定すること，またISO14001（環境マネジメントシステム）に基づく環境測定抽出において特定されている事項を併用するなども有効である。しかしながら，これらによっても網羅性を担保することは難しいため，さらに光熱費の費目明細を確認するとともに，購買備品リストの確認，設備配置図や配管図面の確認を併用し，最終的には現地視察によって，燃料やエネルギーを消費する排出源を特定することで網羅的に捕捉する手段が必要となる。

## ｂ．適切なモニタリング方法の選択

　次に，燃料・エネルギーの適切なモニタリング方法を選択することが肝要である。請求書や検針票といった購買伝票・取引伝票をベースに把握できることがデータの客観性の高いデータである。ただし，購買伝票・取引伝票に記載された燃料・エネルギー使用量が，報告対象期間と対応したものであるか，期間帰属が適切であるかを考慮する必要がある。月ずれが生じている場合には，可能ならば，例えばガスなどの場合，燃料サプライヤーに依頼し毎月末に検針を行うよう調整することも検討できる。また，燃料在庫を保有している場合には，月初・月末の在庫量から在庫変動を考慮して購買量を使用量に変換することが必要となる。さらには，燃料使用量の集計タイミングまでに請求書等が入手できない場合には，期間帰属の適切性の観点から，合理的な推計方法を検討する必要もある。第三者保証においては，推計方法が合理的であるかについても視点として確認を行う。重要な推計値に対しては，推計を行う理由，推計方法の精度の十分性，推計手順の正確性や網羅性，推計結果の合理性などの検討を行うことになる。

　また，留意が必要な場合としては，請求書や検針票といった購買伝票・取引伝票をベースとせず，自社で設置した計量器を用いて把握している場合である。取引または証明における特定計量器であって計量法に基づき検定または定期検査に合格した計量器に基づいた購買伝票・取引伝票は，取引相手から提供を受けるものでもあり，客観性の高いエビデンスといえる。一方，自社設置の計量器での実測値は客観性があるものではない。そのため，実測の場合においては，自社設置の計量器の精度を確保する必要が生じる。計量法に基づく特定計量器などを用いた実測であるならば，当該計量器につき，検定の有効期限を適切に管理することが重要である。必要に応じて，その検定証明書までさかのぼって第三者が確認を行う場合もあることに留意が必要である。また，特定計量器ではない計量器の場合には，自主的に校正を行い計量器の精度確保を行うこと，その際には計量器のバックアップの整備も含めた定期的な保守・校正に努める体制の整備も併せて検討すべきである。

### c．エビデンスの保持

　第3に，エビデンスの保持である。請求書などの経理書類は税法により保存期間が定められているが，その他，第三者保証の観点からは，検針票や閉栓証明，在庫帳簿，計量器の校正記録，実測記録などについても，当該年度に関連するデータのみならず，過年度分についても管理・保管する必要が生じる。保証機関の手続において，保証対象情報に関連する過年度のデータやその相関関係のあるデータについても証拠を入手し，データ分析を行って異常なデータ変動がないかどうかを確かめる場合がある。保証機関から過年度データの信頼性に関する質問等が行われる場合も考えられることから，過年度データを立証しうるエビデンスを適切に保管・管理しておくことも検討すべきである。

### ⑦　排出量の算定・集計プロセスにおける留意事項（その1）

　排出量の算定・集計は，上述の算定式のとおり，一般に，燃料・エネルギー使用量や活動量に対して，単位発熱量や排出係数を乗じて算定される。排出量の算定・集計において重要なのは，以下の点にあるといえる。

> **排出量の算定・集計におけるポイント**
> a．単位発熱量や排出係数の適切な選択
> b．単位発熱量や排出係数に応じた燃料・エネルギー使用量の適切な単位換算
> c．正確な算定プロセスの構築と維持

### a．単位発熱量や排出係数の適切な選択

　単位発熱量とは，一定の単位の燃料を燃焼させた際に発生する熱量，エネルギー量のことである。また，炭素排出係数とは，一定の熱量（エネルギー量）当たりどれだけの炭素を排出するかを示した値である。単位発熱量および排出係数として何を用いて算定するかは，算定する企業が，任意の報告においては企業自らの責任において選択し決定することになるが，報告義務のある規制のもとでは当該報告規則で定められた係数等を使用する場合もある。任意の報告

において単位発熱量や排出係数として何を用いるかは，算定・報告された GHG排出量情報の利用者が，その情報を理解し利用する上で重要な要素となる。

　単位発熱量や排出係数の選択にあたって，特に任意の報告においては，比較可能性，報告義務制度に基づく算定結果との整合性と算定の効率性もあり，他社との比較可能性も得られるため，各国の報告義務制度で定められたデフォルトの係数を用いる事例が一般的である。実際，国内企業の多くは，省エネ法・温対法で定められた単位発熱量や排出係数を用いている。ただし，こうした各国の報告義務制度で定められたデフォルトの係数は，当該国や地域における排出の状況等を勘案して定めたものであるために，一般に流通し使用される燃料とは組成が異なる燃料を使用している場合，その企業の実態に必ずしも合致しないこともある。海外事業所における単位発熱量や排出係数の選択も悩ましいところであり，各国において属地の排出量算定制度があるため，それら各国制度が定める係数を使用している事例もあるが，燃料種によっては流通している燃料組成の類似性があるものもあり，また算定管理の観点からも，省エネ法や温対法に定める係数を準用することも妥当であろう。ただし，燃料種によっては適切でないケースもあり，石炭やコークスなどは産地等によっても発熱量や炭素含有量が異なっていたり，ガスについても供給会社により熱量調整のため他のガス種を添加していたりすることがあるため発熱量が異なってくる。重要性のある燃料については，より実態に近い算定を行うために，発熱量や排出係数の慎重な選択が求められる。

　さらに，国内と海外の燃料については発熱量に相違がある場合がある点にも留意が必要である。発熱量には高位発熱量（総発熱量）と低位発熱量（真発熱量）とがあるが，国内の省エネ法や温対法に定める単位発熱量や排出係数は高位発熱量が使用されている一方，海外の場合には低位発熱量が使用されていることがある。高位発熱量と低位発熱量とは水蒸気の凝縮潜熱を考慮に入れるか入れないか，その定義が異なるものであって，両者を混同した形での排出量計算は不合理である。海外のデータソースの単位発熱量を使用する場合には，発熱量の種類を確認の上で，自社が採用する発熱量の種類と整合するように調整を行う必要が出てくる。グローバルに事業展開している企業の第三者保証において海外データソースの熱量の使用の論点は頻出である。

## b．単位発熱量や排出係数に応じた燃料・エネルギー使用量の適切な単位換算

次に，単位発熱量や排出係数を適切に選択したのち，計測された燃料・エネルギー使用量に対して適切に単位換算されているかどうか，この点も第三者保証で確認するポイントである。これは単位発熱量や排出係数が，燃料の計測単位に対して設定されているからである。特に，ガスなど気体燃料の場合，同じ体積量でも圧力および温度の条件によって絶対量が変化するため，計測時の温度や圧力を把握し，標準状態（標準環境状態）への換算が行われていることが必要である。同様に，LPGについては，単位発熱量や排出係数が重量ベースで設定されている場合，体積量で計測されたLPG使用量について適切に重量換算を行う必要がある。これらの換算に際しての計測時圧力や換算係数についても，客観的なエビデンスを保持し，換算過程の客観性を担保する方策まで検討が求められる。また，一般炭やコークス等の固体燃料については，活動量と単位発熱量を乾炭・湿炭ベースのいずれかに揃える必要がある。単位発熱量や排出係数が湿炭ベースで設定されている場合には，活動量も湿炭ベースとしなければならない。サプライヤーや商社等から燃料の組成に関する情報を入手し，乾炭・湿炭のいずれかであることを確認することが必要となる。

## c．正確な算定プロセスの構築と維持

そして，正確な算定プロセスを構築すること，これは上述の排出量算定式を，GHG排出量算定システムに組み込んで算定する場合も，スプレッドシートで計算式を組んで算定する場合も，いずれにしても，計算式を適切に管理し，正しい排出の算定を行うことが重要である。

特にGHG排出量算定において複雑なケースの1つとして，燃料使用量や活動量などのデータの所有・管理が組織の中で複数の部署にわたっているような状況が考えられる。このような場合，算定に用いるためのデータを特定した上で，それぞれのデータの管理者・管理部署を特定し，どの部署がどのようなデータを誰に報告するのか，など一連の算定プロセスに沿った組織体制を構築し，それぞれの役割について社内の共通理解を得ることが重要である。社内での組織体制を構築する際，算定プロセス上のエラーや異常値を特定し適切に是正しつつ運営するような管理体制があると，健全な内部統制が機能していると

して保証機関の評価を得られることも考えられる。

### ⑧　排出量の算定・集計プロセスにおける留意事項（その２）（マーケット基準とロケーション基準，証書等の論点）

　GHGプロトコルのスコープ２ガイダンスでは，スコープ２排出量の算定手法として，「ロケーション基準」と「マーケット基準」のそれぞれを定義した。それぞれの手法は以下のように定義される。

**図表４－１－７**　　**スコープ２排出量の算定手法**

| ロケーション基準 | 特定のロケーション（系統の範囲や同一の法体系が適用される範囲）に対する平均的な電気の排出係数に基づいて，スコープ２排出量を算定する手法である。企業が再エネ電気等，系統平均排出係数よりも低炭素な電気を調達していてもその効果を反映することはできない。<br>具体的には，系統電力の平均的な排出係数を用いた排出量算定である。日本国内の事業所であれば，事業所が立地する所在地にかかわらず環境省が公表する全国平均排出係数を用いて排出量の算定を行い，海外の事業所であれば国際エネルギー機関（IEA）等が公表する国別排出係数をその国に所在する事業所の排出量の算定に用いるものである。 |
|---|---|
| マーケット基準 | 企業が購入している電気の契約内容を反映して，スコープ２排出量を算定する手法である。契約内容を反映した排出係数を使用するため，再エネ電気等，低炭素な電気を調達していれば，その効果を反映することができる。<br>具体的には，電力契約時のメニュー，供給会社から提供される排出係数，供給会社ごとの調整後排出係数などを用いて，排出量の算定を行うものである。 |

　図表４－１－７のとおり，マーケット基準手法は，より低炭素な電力を調達するといった企業の削減努力が反映できる手法であり，再エネ証書も使用が可能である。この再エネ証書については，GHGプロトコル・スコープ２ガイダンスにおいて，いくつか重要な要件が整理されている。その１つが「証書とクレジットの区別」であり，もう１つが「品質基準」と呼ばれる証書の利用条件である。

　まず，「証書とクレジットの区別」について，GHGプロトコルでは，再エネ証書（当該発電量に伴う排出量を保証）と，オフセットクレジット（プロジェクト非実施時の仮想排出量（ベースライン）と実施後の実排出量の差分を価値化したもの）を区別しており，再エネ証書を用いることは認めているが，オフ

セットクレジットを使用することは原則として認めていない。正確な理解のないまま，排出量削減を目的にオフセットクレジットを購入してしまわないよう，的確な証書を適正な量で調達・管理する体制が企業に求められる。

　また，「品質基準」に合致しない証書は，マーケット基準の算定に反映させるべきではないが，厳格にこの「品質基準」を運用できていない事例も散見される。特に，図表4－1－8の（iv）にあるとおり，発電時期の古いグリーン電力証書を利用したり，海外で調達した証書を国内の電力需要に割り当てたりといったことは，スコープ2ガイダンスでもそもそも認めていない。

**図表4－1－8　証書の品質基準**

| | |
|---|---|
| （ i ） | 証書は，単位電力量当たりの排出係数を示さなければならない。<br>再エネ証書のゼロエミ化効果は，いかなる排出係数の電気1kWhでも，証書1kWh分を無効化すれば，ゼロエミ化できるということ。 |
| （ ii ） | 同一の電気に対して証書が複数発行されてはならない。 |
| （ iii ） | 証書は，需要家によって，追跡，無効化・償却ができなければならない。 |
| （ iv ） | 証書は，電気の消費時期となるべく近い時期に，発行・無効化・償却されなければならない。特に，有効期限のない証書（I-REC，グリーン電力証書など）についての無効化・償却の時期に留意。 |
| （ v ） | 証書は，需要家が立地している電力市場から調達されなければならない。<br>国（電力市場）をまたいだ証書の活用は認められず，日本で調達した証書は，日本での電力需要に割り当てる必要がある。 |
| （ vi ） | ＜小売電気事業者の排出係数について＞<br>供給電力と証書の対応関係を明確にした排出係数を算定すること。<br>環境価値が別途譲渡された電気は，残余ミックス係数を持つ電気として扱うこと。 |
| （ vii ） | ＜直接再エネ電力を購入する場合＞<br>証書が需要家に移転されなければならない（他の需要家向けに重複して証書を発行できない）。 |
| （ viii ） | 需要家がスコープ2排出量を算定する際に残余ミックスが利用可能になっていなければならない。<br>残余ミックスとは，特定の範囲（系統の範囲や同一の法体系が適用される範囲）における発電ミックスから需要家や小売等によって主張された属性（発電源，燃料種等の情報）を除いたものであり，属性のない電気に適用する。 |

出所：経済産業省・環境省「国際的な気候変動イニシアティブへの対応に関するガイダンス」をもとにPwC作成

## （3）　温室効果ガス排出量（スコープ３）

### ①　スコープ３排出量の概要

　スコープ３排出量は，スコープ２排出量同様に，自社から直接的にGHGを排出するものではないため，間接排出量の一種であり，自社の事業活動に関連してサプライチェーンの上流および下流において他者の活動に起因する排出量をいう。企業のサプライチェーンにおける事業活動に伴って発生するGHG排出量全体（サプライチェーン排出量）は，直接排出量（スコープ１排出量），エネルギー起源間接排出量（スコープ２排出量）およびその他の間接排出量（スコープ３排出量）から構成される。

**図表４−１−９**　**サプライチェーン排出量**

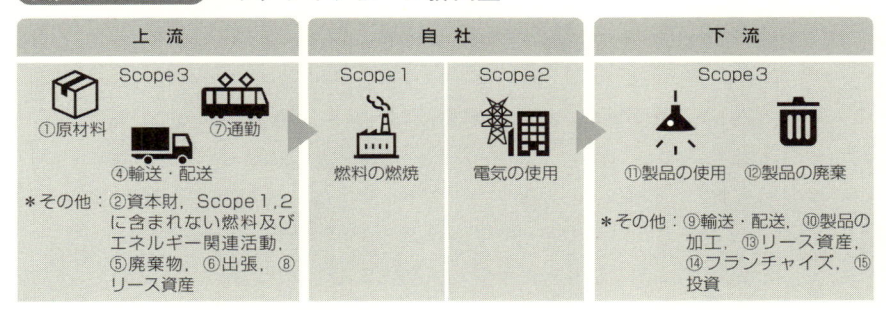

出所：環境省，経済産業省，農林水産省「グリーン・バリューチェーンプラットフォーム」

　サプライチェーン排出量に関する国際的基準であるGHGプロトコルの「スコープ３スタンダード」との整合を図りつつ国内の実態を踏まえた環境省・経済産業省の「サプライチェーンを通じた温室効果ガス排出量算定に関する基本ガイドライン」によれば，スコープ３排出量は主に15のカテゴリに分類される。

**図表 4 － 1 －10** スコープ 3 排出量のカテゴリ分類

| 分類 | | | 算定対象活動の例 |
|---|---|---|---|
| 上流 | 1 | 購入した製品・サービス | 原材料や部品，資材，サービスが製造されるまでの活動に伴う排出 |
| | 2 | 資本財 | 報告年度に建設・設置された自社の資本財の建設・製造に伴う排出 |
| | 3 | スコープ 1，2 に含まれない燃料およびエネルギー関連活動 | 自社が使用した燃料の調達に伴う排出，自社が使用した電気や熱等の製造段階に必要な燃料の調達に伴う排出 |
| | 4 | 輸送，配送（上流） | 報告年度に購入した製品・サービスのサプライヤーから自社への物流に伴う排出や，自社が費用負担している物流に伴う排出 |
| | 5 | 事業から出る廃棄物 | 自社で発生した廃棄物（有価物を除く）の処理（や輸送）に伴う排出 |
| | 6 | 出張 | 従業員の出張に伴う排出 |
| | 7 | 雇用者の通勤 | 従業員の通勤に際しての移動に伴う排出 |
| | 8 | リース資産（上流） | 自社が賃借しているリース資産の操業に伴う排出 |
| 下流 | 9 | 輸送，配送（下流） | 自社が販売した製品の最終消費者までの物流に伴う排出 |
| | 10 | 販売した製品の加工 | 中間加工業者による中間製品の加工に伴う排出 |
| | 11 | 販売した製品の使用 | 使用者による製品の使用に伴う排出 |
| | 12 | 販売した製品の廃棄 | 使用者による製品の廃棄時の処理に伴う排出 |
| | 13 | リース資産（下流） | 賃貸しているリース資産の運用に伴う排出 |
| | 14 | フランチャイズ | 自社がフランチャイズ主宰者である場合の，フランチャイズ加盟者における排出 |
| | 15 | 投資 | 投資の運用に関連する排出 |

出所：環境省・経済産業省「サプライチェーンを通じた温室効果ガス排出量算定に関する基本ガイドライン（ver.2.5）」よりPwC作成

　スコープ 3 排出量については，全般的に留意すべき事項がある。

　図表 4 － 1 －10のとおり，15のカテゴリ分類が示され，一般にカテゴリごとに算定が行われるが，すべての企業に15のカテゴリすべての排出があるというものでもない。業種業態によって，関連あるカテゴリと，関連がないあるいは

関連性の乏しいカテゴリがある。サプライチェーンにおける各活動を漏れなく15のカテゴリに分類することは算定プロセスとして必要であるが，結果として算定する段階においては，算定の目的やスコープ3排出量全体に対する影響度，データ収集等の負荷，算定の目的などを考慮して，算定するカテゴリを抽出して算定することも考えられる。該当する活動の重要性が乏しく，排出量や排出削減の関連からも影響度が乏しいものについて，必要以上に精緻な算定を求めるものではなく，算定範囲とその範囲の決定に際しての理由も含めて説明・開示することも重要である。

　スコープ3排出量は，前述のとおり国際的なイニシアチブであるGHGプロトコルによってまとめられた考えであるため，日本の商習慣や国内の温対法・省エネ法での報告状況と算定方法や対象が完全に一致しない場合もある（例えば原材料の調達の際，原材料費と輸送費を一括で支払っているため両者の区別が難しいケースや，リース車両燃料による排出量をカテゴリ8（リース排出量）ではなく温対法に従いスコープ1，2としてすでに計上している場合などが一例として考えられる）。そのような日本国内企業向けに，環境省がスコープ3算定の際の解釈に係るガイドラインを公開しているため，実務においてはこういった補足資料を参照することも有効である。

　また，スコープ3排出量は自社ではなく他者による間接排出量であって，その算定においては少なからず一定のシナリオを活用した推定計算が含まれる。そのため，スコープ3排出量の算定においては絶対的に正確な計算が行えるものではそもそもなく，企業を取り巻くサプライチェーンの実態をより反映した形での算定が考慮され，客観的に妥当性があるか，客観的に理解可能であるか，算定範囲や使用する排出原単位の選択が合理的であるか，といった観点がより重要といえる。

　さらには，スコープ3排出量算定の初期段階において，自社のサプライチェーンにおける排出負荷の全体像を網羅的に把握し，ホットスポットである排出量の多いカテゴリを見極めることが優先課題ではあるものの，その先，スコープ3排出量は間接排出量であるがゆえに間接的にしか削減もできないものであり，実際に削減計画の絵を描けない事態に陥っているケースが非常に多い。自社を取り巻くサプライチェーンの実態をより反映した形での算定へ，精度を

向上させる段階にもはや来ている。

## ②　スコープ3排出量の算定

スコープ3排出量を算定する方法として，以下に示した2通りの方法がある。

> ・算定方法1……関係取引先から排出量の提供を受ける方法（一次データ
> 　の活用）
> ・算定方法2……「排出量＝活動量×排出原単位」という計算式を用いて
> 　算定する方法

　実態に即した排出量の正確な把握やサプライヤーと連携した排出量の管理という観点からは，算定方法1の取引先から排出量の提供を受けることが望ましいが，サプライヤーとの連携など実現には多くの手間と難しさがある。サプライヤーが公表する排出量は企業単位あるいは企業グループ単位であって，自社のサプライチェーンにおける活動部分に焦点を当てたサプライヤーでの排出量データというものは，その公表情報のみでは一般に得られない。サプライヤーとの連携なしに算定方法1は採用しえないが，サプライヤーとの連携は削減の取組みの促進にもつなげられる有益な方法である。

　一方で，データの入手可能性という点を考慮し，主に，算定方法2の「排出量＝活動量×排出原単位」により算定する方法が多く採用されている。この算定方法2についても，算定精度は多様であり，活動量を金額ベースで把握する場合，活動量を物量ベースで把握する場合，活動量をエネルギー使用量ベースで把握できる場合でも，それぞれ算定精度は異なる。また，産業連関表の排出原単位から算定する場合とライフサイクルアセスメント（LCA）の排出原単位から算定する場合とでも，算定精度は異なる。いずれにせよ，一般公開されている原単位を使った算定方法2で排出量を算定している限りにおいては，削減量を反映する場合に活動量（例えば部品調達量など）を下げることでしか対応できず，結果としてサプライヤーなどが独自に実施した削減施策を算定結果に勘案できない点に留意が必要である。

　本来は算定精度も向上させ，かつ，算定カバー率も向上されることが望まれ

るが，精度を高めるとカバー率が下がり，カバー率を上げようとすると精度が下がるというトレードオフの関係が一般的に見られる事象である。スコープ3を含めたサプライチェーンの排出削減を視野に入れるのならば，算定精度もカバー率もともに向上させることが必要になる。

**図表4－1－11**　**2通りのスコープ3排出量の算定方法**

| | 算定方法1 関連する取引先から排出量の 提供を受ける方法 （一次データの利用） | 算定方法2 「活動量×排出原単位」の 算定式に基づく方法 |
|---|---|---|
| 算定精度 | 高 （活動量を減らす以外の**削減取組み の効果が評価しやすい**） | 低 （活動量を減らす以外の**削減取組み の効果が直接評価できない**） |
| 情報把握難度 | 難 | 易 |

### ③　カテゴリ1「購入した製品・サービス」の算定プロセスにおける留意事項

カテゴリ1の算定範囲は，自社が購入・取得したすべての原材料・部品，資材等およびサービスの，資源採取段階から製造段階までの排出量である。なお，資源採取段階から一次サプライヤーまでの輸送に係る排出量もカテゴリ1に含まれる。言い換えると，購入したすべての原材料・部品，資材等およびサービスのサプライヤーにおけるスコープ1，2排出量およびスコープ3排出量の上流部分に相当する。

上述の算定方法1の一次データの活用による場合，自社の購入・取得するすべての製品・サービスの資源採取段階から，製造段階における全サプライヤーから排出量データの提供を受けることが究極的な算定方法であるが，そもそも直接契約関係にない二次サプライヤーよりも川上にどのようなサプライヤーが存在しているのか，サプライヤーの特定からして手間と困難が伴う。まずは一次サプライヤーとの連携から始め，二次サプライヤーより川上の排出量については，算定方法2を組み合わせて算定するといった事例も見られる。

ここで，サプライヤーから得られる排出量実績データについては，第三者保証受審の観点から，サプライヤーから提供を受けたデータを何ら検証せずにそ

のままカテゴリ1の算定に用いるのではなく，サプライヤーから提供される排出量実績データの正確性や信頼性について検討を行うプロセスが必要である。まずは，サプライヤーにおける算定方法と算定プロセスを確認し，いつの期間を対象として算定しているか，どのようなエネルギーデータや活動量データをもとに，どのような排出係数を用いて算定しているか，自社が仕入れた製品やサービスにどのように配分したものであるかを把握することが必要である。自社で採用する算定方法との整合性も検討要素である。また，その入手した排出量データに対しては，期間比較による分析，他社サプライヤーデータとの比較による分析などを行い，必要であるならばサプライヤーに対して直接データ上の疑問点を確認するなどし，自社として使用するデータの信頼性を確かめるプロセスが必要といえる。入手するデータの種類や数が膨大になることから，これらサプライヤーへの一連の照会には，外部のエンゲージメントプログラムを活用することも考えられる。

　算定方法2を採用する場合においては，算定対象期間において自社が購入・取得した製品またはサービスの物量・金額データの財務データなどとのデータの整合性や網羅性，物量データの取得に際して何らかの物量換算（1ケース当たりXXtとして算定するなど）を行っていれば換算が適切であるか，連結グループ内から購入・取得した製品またはサービスのグループ内消去などが適切に行われているか，適切な排出原単位を当てているか等が，第三者保証においての視点である。通常，カテゴリ1で算定方法2をとる場合の公開原単位は，産業連関表をベースとして国立環境研究所がまとめている排出原単位を用いる場合が多い（以下の算定例も参照）。当該原単位は世の中のすべての製品・サービスをおよそ400項目に分類して排出原単位を整理したものであり，基本的にどのような製品・サービスを調達してもいずれかの排出原単位が該当する。適切な排出原単位の割当てには，例えば総務省が発表している日本標準商品分類を参照とするなど客観的な説明性を確保することが必要となる。さらにライフサイクルアセスメント（LCA）の排出原単位から算定する場合においては，部品構成が実態と整合しているか，歩留まりを考慮した調達材料の物量となっているか等も，第三者保証においてのポイントとなる。

**図表4－1－12**　**カテゴリ1で算定方法2による算定例（建設業の事例）**

**前提①　調達品目と調達金額**

| 調達品目 | 調達金額 |
|---|---|
| 生コンクリート | 2,000百万円 |
| セメント製品 | 2,600百万円 |
| 鉄骨 | 1,500百万円 |
| ガラス | 800百万円 |
| 鉄骨バーインコイル | 1,200百万円 |

**前提②　産業連関表ベースの排出原単位**

| データベースの項目名 | 排出原単位 |
|---|---|
| 生コンクリート | 27.30t-CO$_2$/百万円 |
| セメント製品 | 10.45t-CO$_2$/百万円 |
| 建設用金属製品 | 8.72t-CO$_2$/百万円 |
| 板ガラス・安全ガラス | 5.81t-CO$_2$/百万円 |
| 熱間圧延鋼材 | 26.80t-CO$_2$/百万円 |

出所：「グリーン・バリューチェーンプラットフォーム」の排出原単位データベース Ver3.4

**算定例**

| 調達品目 | 調達金額 | データベースの項目名 | 排出原単位 | 排出量 |
|---|---|---|---|---|
| 生コンクリート | 調達金額 2,000百万円 | ×生コンクリートの排出原単位 | 27.30t-CO$_2$/百万円＝ | 54,600t-CO$_2$ |
| セメント製品 | 調達金額 2,600百万円 | ×セメント製品の排出原単位 | 10.45t-CO$_2$/百万円＝ | 27,170t-CO$_2$ |
| 建設用金属製品 | 調達金額 1,500百万円 | ×建設用金属製品の排出原単位 | 8.72t-CO$_2$/百万円＝ | 13,080t-CO$_2$ |
| 板ガラス・安全ガラス | 調達金額 800百万円 | ×板ガラス・安全ガラスの排出原単位 | 5.81t-CO$_2$/百万円＝ | 4,648t-CO$_2$ |
| 熱間圧延鋼材 | 調達金額 1,200百万円 | ×熱間圧延鋼材の排出原単位 | 26.80t-CO$_2$/百万円＝ | 32,160t-CO$_2$ |
| カテゴリ1排出量計 | | | | 131,658t-CO$_2$ |

出所：環境省，経済産業省，農林水産省「グリーン・バリューチェーンプラットフォーム」の業種別算定事例集を参考に，PwC作成

### ④　カテゴリ2「資本財」の算定プロセスにおける留意事項

カテゴリ2の算定範囲は，算定対象期間に購入または取得した資本財の建設・製造および輸送から発生する排出量である。言い換えると，購入・取得した資本財サプライヤーにおけるスコープ1，2排出量およびスコープ3排出量の上流部分に相当する。

カテゴリ2排出量については，資本財が財務会計上では固定資産として扱われるものであることから，財務データとの整合性が第三者保証においても必ず

確認を行うポイントである。カテゴリ2排出量の算定は固定資産の増加額に排出原単位を乗じて算定している事例が圧倒的に多い。なお，カテゴリ2排出量の時間的範囲（排出量を計上する時期とタイミング）については，算定対象期間内に建設・製造された資本財を対象に，実際に排出された建設・製造に係る排出量を算定することが求められる。いわゆる建設仮勘定を精算し固定資産の本勘定に振り替えるタイミングにおいてカテゴリ2の排出があったと考える。建設仮勘定の精算ではなく，そもそもの建設仮勘定への計上タイミング（いわゆる「設備投資額」）を用いた算定を行ってしまっている事例はよく見られるため，留意されたい。

　加えて，有形固定資産のみを対象としたカテゴリ2の算定を行っている事例も散見される。ソフトウェアなどの無形固定資産についてもサプライチェーンにおける排出が想定されるものがないかの検討が必要である。

### ⑤　カテゴリ3「スコープ1，2に含まれない燃料およびエネルギー関連活動」の算定プロセスにおける留意事項

　カテゴリ3の算定範囲は，自社（電力会社の場合を除く）が購入した燃料の上流側（資源採取，生産および輸送）の排出，自社が購入した電気・熱（蒸気，温水または冷水）の製造過程における上流側（資源採取から生産および輸送に至る過程）での排出である。

　スコープ1，2の算定に用いた燃料およびエネルギー使用量と，このカテゴリ3の算定に用いる活動量は整合性があるべきものであり，算定に際しても留意されたい。

### ⑥　カテゴリ4「輸送，配送（上流）」の算定プロセスにおける留意事項

　カテゴリ4の算定範囲は，①購入した製品・サービスのサプライヤーから自社への物流（輸送，荷役，保管）に伴う排出（輸送契約によっては帰りのカラ輸送を含む），②購入した①以外の物流サービス（輸送，荷役，保管）に伴う排出（自社が費用負担している物流に伴う排出），③購入した製品・サービスの自社施設間の横持ち輸送である。なお，物流センターや荷捌き場のような短時間で荷物が通過していく通過型物流拠点（トランスファーセンター）や流通

加工を含む物流センターでの荷役，保管に伴う排出量の算定は任意とされている。カテゴリ４の算定範囲の模式図を図表４－１－13で示した。

　カテゴリ４の物流に伴う排出算定においては，まず，物流に伴う燃料使用量を把握することから始まる。一般的に輸送，配送に伴う排出量の算定方法には，「燃料法」，「燃費法」，そして「トンキロ法」がある。

### a．燃料法

　「燃料法」は，燃料使用量からエネルギー使用量を算定する方法であり，最も精度が高い方法であるが，混載の場合は荷主別の按分が必要となるなど，詳細データの把握が必要となる。また，通常は輸送事業者にデータ提供を求める必要がある。実際の物流に要した燃料使用量を把握可能であれば「燃料法」により「燃料使用量×排出原単位」の算式により算定を行う。

### b．燃費法

　「燃費法」は，車両等の燃費と輸送距離からエネルギー使用量を算定する方法である。実測で燃費が把握できれば精度が高いものの，混載の場合も荷主別の按分が必要であるし，通常は燃費に関するデータについても，輸送事業者に提供を求める必要がある。燃費についての実測が得られない場合，公表されている排出原単位を用いる方法が一般的である。このように，燃料使用量は把握できないものの，輸送距離と輸送手段や燃料種が把握できれば，「輸送距離÷燃費×排出原単位」という算式により算定が可能である。

### c．トンキロ法

　トンキロとは文字どおり，輸送重量（t）×輸送距離（km）を乗じたものであり，輸送トンキロからエネルギー使用量を算出し，排出量を算定する方法である。燃料使用量や燃費が把握できないものの，鉄道輸送，船舶輸送，空輸，陸送といった輸送モードを把握し，「輸送重量×輸送距離×排出原単位」という算式から算定が可能である。輸送重量や輸送距離について，輸送事業者に提供を求めずに換算や推定によることができる点で，広く利用されている。

　実際，すべての輸送パターンにつき，すべて燃料法に基づいて算定を行うこ

214

**図表4－1－13　カテゴリ4の算定範囲**

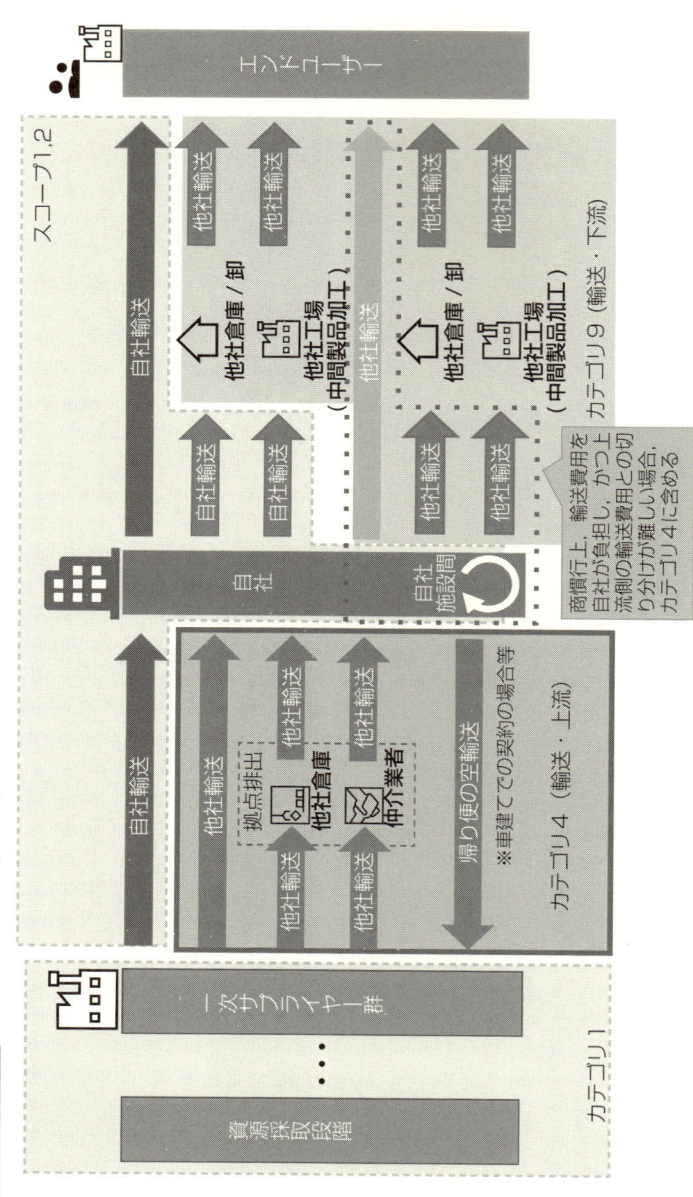

スコープ1,2

エンドユーザー

他社輸送
他社輸送
他社倉庫／卸
他社工場
（中間製品加工）

他社輸送
他社輸送
他社倉庫／卸
他社工場
（中間製品加工）

自社輸送
自社輸送
自社輸送

他社輸送
他社輸送
他社輸送

カテゴリ9（輸送・下流）

自社

自社施設間

自社輸送

他社輸送
他社輸送
他社倉庫
仲介業者
拠点排出
他社輸送
他社輸送

帰り便の空輸送
※車建ての契約等の場合等

カテゴリ4（輸送・上流）

商慣行上、輸送費用を自社が負担し、かつ上流側の輸送費用との切り分けが難しい場合、カテゴリ4に含める

サプライヤー群
次
・・・

資源採取段階

カテゴリ1

とは実務上難しく，燃費法やトンキロ法も多く利用されている。そのため，輸送パターンごとの輸送距離，燃費，輸送重量などから，一定の輸送シナリオに基づいた算定が行われる。輸送シナリオの設定にあたっては実態をより反映させた合理性あるものとなっている必要がある。設定するシナリオに実態を反映させるには，個社固有のシナリオを用いることが厳密であるが，難しい場合には業界団体や公的な試行事業において想定している外部の輸送シナリオを参照することも考えられる。

　また，任意の算定が認められる荷役・保管・販売等の物流拠点における排出量も，例えば物流拠点の保管にあたり温度管理が必要な製品や，物流量が多く物流拠点での動力の重要性が高い場合などにおいては，これらもカテゴリ4の算定範囲に含めることを検討すべきである。

### ⑦　カテゴリ5「事業から出る廃棄物」の算定プロセスにおける留意事項

　カテゴリ5の算定対象範囲は，自社（自社グループ）の事業活動から発生する廃棄物（有価のものは除く）の自社（自社グループ）以外での「廃棄」および「処理」に関連した排出量であり，また，廃棄物の輸送に係る排出量も，任意でこのカテゴリ5に含めることができる。

　カテゴリ5の排出量は，「廃棄物排出量×排出原単位」という算式にて求められる。

　廃棄物排出量自体の把握・集計については，本章第2節において詳説しているためここでは割愛するが，廃棄物種類別の処理ないしリサイクルの実態を把握することが，カテゴリ5においても実態に即した排出量算定につながるものである。

### ⑧　カテゴリ6「出張」の算定プロセスにおける留意事項

　カテゴリ6の算定範囲は，自社の従業員（算定範囲対象範囲に含む連結事業者の従業員も含まれる）の出張等，業務における従業員の移動の際に使用する交通機関における燃料・電力消費から排出される排出量であり，また出張者の宿泊に伴う宿泊施設での排出を含むこともできる。

　カテゴリ6排出量の算定方法は各種あるが，出張旅費に基づく算定や，出張

に係る旅客人キロからの算定などの算定事例が多い。

　金額ベースの算定においては財務データとの整合性ある算定を行っていることが重要である。出張に係る旅客人キロからの算定はより正確な算定方法である一方，出張の手配人数や出張場所，移動手段といった各種データの出所の適切性に加え，出張手配の手段も多様であれば出張データの網羅性をいかに担保するかなどが，検討すべき事項といえる。

#### ⑨　カテゴリ7「雇用者の通勤」の算定プロセスにおける留意事項

　カテゴリ7の算定範囲は，自社が常時使用する従業員の工場・事業所への通勤時に使用する交通機関における燃料・電力消費から排出される排出量である。なお，自社所有の車両による通勤に伴う排出量はスコープ1，2として計上し本カテゴリでは対象外となる場合もある。

　カテゴリ7排出量の算定方法も各種あるが，交通費支給額に基づく算定や，通勤に係る旅客人キロからの算定などの算定事例が多い。

　金額ベースの算定においては財務データとの整合性ある算定を行っていることが重要である。通勤費をベースにした算定は比較的簡易な方法で多く採用されているが，例えば，テレワークの普及も進んでいる現状において，出社実態にかかわらず定期券金額を支給している場合には，通勤費支給額そのものが通勤の実態を反映したものとは言い難い。

#### ⑩　カテゴリ8「リース資産（上流）」の算定プロセスにおける留意事項

　カテゴリ8の算定範囲は，自社が賃借しているリース資産の操業に伴う排出である。ただし，通常は，自社が利用するリース資産の操業に伴う排出はすべてスコープ1ないし2排出量として算定対象としていると考えられるため，これらはカテゴリ8排出量を構成しない。

　一方で，短期的なリースなどの限定的なリース物件からの排出量などで，スコープ1ないし2排出量に含めていない排出量がある場合には，このカテゴリ8でその排出量を報告することが考えられる。

⑪　**カテゴリ9「輸送，配送（下流）」の算定プロセスにおける留意事項**

　カテゴリ9の算定範囲は，自社が販売した製品の最終消費者までの他社輸送による物流（輸送，荷役，保管，販売）に伴う排出（自社が費用負担していないものに限る）を算定対象とする。ただし，自社が中間製品を製造しており，最終消費者までの物流を把握することが困難である場合には，自社から販売先となる加工工場までの物流を算定計上の対象として，その先である加工工場から最終消費者までの物流に伴う排出量の算定は任意対象となる。

　算定方法はカテゴリ4「輸送，配送（上流）」と同じである。

　カテゴリ9の場合，網羅的に流通範囲を実態に即して把握できるかが算定上の前提でもあり，重要な考慮事項である。最終的な「購入者」の手に製品が届くまでに，販売店が介在するのか，どのような流通経路をたどるのか，必要に応じて実態に即した輸送シナリオを設定するためにも重要である。

⑫　**カテゴリ10「販売した製品の加工」の算定プロセスにおける留意事項**

　カテゴリ10の算定範囲は，自社で製造した中間製品が自社の下流側の事業者（第三者の中間加工業者や最終製品製造者等）において加工される際に発生する排出を算定対象としている。中間製品とは最終消費者が使用する前にさらなる加工，組立等が必要となる製品である。すなわち，中間製品の加工業者における加工時のスコープ1，2排出量に相当する。

　ただし，販売した中間製品がどの最終製品として加工されているか，多岐にわたって多様な製品に組み込まれる素材や部品を製造している事業者などの場合，中間材に対応する最終製品の特定が困難な場合も想定される。可能な限り，業界の流通統計調査資料などに基づいて加工後の最終製品を推定し，その最終製品製造時の排出量を算定すべきである。

　ここにおいても，カテゴリ1同様，販売先の加工業者との連携により，加工段階の実際の排出量データを用いた算定も算定精度向上のため検討すべきである。

⑬　**カテゴリ11「販売した製品の使用」の算定プロセスにおける留意事項**

　カテゴリ11の算定範囲は，算定対象とする年度に販売した製品の，製品の生

涯にわたる使用に伴う排出量を算定対象とし，家電製品など使用時にエネルギーを消費する製品や，エアコン等の使用時に直接排出するフロン類などを含有する製品といった直接使用段階の排出はもちろんのこと，排出量の規模や削減の観点から重要と認められる場合には，衣料品メーカーによる自社製品の洗濯や乾燥，食料品メーカーによる自社製品の冷蔵・冷凍や調理などの間接使用段階の排出も含まれる。また，中間製品を製造する企業であれば，最終製品の生涯にわたる使用に伴う排出量をベースに当該中間製品分だけ按分するといった対応が必要である。按分には，例えば重量や取引金額が基準として考えられる。

カテゴリ11の一般的な算出は，「販売数量等×製品使用時のエネルギー消費量×製品寿命（生涯使用回数）×排出原単位」といった算式で求められる。つまり，製品を販売した年度に，当該製品が製品寿命にわたって今後排出する排出量を計上する。

通常，製品使用時のエネルギー消費量（使用時間や使用条件）や，製品寿命（生涯使用回数）については，標準的な使用シナリオを設定して算定せざるを得ず，使用シナリオの設定内容により，使用時の排出量は大きく変動することに留意が必要である。消費者側における製品使用の実態をより反映させるべく，市場調査や業界の統計資料など，合理性や客観性がより高い情報ソースから使用シナリオを設定することが肝要である。また，家電製品などの場合の排出原単位については，仕向け先別の電力排出係数を加味することも重要である。

また，実際に排出量を算定する場合は，取扱製品の種類が膨大で各製品ごとの排出量を算定することが現実的ではない場合もある。この場合，例えば売上の大きないくつかの製品で排出量を代表した上で，按分を施して全製品のカテゴリ11排出量を推計するといった対応も考えられる。

### ⑭ カテゴリ12「販売した製品の廃棄」の算定プロセスにおける留意事項

カテゴリ12の算定範囲は，自社が製造または販売している製品本体および製品に付す容器包装の廃棄・処理に係る排出量である。

カテゴリ12の一般的な算出は；処理・リサイクルの実態（廃棄物種類別の処理方法等）が把握できる場合には「廃棄物の種類・処理方法別の排出量×排出

原単位」，処理・リサイクルの実態把握が困難なものについては「廃棄物の種類別排出量×排出原単位」といった算式で求められる。

　処理・リサイクルの実態は，個々の販売製品が最終的に廃棄されたのかリサイクルされたのかを把握することは通常困難といえ，例えば仕向け地におけるリサイクル規制や廃棄物処理の統計資料などから，仕向け地において平均的な処理・リサイクルの実態の設定を置くことが妥当な方法であると考えられる。

### ⑮　カテゴリ13「リース資産（下流）」の算定プロセスにおける留意事項

　カテゴリ13の算定範囲は，自社が賃貸事業として所有し，他者に賃貸しているリース資産の運用に伴う排出である。リース事業者において一般に多量の排出量が報告されるカテゴリである。

　また，製品の販売形態として，顧客に販売するケースもあれば，リースの形態をとるケースもある製品群も存在している。販売形態は異なるものの，排出量の算定方法はほぼ同じになるが，このようなケースにおいては，カテゴリ11（販売した製品の使用）とカテゴリ13（リース資産下流）の間でダブルカウントなどが生じないように留意が必要である。

### ⑯　カテゴリ14「フランチャイズ」の算定プロセスにおける留意事項

　カテゴリ14の算定範囲は，報告事業者がフランチャイズ主宰者である場合，フランチャイズ加盟者（フランチャイズ契約を締結している事業者）におけるスコープ1，2排出量である。

　なお，カテゴリ14の算定方法はスコープ1，2排出量と同様であり，一般的には，フランチャイズ加盟者でのスコープ1，2排出量の報告を受けて算定に含めている。

### ⑰　カテゴリ15「投資」の算定プロセスにおける留意事項

　カテゴリ15の算定範囲は，算定対象期間における投資（株式投資，債券投資，プロジェクトファイナンス，管理投資および顧客サービス）の運用に関連する排出量であり，主に投資者や金融機関を対象とした，金融投資活動に関連する排出量を算定するカテゴリである。

　カテゴリ15の算定対象とする金融投資にはいくつかあるが，代表的なものに「株式投資」「債券投資」「プロジェクトファイナンス」「管理投資・顧客サービス」がある。

　株式投資の場合のカテゴリ15の算定方法は，支配力を有していない株式投資先（支配力を有する株式投資先は企業グループのスコープ１および２を構成する）や共同支配力を有する合弁投資先などの株式投資を対象に，「投資先排出量×投資持分比率」により算定する。債券投資の場合のカテゴリ15の算定方法は，収益使途が明らかな社債への投資の場合は算定必須とされ，債権や貸付については算定は任意である。この場合も「債券投資先排出量×投資持分比率」により算定する。プロジェクトファイナンスの場合は，プロジェクト由来の排出量を持分比率に応じて毎年計上を行う。さらに，管理投資・顧客サービスについてはGHGプロトコルでは算定任意とされているが，顧客の投資・資産の管理を行うファンドなどが該当する。

　ここで，例えば株式投資の場合，投資先排出量のデータをどう収集するかが実務上の論点となる。投資先企業のスコープ１，２排出量を例えばサステナビリティレポートなどから情報収集可能である場合のほか，そういった公表データが入手できないケースも多い。そのような場合には，投資先の収入データに環境拡張型産業連関（EEIO）データなどの経済セクターの排出原単位を使用し，セクターや同業固有の平均的なデータから推計を行わざるを得ない。

　なお，金融機関における当該カテゴリの排出計算方法について，別途金融向け炭素会計パートナーシップ（PCAF：Partnership for Carbon Accounting Financials）から，より金融機関の実務の目線に立ったPCAFスタンダードと呼ばれる算定方法論がまとめられており，GHGプロトコルが当該算定方法にお墨付きを与える形で関与している。現時点でのPCAFスタンダードでは，上場株式と社債，事業融資と非上場株式，プロジェクトファイナンス，商業用不動産，住宅ローン，自動車ローン，ソブリン債の７つの資産クラスについての具体的な算定方法を規定している。特にPCAFスタンダードでは，上述した投融資先の排出量データをいかに入手するかという点で，そのデータの確実性の高低をデータ品質スコアとして最高を１，最低を５としてスコアリングし，スコープ３カテゴリ15データとともに，データ品質スコアも開示すること，経年

的にデータ品質スコアを改善する戦略を立てることを求めている。このデータ品質スコアは，第三者保証・検証済みの排出量データが最高スコアとされ，保証・検証のない排出量データ，投融資先のエネルギー消費量等から求められる排出量データ，投融資先の生産量等から推計される排出量データ，投融資先の売上高等から推計される排出量データ，セクターの平均排出量データなど，次第にデータ品質スコアが下がっていくものとしている。

# 第2節　その他の環境負荷・環境汚染項目

## （1）　水関連情報開示の背景

　清潔な水は人間の生命および暮らしを維持するために不可欠な資源であり，国際社会において，安全な水へアクセスする権利は人権の1つとして認識されている。企業の事業活動にとっても水は不可欠で，私たちの社会と経済は水に依存している。

　淡水資源が希少な地域において事業活動のための水利用と住民や農業のための水利用が対立したり，企業の排水による水質汚染をめぐる紛争が生じたりしている。

　水資源は人間と生物・植物との共有資源でもあり，事業活動のための取水と排水は自然資本と生物多様性に影響を及ぼす行為である。

　このような背景から，水関連の開示は，主に水の取水と，排水の2つの側面からの情報開示が求められている。

## （2）　水関連の定性的情報の開示

　サステナビリティ報告における水関連情報の開示基準・枠組みとしては，GRIスタンダード（GRI 303：水と廃水），欧州のEuropean Sustainability Reporting Standards（ESRS E3：水および海洋資源），TNFD（自然関連財務情報開示タスクフォース：Taskforce on Nature-related Financial Disclosures）の提言が認知されている。

　GRI 303とESRS E3は水に特化した開示基準であり，TNFD提言は水を含む

自然全体を対象とした開示フレームワークであるが，これらはいずれも取水量や排水量といった定量的情報だけでなく，水に関連する影響，リスク，機会，それらについての企業の評価，方針や管理方法・取組みなどの定性的情報の開示も求めている。

## （3） 水関連の指標と開示作成上の留意点

水関連指標としては，取水量，水消費量，排水量，水質汚濁物質排出量を開示することが一般的である。これらに加えて自社がリサイクルして再利用した水量を開示する企業もある。

### ① 取水量・水消費量・排水量

日本企業の中には取水量を「水使用量」と呼称して開示している会社も少なくないが，情報利用者にとっては，「使用量」の定義が明記されていない場合には，それが取水を意味しているのか，消費量を意味しているのか，取水量に事業所内で再利用した水量を加えた値なのか，不明瞭である点に留意が必要である。GRI 303やCDP水セキュリティ質問書，ESG格付機関による環境データ調査では「水使用量」の用語は使用されず，取水量，水消費量，排水量の開示が求められている。

取水源には，地表水（河川，湖沼，用水路，氷床），地下水，海水，生成水（掘削や処理工程で生じる水），第三者からの供給（これら水源からの水や他者の排水を自治体やユーティリティ供給会社を通じて購入するケース）があり，これらすべての水源からの取水量の合計値が総取水量として開示される。

水消費量は，取水した水のうち製品の中身に含まれて出荷されたり，蒸気として蒸発したりするなどして排水として地域へ戻されず，地域コミュニティや生態系がもはや利用できなくなった水を意味する。簡単にいうと，取水量（生成水含む）から排水量を差し引いた量が水消費量である。

取水量・水消費量・排水量について，算定および開示上のリスクとその事例を図表4－2－1にまとめた。

| 図表４－２－１ | 取水量・水消費量・排水量の算定および開示作成上の留意事項 |

| フェーズ | リスク | 例 |
|---|---|---|
| 取水量・水消費量の算定・集計 | 集計範囲が網羅的でない | ・　非製造拠点を集計対象としていない<br>・　複数ある取水点（メーター）のうち，一部が集計から漏れている<br>・　雨水使用量を集計対象としていない |
| | 算定，集計を誤る | ・　cubic feet（ft³）やgallon単位で報告された数値がm³単位に換算されずに合算されている<br>・　取引伝票（水量通知）をベースとした集計になっていない<br>・　拠点内で再生利用した水が取水量に算入されている |
| | 集計区分の定義が統一されていない | ・　工業用水についてその取水源を把握している場合に，地表水や地下水として報告している拠点と，第三者からの供給水として報告している拠点が混在している |
| 排水量の算定・集計 | 集計範囲が網羅的でない | ・　複数ある排水口のうち，一部が集計対象から漏れている<br>・　排水量を測定してない拠点または排水口がある |
| | 算定，集計を誤る | ・　cubic feet（ft³）やgallon単位で報告された数値がm³単位に換算されずに合算されている |

## a．集計範囲の網羅性

　製造会社のうち，GHG排出量は非製造拠点を含むグループ内のすべての拠点を集計対象としている一方で，水関連指標の集計対象組織は製造拠点に限定している会社は少なくない。非生産拠点での水の用途は飲料や手洗い用の生活用水がほとんどであるため量的インパクトも質的インパクトが比較的小さい上，オフィスにテナントとして入居している場合には水使用量を把握できない拠点もあるからである。このようなケースでは，集計対象組織が製造拠点のみであることを開示する必要がある。

　GRI 303は雨水取水量も地表水に含むと定義しているため，GRI 303に準拠するとして，雨水使用量もデータを把握できるのであれば地表水として集計する必要がある。しかし，各拠点へのデータ報告依頼において雨水の取扱いを明

確にしている会社は多くないように見受けられる。一貫した方針で集計するためには，地表水としての集計対象範囲（水源）を詳細に規定し，周知する必要がある。

### b．算定・集計の精度

多くの国において水量の測定単位はリットル（L）や立法メートル（$m^3$）を用いているが，米国や一部の国ではガロン（US gal）や立法フィート（$ft^3$）を用いることが多い。拠点から本社へ水量を報告するためのデータフォーマットにおいて報告数値の単位を$m^3$と指定していても，米国現地の担当者がUS galや$ft^3$単位で集計した値をそのままデータフォーマットに記入してしまうケースが時折ある。1 US galは約3.8 L，1 $ft^3$は約0.028 $m^3$なので，$m^3$単位に換算した数値と大きな差異がある。米国の拠点については，当該拠点の規模や事業内容が類似している米国外の拠点の水量と比較することなどにより，報告数値の単位誤りの可能性を検討する手続が有用である。

取水量は自治体やユーティリティ会社からの請求書で通知される受水量を集計することで把握可能だが，この取引伝票上の数値を用いずに，拠点内の各受水槽に設置している水量計で測定した値を合算することで拠点の取水量を集計している会社もある。この方法を採用する理由は，取引に用いられるメーター検針期間が月初1日～月末日になっていないため，上水の受水量通知が2カ月ごとになっているなど，拠点がコストや量を管理したい期間と一致しないためといったことがある。取引伝票のほうが証拠としての信頼性は高いが，自社検針値を用いるのであれば，自社検針に基づく水量と取引伝票上の受水量を比較して差異が僅少であることを確認するとともに，差異の理由を合理的に説明できるべきである。

また，このように拠点内の複数の水量計測値を合算する方法で取水量を計算している拠点では，一度利用した水をそのまま，もしくは浄化処理してから別工程で再利用している場合には，再利用水が取水量に算入されないように計算ロジックを組み立てる必要がある。開示で求められる取水量は組織が環境中から取り入れた水量である。

#### ｃ．集計区分

拠点に水関連指標の報告を求める際には，各報告項目の定義をできるだけ詳細に明示する必要がある。日本では工業用水と上水は地方自治体が供給者であることが多いため，取水源の区分（報告項目）を「工業用水，上水，地下水（自家井戸），海水」として，海外拠点に各項目別の数値報告を求めることがある。しかし，各項目についての説明をしないままに報告を依頼すると，例えば，一部の海外拠点において工業用水と上水は，拠点での使用用途別の水量報告を求められていると誤解されるケースがある。拠点内の自家井戸からの揚水量を「地下水」として報告し，さらにその地下水を浄化して生産工程への送水量を「工業用水」として，食堂や事務所棟への送水量を「上水」として報告した結果，取水量が二重計上されるというケースである。日本で広く使用されている呼称区分が海外でそのまま通じるわけではないため，集計区分は定義を詳細に明文化することが肝要である。

#### ｄ．水ストレス地域の評価

取水・排水に伴う地域コミュニティや環境への影響は，淡水が豊富な場所なのか，淡水が希少な場所なのか，いわゆる水ストレスの度合いによって異なる。このため，GRI 303や欧州のESRS，CDP水セキュリティ質問書やESG格付調査でも，会社の全拠点における総取水量とは別に，水ストレスがある（または高い）地域における取水量，水消費量，排水量の開示を求めている。こうした情報ニーズに応えるために，水ストレスがある地域における水関連指標を開示している会社もあるが，水ストレスの定義，ストレスの度合いの評価方法にはバリエーションがあるため，自社が採用した定義および評価方法，評価基準を開示する必要がある。なお，欧州のESRS E3においては，水ストレスの評価はWorld Resources Institute（WRI）のAqueduct Water Risk Atlas toolによるとされている。

#### ②　水質汚濁物質排出量

排水は量的情報だけでなく，排水の水質に関する情報も重要である。排水の水質をどのように管理しているのか，排水の水質に関する規制値を遵守してい

るか等について定性的に説明するとともに，排水の汚濁・汚染指標を開示することも求められている。日本企業のサステナビリティ報告では，排水の汚濁量を示す指標としてCOD負荷量，BOD負荷量を，湖や内海の閉鎖性水域の富栄養化への影響を示す指標として窒素負荷量，りん負荷量を開示することが多い。

---

COD負荷量

COD負荷量（t）＝排水中のCOD濃度（mg/l）×排水量（m³）×10⁻⁶

*BOD負荷量，窒素負荷量，りん負荷量を算定する場合は，これら水質項目の濃度と上記計算式のCOD濃度を置き換える。

---

なお，GRI 303は開示すべき排水の汚濁負荷（汚染）物質を指定しておらず，報告組織にとってプライオリティがある水質項目を報告することを求めている。地域コミュニティのステークホルダーにとっては，グループ全体の汚濁負荷量を合算した値よりも近隣の拠点の排水水質を濃度（mg/L）で開示するほうが有用であろう。

　ここではCOD，BOD，窒素，りんの各汚濁負荷量について算定および開示作成上のリスクとその事例を図表4−2−2にまとめた。

**図表4−2−2　　水質汚濁負荷指標の算定および開示作成上の留意事項**

| フェーズ | リスク | 例 |
|---|---|---|
| 水質汚濁負荷量の算定・集計 | 集計対象が一貫していない | ・　冷却水を除いた排水（特定排出水）のみを集計対象としている拠点と，拠点から排出される総排水（冷却水を含む）を集計対象にしている拠点が混在している。 |
| | 算定，集計を誤る | ・　冷却水と合流する前の工程廃水のCOD濃度に，冷却水と合流した後の総排水量を乗じている。<br>・　公共下水道もしくは第三者の排水処理施設に放流した排水に含まれる汚濁負荷量を集計している。 |

## a．集計対象の一貫性

　日本では，瀬戸内海，伊勢湾，東京湾に流入する地域内にあって，排水量が

規定量以上の事業場は，１日当たりの汚濁負荷量が規制されている。総量規制は冷却水を除いた排水（特定排出水）にかかるため，総量規制が適用されている拠点は図表４－２－３のA地点の汚濁負荷物質の濃度と排水量をもとに汚濁負荷量を算定していると同時に，排水基準が適用されるB地点でも汚濁負荷物質濃度を測定している。また，総量規制が適用されない拠点では，A地点ではなくB地点で汚濁負荷物質濃度を測定している。

　総量規制が適用される拠点に対してCOD等の汚濁負荷量の算定・報告を求める際に，A地点の排水（特定排出水）を対象として算定した汚濁負荷量か，それともB地点の排水（最終放流水）を対象として算定した汚濁負荷量のどちらを報告すべきかを明確にしていないがゆえに，A地点での汚濁負荷量を本社へ報告している拠点と，B地点の汚濁負荷量を報告している拠点があり，さらに，総量規制がない拠点はB地点での負荷量を報告してくることから，グループ全体の負荷量の算定方法として，冷却水・雨水の負荷量を含む／含まないについて一貫した方針がとられていないという事例が見受けられる。

### b．算定・集計の精度

　汚濁負荷量は汚濁負荷物質濃度に排水量を乗じることで算定されるが，算定誤りの事例として，図表４－２－３に示すA地点で測定した汚濁負荷物質濃度にB地点で測定した排水量を乗じて算定しているケースがある。例えば，A地点の汚濁負荷物質濃度よりも冷却水の汚濁負荷物質濃度のほうが低い場合には，B地点の汚濁負荷物質濃度のほうがA地点よりも低くなるはずなので，A地点の汚濁負荷物質濃度にB地点の排水量を乗じた汚濁負荷量は，実際の汚濁負荷量よりも過大に算定されていることになる。当然ながら，濃度と排水量の測定地点は一致させる必要がある。

　拠点からの排水は，公共用水域（海域，河川，湖沼，用水路）もしくは下水道（第三者の排水処理施設）へ排出されることが一般的である。下水道（第三者の排水処理施設）へ排出した排水中の汚濁負荷物質は，下水処理場（排水処理場）でCOD等の除去処理が行われるため，拠点から下水道への放流水に含まれていた汚濁負荷量は，その全量が下水処理場を経て公共用水域へ排出されるわけではない。このため，拠点が公共用水域へ直接排出した汚濁負荷量と下

228

水道（第三者の排水処理施設）へ排出した汚濁負荷量は合算すべきではないことに留意が必要である。

図表4－2－3 汚濁負荷の総量規制が適用される地点と排水基準が適用される地点

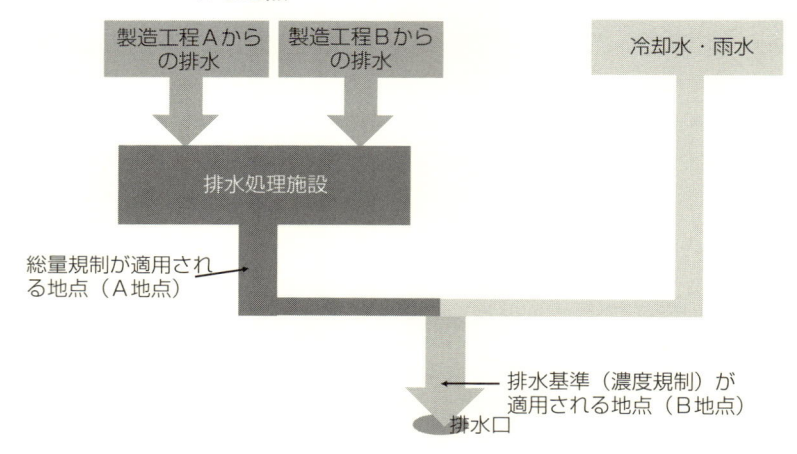

## 第3節 汚染物質関連

### （1）汚染に関する開示

　汚染物質の排出状況やその防止・抑制の取組みは，規制に対する遵守状況という点のみならず，特に，光化学オキシダント，浮遊粒子状物質（SPM），酸性雨の原因物質となる大気汚染物質の排出量や，大気のみならず，土壌や水域にも影響の強い化学物質の排出量の情報は，企業による環境負荷を示す情報として重要である。

硫黄酸化物排出量（排出ガス中の硫黄酸化物濃度に排気量を乗じて算定する方法）

SOx排出量［t］＝SOx濃度［ppm］×乾き排ガス量［Nm³/h］×年間稼働時間［h］
　　　　　$\times \frac{64}{22.4} \times 10^{-9}$

硫黄酸化物排出量（燃料中の硫黄分からみなし算出する方法）

SOx排出量［t］＝燃料使用量［ℓ］×密度［g/cm³］×燃料中の硫黄成分割合×（1
　　　　　－脱硫効率）$\times \frac{64}{32} \times 10^{-3}$

窒素酸化物排出量（排出ガス中の窒素酸化物濃度に排気量を乗じて算定する方法）

NOx排出量［t］＝NOx濃度［ppm］×乾き排ガス量［Nm³/h］×年間稼働時間［h］
　　　　　$\times \frac{46}{22.4} \times 10^{-9}$

## （2）　大気汚染物質に関する指標と開示作成上の留意点

　代表的な大気汚染物質として，硫黄酸化物や窒素酸化物などがあり，定量的な指標はそれぞれの排出量である。

〈大気汚染物質関連の定量的指標の例〉

- ・　硫黄酸化物排出量
- ・　窒素酸化物排出量

　大気汚染物質関連の定量的指標において，保証においてもたびたび論点にあがる，算定および開示作成上のリスクとその事例を図表4－3－1にまとめた。

**図表4－3－1**　大気汚染物質関連の定量的指標の算定および開示作成上の留意事項

| フェーズ | リスク | 例 |
| --- | --- | --- |
| 大気汚染物質排出量の算定・集計 | 集計範囲が網羅的でない | ・　計測対象のばい煙発生施設が網羅的でない |
| | 算定，集計を誤る | ・　排出量の算定式が適切でない<br>・　濃度の測定頻度が不足している／測定濃度に対する評価が不十分である<br>・　濃度測定記録の客観性が不足している |

## （3） 硫黄酸化物排出量や窒素酸化物排出量の算定プロセスにおける留意事項

　排出された硫黄酸化物や窒素酸化物の重量の算定において，上述のとおり，排煙口からの排気中の物質濃度を実測して，その濃度に排気量を乗じて算定する方法が一般的に採用される。硫黄酸化物や窒素酸化物については，法律において排出濃度規制が課せられている場合，大気汚染物質排出量の算定・開示の目的の以前に濃度規制を遵守しているか，一定の頻度でばい煙発生施設の接続する排煙口において濃度測定を行った記録があるためである。ここで法律などで定められている濃度測定頻度はまちまちであり，総量規制地域に位置して一定規模以上のばい煙発生施設であれば常時測定しているものの，それ以外のばい煙発生施設であれば年2回以上といった頻度である。排気中の硫黄酸化物濃度や窒素酸化物濃度は，測定時の濃度を表す値であって，報告対象期間を通じて当該濃度が一定に保たれているものでは決してない。

　規制値遵守の目的から，ばい煙発生施設において脱硫や脱硝の措置を講じ，また適切な燃焼温度による運転管理が行われることが一般的であるが，硫黄酸化物排出量や窒素酸化物排出量をより正確に算定する目的からは，濃度測定の回数を増やすことを検討すべきである。

　そのほか，硫黄酸化物排出量の算定式中には「64」や「32」，窒素酸化物排出量の算定式中には「46」という値が含まれており，これらを誤った値で計算している場合など，単純な誤りではあるものの，算定式がそもそも誤っている事例もある。これについては，よく意味を理解いただくことに尽きる。硫黄酸化物排出量の算定式の「燃料中の硫黄分からみなし算出する方法」では，燃料中に存在するすべての硫黄原子が燃焼等による高温下で酸化して硫黄酸化物となって排気されたとみなしているものである。使用燃料の成分表から硫黄濃度を引用し，その燃料の中に含有する硫黄の質量を求め，硫黄分子（S，原子数約32）が硫黄酸化物（$SO_2$，分子量64）になるという意味での「64/32」，つまり2倍の硫黄酸化物が生じるという意味である。

　また，「濃度」や「燃料中の硫黄成分割合」のエビデンスの客観性についても検討されたい。「濃度」であれば，一般には外部の環境計量事業者が発行し

た計量証明書に記載された測定値であれば，客観性のある一定の証拠力があると
みなされる。一方で，企業自らが測定した実測記録をもとに算定している場合には，その実測記録の信頼性を評価することが保証手続では行われる。「燃料中の硫黄成分割合」についても，実際の燃料サプライヤーから成分表などを取り寄せてエビデンスとして保管すべきである。なお，少し技術的な内容となるが，硫黄酸化物排出量や窒素酸化物排出量の算定において，それぞれの濃度を環境計量事業者が発行した計量証明書から用いる場合，「酸素濃度補正前の濃度」と「酸素濃度補正後の濃度」がある。排出ガスを外気で希釈するという不正行為を防止し，施設間の公平性を図るため，規制においては，排ガス中の残存酸素濃度と法律で定められた基準酸素濃度によって汚染物質の濃度を補正された「酸素濃度補正後の濃度」を利用する。しかし，排出負荷を算定するための環境パフォーマンスデータにおいては，大気への実際の排出量を算定する必要があり，基準酸素濃度によって汚染物質の濃度を補正する必要はなく，「酸素濃度補正前の濃度」を用いて算定する必要がある。誤って「酸素濃度補正後の濃度」を用いて算定している事例も多々見られる。

## 第4節　サーキュラーエコノミー関連

### （1）　サーキュラーエコノミー

　サーキュラーエコノミーとは循環経済のことであり，従来のReduce（リデュース），Reuse（リユース），Recycle（リサイクル）のいわゆる3Rの取組みに加えて，そもそもの資源の投入量・消費量を抑えつつ，またストックを有効活用しながら，付加価値を生み出す経済活動であり，資源・製品の価値最大化，資源消費の最小化，廃棄物の発生抑止等を目指すものである。資源やエネルギー消費の増加，食糧需要の増加，それに伴う廃棄物の増加はグローバルで深刻な課題と認識され，旧来の直線型ないし一方通行型の経済活動（リニアエコノミー）に対して，持続可能な形で資源を循環的に活用するサーキュラーエコノミーへの移行が潮流となっている。

　効率性と経済合理性を重視した結果のリニアエコノミーは，結果として大量

廃棄や環境汚染，海洋プラスチック汚染，生物多様性破壊の主要な要因になったことへの反省に加え，地政学的リスクの高まりを受けた資源安全保障の観点からも，経済と環境の橋頭堡を築くための策として，循環型経済への移行が重要視されてきた。

**図表4－4－1** リニアエコノミーとサーキュラーエコノミー

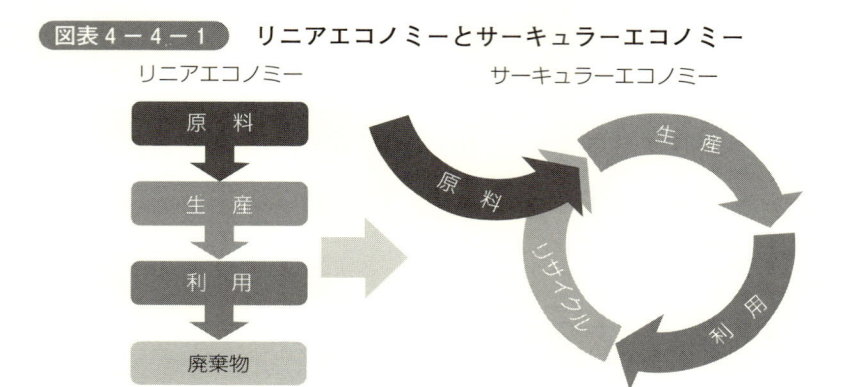

出所：オランダ「A Circular Economy in the Nertherlands by 2050 Government-wide Programme for a Circular Economy」(2016) より，PwC作成

　企業の視点からみると，廃棄物を排出すること自体に処理コストがかかるばかりでなく，廃棄物が排出されるということはその分の資源を余分に投入しているということ，その余分な資源に対する加工や管理コストも伴ってきたものが最終的に廃棄されてしまったことを意味する。つまり，資源消費の最小化および廃棄物の削減は，財務的コストの削減に直結するということであり，企業として取り組む価値や理由はここにある。

## （2）　廃棄物関連指標と開示作成上の留意点

　廃棄物関連の指標としては，「発生ないし排出した廃棄物量」「廃棄物が有害か否か」「リサイクルないし処分状況」を開示することが一般的である。
　〈廃棄物関連の定量的指標の例〉

・　廃棄物排出量

- ・　リサイクル量
- ・　リサイクル率
- ・　最終処分埋立量

　廃棄物関連の定量的指標において，保証においてもたびたび論点に上がる，算定および開示作成上のリスクとその事例を図表4－4－2にまとめた。

**図表4－4－2**　廃棄物関連の定量的指標の算定および開示作成上の留意事項

| フェーズ | リスク | 例 |
|---|---|---|
| 廃棄物量の算定・集計 | 集計範囲が網羅的でない | ・　海外事業所を集計対象としていない<br>・　産業廃棄物のみを集計対象としている（事業系一般廃棄物や，有価物を含んでいない）<br>・　一部の廃棄物が集計対象から漏れている |
| | 算定，集計を誤る | ・　一部の廃棄物を集計から除外している<br>・　重量換算がされていない／誤っている<br>・　取引伝票（マニフェストなど）をベースとした排出量になっていない |
| | 集計区分が不適切である | ・　廃棄物の区分に基づく分類を行っている拠点と行っていない拠点がある<br>・　有害廃棄物／非有害廃棄物の区分が適切でない |
| リサイクル量の算定・集計 | 算定，集計を誤る | ・　リサイクルされているか否かの確認が不十分である<br>・　熱回収をリサイクルと扱っている国内分データと，そうではない海外分データを合算している |

### a．集計範囲の網羅性

　廃棄物の集計にあたっては，集計の網羅性が疑われる事例がしばしばみられる。廃棄物の収集運搬を廃棄物運搬事業者に委託する場合，排出企業が廃棄物管理票（マニフェスト）の交付が義務付けられるというマニフェスト制度のもと，国内外を含めて電子マニフェストをベースにした集計が実務では一般的に行われており，その点で集計の網羅性は，紙マニフェスト記載の排出量を足し合わせていた当時に比べて，一定程度確保されているといえる。一方で，日本

ではそもそもマニフェストの交付対象が産業廃棄物のみであるため，マニフェストをベースに集計すると，マニフェストが交付されない事業系一般廃棄物やマニフェストが免除される再生利用認定制度の認定業者等へ委託している分については当然に集計に含まれてこない。日本の廃棄物処理法上での区分の違いであって，海外では必ずしもそのように分類されているものではなく，一般廃棄物であっても，企業からの排出物であり，排出事業者としての排出責任がある点はマニフェストが交付される産業廃棄物と変わるものではない。企業からの排出物を網羅的に集計する観点から，マニフェストの交付がない事業系一般廃棄物（なお，一部の自治体では条例により事業系一般廃棄物のマニフェストを導入している）や，マニフェストが免除される専ら物，再生利用認定制度や広域的処理認定制度の認定業者等へ委託している分についても網羅的に集計する体制が必要といえる。このようなマニフェストを交付しない排出物については，その排出量を正確に算定することが困難である場合が少なくない。そのため，多くの場合，合理的な根拠に基づく推定により排出量を算定する必要がある。

また一方で，処理業者によっては事業系一般廃棄物に相当する廃棄物を産業廃棄物として処理している国内の事例もある。国内外の廃棄物規制のほか，こうした事情もあり，国内の所在地域によっても産業廃棄物の集計範囲は異なってしまう可能性があり，産業廃棄物のみを集計範囲とするより，事業系一般廃棄物などを含めた，企業からの排出量全体を集計範囲とすることが望ましい。

この点は，有価物についても同様である。価格変動によって有価物になったり産業廃棄物になったりする場合があるからである。また，社内で有価として売却できるよう分別し産業廃棄物を減らす自助努力を行う企業も多い。その意味では，有価物を含めた排出量全体を集計範囲とすることが望ましいといえる。実際，有価物を含めて「廃棄物等」排出量として開示している事例もある。

## b．算定・集計の精度

マニフェストの記載自体の正確性を確保する方策も重要である。廃棄物排出時の数量につき重量ではなく計量が困難なため目測等で個数や体積（m³）により一次的に把握されている場合，適切に重量換算が行われているかが重要で

ある。一般には行政報告に用いる重量換算係数などで重量換算を行うケースが多いが，実際の廃棄物の実態と照らして，使用する重量換算係数が適切であるか，検討すべきである。

　また，重量を計測する台貫・トラックスケールについても，それが自社において設置したものである場合，検定や定期検査により，正しい計測が行われるよう管理を行うことが算定精度の確保のために望まれる。

### c．集計区分の適切性

　実務上，廃棄物排出量を有害廃棄物／非有害廃棄物の区分で報告する事例が多い。また，集計過程においては，国内企業の多くは，各拠点からの廃棄物データの収集にあたり，廃棄物処理法で定められた20種類に準じた区分で収集している実務が多いが，海外では必ずしも同じように区分されているわけではない。海外の拠点から廃棄物排出量を収集するに際して，日本の廃棄物処理法に基づく区分を求めることも現実的ではなく，実際には区分がなされずに報告されるケースも多いであろう。おそらく廃棄物の種類別に区分してデータを収集したい意図は，スコープ3カテゴリ5の算定にあたり，廃棄物の種類別にそれぞれの排出原単位を当てはめたいという理由と考えられる。この点については，現実的に報告可能な区分はどうあるべきか，スコープ3カテゴリ5の算定で用いる排出原単位の種類に応じてグループ内で調整を行い集計マニュアル等に落とし込んだ上で，データ収集を行っていることが肝要である。

### d．リサイクルの状況のデータ収集

　廃棄物等の処理・処分方法の内訳として，リサイクルの状況を開示している事例は多い。

　リサイクル処理されるのか，最終埋立処理されるのかの確認は，廃棄物等の処理委託契約書等から確認できる場合もある。さらに，国内の廃棄物処理法でも努力義務とされているが，産業廃棄物について発生から最終処分が終了するまでの一連の工程における処理が適正に行われていることを，委託した産業廃棄物の処理の状況に関する現地確認を行い，リサイクルされているかどうかを確認している企業は多く，この取組みはリサイクル状況のデータ収集の観点か

らも有益である。

　なお，注意すべきはいわゆるサーマルリサイクルと呼ばれる，単純焼却処理ではなく，焼却の際に発生する熱を回収し利用する焼却処理の扱いである。国内においては廃熱利用ということでリサイクルとしてカウントしている事例は多いが，再資源化されるものではないことから，欧米など国際的にはリサイクルとはみなされていない（英語ではThermal recycleではなく，Energy recoveryやThermal recoveryである）。国内外のリサイクル量やリサイクル率データを集計するに際しては，リサイクルの定義付けを行う必要がある。

## （3）　資源投入量関連指標と開示作成上の留意点

　資源投入量や原材料使用量などの開示実務は過去からあり，またサーキュラーエコノミーの視点から，リサイクル原料・二次原料や再生可能原材料の使用量や使用率を開示する実務も多い。

　〈資源投入量関連の定量的指標の例〉

---

・　原材料投入量
・　リサイクル原料使用量（使用率）
・　サステナブル調達材料の使用量（使用率）

---

　資源投入量関連の定量的指標において，保証においてもたびたび論点に上がる，算定および開示作成上のリスクとその事例を図表4－4－3にまとめた。

**図表4－4－3**　　**資源投入量関連の定量的指標の算定および開示作成上の留意事項**

| フェーズ | リスク | 例 |
|---|---|---|
| 原材料投入量の算定・集計 | 集計範囲が網羅的でない | ・　集計対象とする原材料の定義が曖昧である（副資材や補材など，定義をグループ方針として定めていない）<br>・　一部の原材料が集計対象から漏れている |
| | 算定，集計を誤る | ・　重量換算が不適切／誤っている<br>・　取引伝票をベースとした投入量になっていない<br>・　使用量や投入量ではなく，購入量になっている |

| リサイクル材・認証材の算定・集計 | 算定，集計を誤る | ・　リサイクル材であること，認証材であることの確認が不十分である |
| --- | --- | --- |

### a．集計範囲の網羅性

　原材料と一言でいってもその範囲は広く，企業としてその定義をまず決めることが必要である。製品を最終的に構成する原材料のほか，関連する製造プロセスで使用する副資材や補材，梱包材，中間製品など，データ収集に際して各拠点担当者の判断に幅が生じないようグループ方針として原材料の定義を行うべきである。

### b．算定・集計の精度

　原材料データは一般に企業の購買データが起点となる。その場合，すべての原材料に対して重量ベースで購買データ上登録されているケースは多くなく，個数や本数などの情報のみが購買データから取得できるケースもある。そのような場合の多くでは，購買データからさらに遡り，調達品目の仕様書等の確認が必要となり，単位個数・単位本数当たりの重量から原材料の重量を算定する必要が出てくる。

　また，購買データが起点となるがゆえ，そのままでは購入量ベースのデータである。購入量と使用量を比較して，在庫変動に重要性があれば，使用量ベースへの置換えが必要となる。

　さらに，場合によっては，例えば製品重量から逆算するなど，合理的な根拠に基づく推定により使用量を算定するケースもあるだろう。そのようなケースでは実歩留まり等も考慮するなど，原材料の原状も反映した適切な推定を行う算定ロジックが必要となる。

### c．リサイクル材・認証材

　リサイクル材ないし認証材の使用割合を集計・開示する場合の留意点は，何をもってリサイクル材ないし認証材というのか，その定義付けと確証があることである。

　リサイクル材ないし認証材も非常に広範であり，認証ひとつをとっても，認証材と混じることないレベルであるか，マスバランス方式であるか，あるいはトレーサビリティは確保できないクレジットによる認証であるかなど，対象となる材料と認証の水準も様々である。企業としてどの範囲のリサイクル材ないし認証材の利用推進を行っているのかを明確にすることが肝要である。

# 第5節　人的資本

## （1）　人的資本をめぐる動向

### ①　人的資本可視化指針（日本）

　2022年8月に内閣官房は「人的資本可視化指針」（以下「可視化指針」という）を公表した。この指針は，人的資本に関する情報開示のあり方に焦点を当て，既存の基準やガイドラインの活用方法を含めた対応の方向性について包括的に整理した手引とされている。また，本指針と「人材版伊藤レポート」および「人材版伊藤レポート2.0」を併せて活用することで，人材戦略の実践（人的資本への投資）とその可視化の相乗効果が期待できる，とされている。可視化指針および人材版伊藤レポートの概略は図表4－5－1のとおりである。

　可視化指針では人的資本の可視化方法が図表4－5－1の左側にある①～③の3つのステップで述べられている。加えて，図表4－5－2にあるとおり，可視化に向けた具体的なアクションが「基盤・体制確立編」と「可視化戦略構築編」の2つに区分された上で，有価証券報告書および任意開示への落とし込みについて記載されている。

　また，可視化指針では，最初から完成度の高い人的資本の可視化を行うのではなく，「できるところから開示」を行った上で，投資家等のステークホルダーからの開示へのフィードバックを受け止めながら，人材戦略やその開示をブラッシュアップしていくことが非常に重要だと考えられている。

### ②　企業内容等の開示に関する内閣府令等（日本）

　2023年1月31日に「企業内容等の開示に関する内閣府令」（以下「開示府

**図表4－5－1**　可視化指針および人材版伊藤レポートの概略

**人的資本可視化指針（2022年8月）**
① **人的資本への投資と競争力のつながりの明確化**
- ●価値協創ガイダンス，国際統合報告フレームワークを活用
- ●統合的なストーリーの構築

② **4つの要素（ガバナンス，戦略，リスク管理，指標および目標）に沿った開示**

③ **具体的な開示事項・指標の検討等**
- ●「自社固有の戦略やビジネスモデルに沿った独自性のある取組・指標・目標」と「比較可能性の観点から開示が期待される事項」の2類型によるバランスの取れた整理
- ●「価値向上」の観点か「リスクマネジメント」観点からの開示かを意識

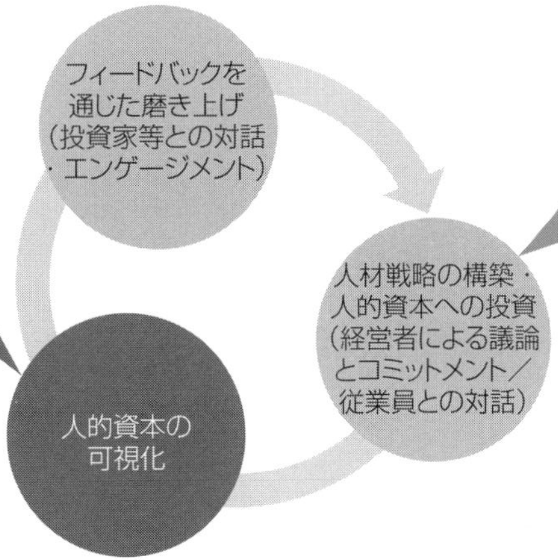

フィードバックを通じた磨き上げ（投資家等との対話・エンゲージメント）

人材戦略の構築・人的資本への投資（経営者による議論とコミットメント／従業員との対話）

人的資本の可視化

**人材版伊藤レポート（2020年9月）**
- ●持続的な企業価値向上に向けた変革の方向性
- ●経営陣・取締役会・投資家が果たすべき役割
- ●人材戦略に求められる「3つの視点・5つの共通要素」

**人材版伊藤レポート2.0（2022年5月）**
「3つの視点・5つの共通要素」という枠組みに基づいて，人的資本経営を具体化し，実践に移していくために有用となるアイデアを提示

出所：「人的資本可視化指針」を一部加工

**図表4－5－2　可視化に向けたステップ**

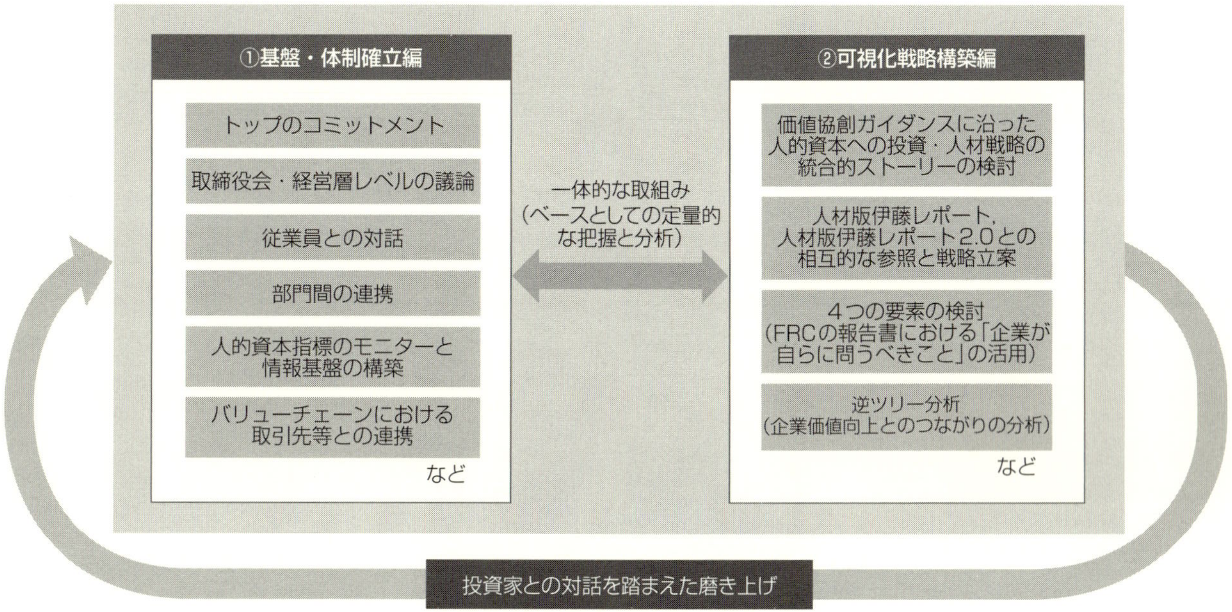

①基盤・体制確立編

- トップのコミットメント
- 取締役会・経営層レベルの議論
- 従業員との対話
- 部門間の連携
- 人的資本指標のモニターと情報基盤の構築
- バリューチェーンにおける取引先等との連携

など

一体的な取組み
（ベースとしての定量的な把握と分析）

②可視化戦略構築編

- 価値協創ガイダンスに沿った人的資本への投資・人材戦略の統合的ストーリーの検討
- 人材版伊藤レポート、人材版伊藤レポート2.0との相互的な参照と戦略立案
- 4つの要素の検討（FRCの報告書における「企業が自らに問うべきこと」の活用）
- 逆ツリー分析（企業価値向上とのつながりの分析）

など

投資家との対話を踏まえた磨き上げ

出所：「人的資本可視化指針」を一部加工

令」という）「企業内容等の開示に関する留意事項について」が改正されるとともに，「記述情報の開示に関する原則」の別添資料[1]が公表された[2]。人的資本開示に関連する改正内容の概要は図表4－5－3のとおりである。

**図表4－5－3**　改正後開示府令の内容（人的資本開示に関連する部分のみ）

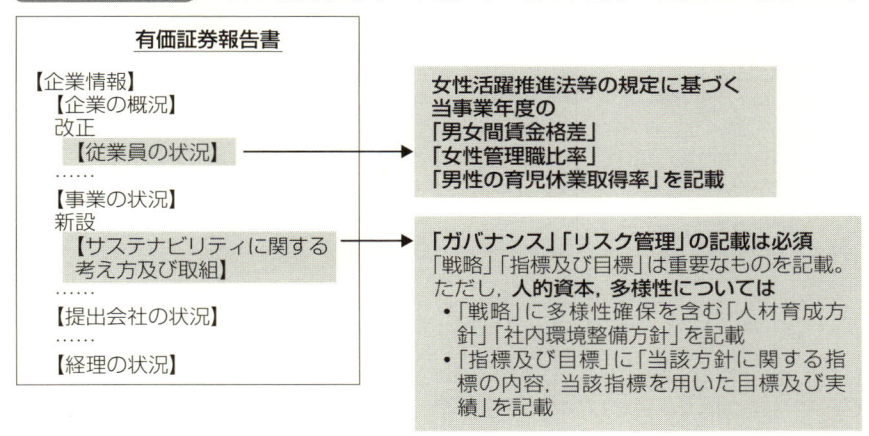

## （2）　主要な人的資本開示とデータ作成上の留意点

### ①　女性管理職比率（管理職に占める女性労働者の割合）

#### a．指標の定義・概要

　女性管理職（図表4－5－4）比率は，女性活躍推進法において把握しなければならない基礎項目指標とされている。有価証券報告書の「従業員の状況」においても開示が求められる3指標の1つであり，女性活躍推進法で示されている算定方法は以下のとおりである。

---

1　サステナビリティ情報の開示における考え方および望ましい開示に向けた取組みを取まとめたものであり，「重要性（マテリアリティ）」の考え方を含め，今後原則が改訂される可能性がある。

2　https://www.fsa.go.jp/news/r4/sonota/20230131/20230131.html

女性管理職比率（％）＝女性の管理職数÷管理職数×100

**図表4－5－4** 管理職の定義

「管理職」とは，女性活躍推進法では，「課長級」と「課長級より上位の役職（役員を除く）」にある労働者の合計と定義している。

※「課長級」とは，以下のいずれかに該当する者を指す。

- 事業所で通常「課長」と呼ばれている者であって，2係以上の組織からなり，もしくは，その構成員が10人以上（課長を含む）の長
- 同一事業所において，課長のほかに，呼称，構成員に関係なく，その職務の内容および責任の程度が「課長級」に相当する者（ただし，一番下の職階ではないこと）

※「役員」とは，会社法上の役員（取締役，会計参与および監査役）ならびにその職務の内容および責任の程度が「役員」に相当する者（職務の内容および責任の程度が「役員」に相当すると判断されれば，執行役員，理事など，呼称は問わない）

**b．女性管理職比率の算定および開示作成上の留意事項**

　女性管理職比率の算定および開示作成上の留意事項は以下のとおりである。

**図表4－5－5** 女性管理職比率の算定および開示作成上の留意事項

| フェーズ | リスク | 例 |
|---|---|---|
| 女性管理職比率の算定・集計 | 集計対象が一貫していない | ・　管理職の定義に相当する役職等級が，人事規程等で明確に定められてない（人事規程等で定められていない場合は一義的に管理職を定義するものがないことになり，担当者の判断が介入しやすい）<br>・　会社の定義する管理職が，実質的に「課長級」に相当しない（部下なし管理職など）<br>・　バウンダリが会社単体ではなくグループ会社を含む場合で，それぞれで異なる役職等級を定めている場合）本社における管理職の定義と，子会社における管理職の定義が同等の等級と判断できない |

| | 算定，集計を誤る | ・ 人事データベースにおいて保有している役職等級情報と整合性がとれない<br>・ 管理職の定義についての過年度データとの継続性が確保されていない<br>・ 出向者（受入出向，差出出向）のカウント方法が正確ではない（分母分子でカウント方法が揃っていない） |
| --- | --- | --- |

## ②　男性の育児休業取得率

### a．指標の定義・概要

　「男性の育児休業取得率」は，育児・介護休業法で公表が義務付けられる指標であるとともに，女性活躍推進法において把握しなければならない選択項目指標とされている。有価証券報告書の「従業員の状況」においても開示が求められる3指標の1つであり，育児・介護休業法で示されている算定方法は以下のとおりである。

男性の育児休業等の取得割合（％）＝男性労働者のうち育児休業等をした数÷男性労働者のうち配偶者が出産した数
（注）　算定期間である事業年度の期間，「育児休業等の取得割合」ないし「育児休業等と育児目的休暇の割合」のいずれかの方法により算出したものかを明示すること
※1　育児休業を分割して2回取得した場合や，育児休業と育児を目的とした休暇制度の両方を取得した場合等でも，当該休業や休暇が同一の子について取得したものである場合は，1人としてカウントする
※2　事業年度をまたがって育児休業を取得した場合には，育児休業を開始した日を含む事業年度の取得，分割して複数の事業年度において育児休業等を取得した場合には，最初の育児休業等の取得のみを計算の対象とする。

　育児・介護休業法では，育児休業の取得は会社の義務ではなく，労働者の権利という位置付けである。

**図表４－５－６** 育児休業の種類

| | 育児休業等（法で定めた休暇） | | 育児休暇・育児目的休暇<br>（企業の任意の休暇） |
|---|---|---|---|
| | 育児休業（法２条１項） | 出生時育児休業（産後パパ育休）（法９条の２第１項）【R4.10〜】 | 法第23条第２項（所定労働時間の短縮の代替措置として３歳未満の子を育てる労働者対象）または第24条第１項（小学校就学前の子を育てる労働者に関する努力義務）の規定に基づく措置として講じた育児休業に関する制度に準ずる措置 |
| 対象期間，取得可能日数 | 原則子が１歳まで（保育所等に入れない等特別な事情がある場合に限り最長２歳まで）両親ともに育児休業する場合，１歳２カ月まで延長【パパママ育休プラス（法９条の６）】 | 子の出生後８週間以内で４週間まで取得可能 | 所定労働時間の短縮の代替措置として３歳未満の子を育てる労働者 |
| 対象労働者 | 労働者（日々雇用を除く）有期雇用労働者（対象期間後に契約更新しないことが明らかでないこと） | 労働者（日々雇用を除く）有期雇用労働者（対象期間後に契約更新しないことが明らかでないこと） | １歳から３歳に達するまでの子を養育する労働者<br>３歳から小学校就学の始期に達するまでの子を養育する労働者 |
| 申出期限 | 原則１か月前まで | 原則休業の２週間前まで | ― |
| 分割取得 | 分割して２回取得可能（取得の際にそれぞれ申出）【R4.10〜】 | 分割して２回取得可能（初めにまとめて申し出ることが必要） | ― |

出所：関連する法令等をもとにPwC作成

　なお，グローバルスタンダードの１つであるGRIスタンダードでは，日本のように実際の計算結果自体（割合）まで要求されていない点で異なる。

　「GRI401：雇用2016」では，開示事項401-3「育児休暇」において，以下の項目を報告要求事項としている。

**図表4－5－7　育児休業の取得期間**

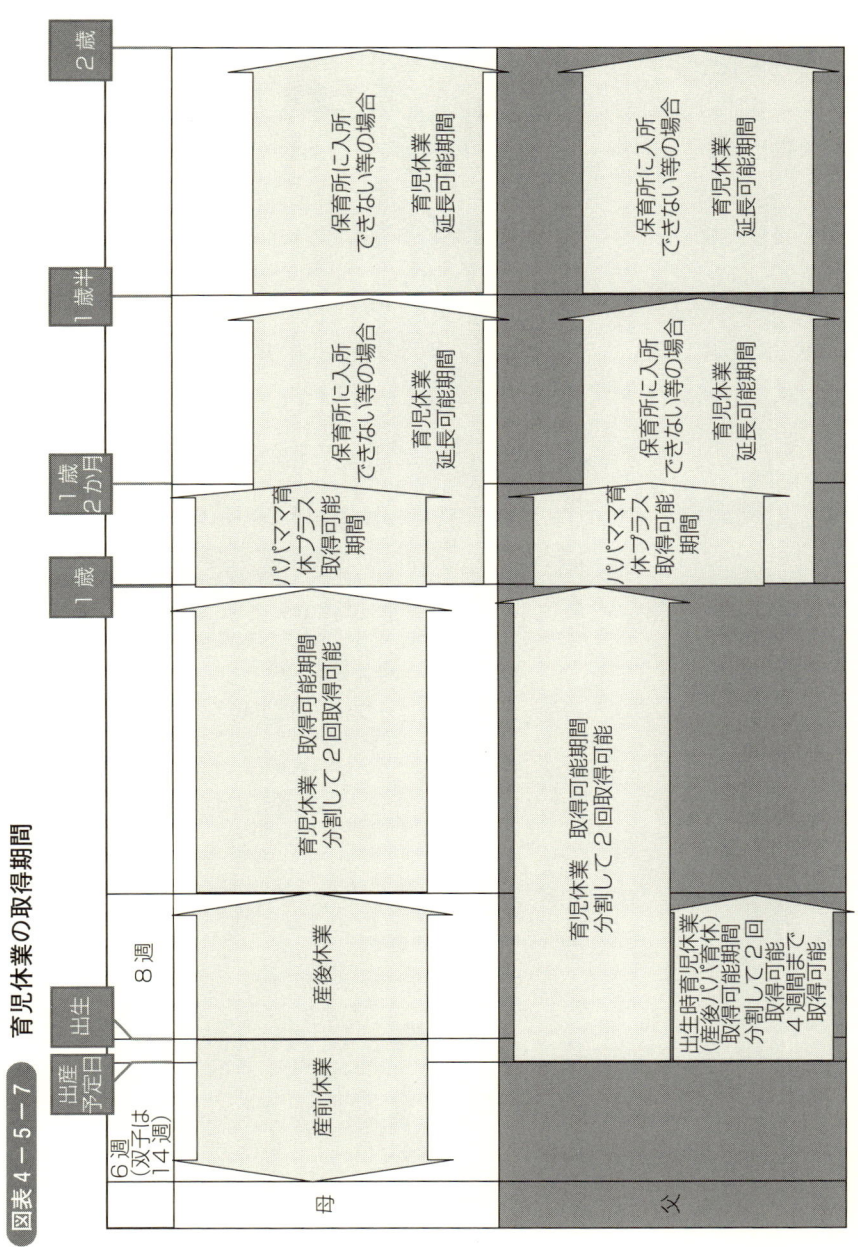

出所：関連する法令等をもとにPwC作成

- ・育児休暇を取得する権利を有していた従業員の総数（男女別）
- ・育児休暇を取得した従業員の総数（男女別）
- ・報告期間中に育児休暇から復職した従業員の総数（男女別）
- ・育児休暇から復職した後，12ヵ月経過時点で在籍している従業員の総数（男女別）
- ・育児休暇後の従業員の復職率および定着率（男女別）

#### b. 男性の育児休業取得率の算定および開示作成上の留意事項

男性の育児休業取得率の算定および開示作成上の留意事項と実務でよくある算定上の論点は以下のとおりである。

**図表 4 − 5 − 8** 男性の育児休業取得率の算定および開示作成上の留意事項

| フェーズ | リスク | 例 |
|---|---|---|
| 男性の育児休業取得率の算定・集計 | 集計対象が一貫していない | ・ 法で定める育児休業を対象としているのか，企業独自に設定している育児休暇制度まで含めるか定義されていない |
| | 算定，集計を誤る | ・ 勤怠データベースにおいて保有している休業取得実績と整合性が図られていない<br>・ カウント方法（複数回の育休取得，年度またぎの育休取得など）についての過年度データとの継続性が図られていない<br>・ 出向者（受入出向，差出出向）のカウント方法が正確ではない（分母分子でカウント方法が揃っていない） |

上記のほか，よくある算定上の論点として，出産年度と育児休業制度の取得開始年度が違う場合（例：2022年3月に出産，2022年4月より育休取得開始の場合）はどのようにすればよいか，というものがある。この点，2022年3月期の分母として1名，2023年3月期の分子として1名，それぞれの年度で計算するのが定義そのままの理解であり，一般的である。しかし，この計算によると，育児休暇取得権利を有する社員が実際には100％育児休暇を取得していても，計算上100％にならない場合があるため，分母につき「男性労働者のうち配偶者

が出産し，育児休暇等の取得権利を有する数」としている事例もある。

### ③　労働者の男女の賃金の差異

#### ａ．指標の定義・概要

「労働者の男女の賃金の差異」は，女性活躍推進法において把握しなければならない選択項目指標とされる。また，有価証券報告書の「従業員の状況」においても開示が求められる３指標の１つであり，女性活躍推進法で示されている算定方法は以下のとおりである。

---

**労働者の男女の賃金の差異（％）＝女性の賃金÷男性の賃金（※）**

（※）　すべての労働者，正規雇用労働者とパート・有期労働者の内訳も示す。

男女の賃金の差異の公表のイメージは，次のとおりとする。

| | 男女の賃金の差異<br>（男性の賃金に対する女性の賃金の割合） |
|---|---|
| 全ての労働者 | XX.X％ |
| うち正規雇用労働者 | YY.Y％ |
| うちパート・有期労働者 | ZZ.Z％ |

（注）　対象期間：○○事業年度（○年○月○日〜○年○月○日）パート労働者については，正規雇用労働者の所定労働時間（１日８時間）で換算した人員数を基に平均年間賃金を算出している。

女性活躍推進法では，「**全労働者**」，「**正規雇用労働者**」，「**非正規雇用労働者**」の３区分での公表が求められる。

・全労働者＝正規雇用労働者＋非正規雇用労働者

・正規雇用労働者＝期間の定めなくフルタイム勤務する労働者

・非正規雇用労働者＝パートタイム労働者および有期雇用労働者

※派遣労働者は派遣元事業主において算出し，派遣先の事業主の算出対象の非正規雇用労働者から除外する。

※総賃金とは，賃金，給料，手当，賞与その他名称のいかんを問わず，労働の対償として使用者が労働者に支払うすべてのもの。ただし，退職手当（年度を超える労務の対価という性格を有する），通勤手当等（経費の実費弁償という性格を有する）は，個々の企業の判断によって「賃金」から除外する取扱

いも可能。

※人員数は，事業年度の期首から期末までの連続する12カ月の特定の日（給与支払日，月末日など）の労働者の人数の平均を用いることが考えられる。さらに，パート労働者について，正規雇用労働者の所定労働時間等の労働時間を参考として，人員数を換算しても差し支えない。出向者等については，企業における従前の情報公表方法を踏まえて適切な方法を採用することで差し支えない。

b．労働者の男女の賃金の差異の算定および開示作成上の留意事項

労働者の男女の賃金の差異の算定および開示作成上の留意事項と実務でよくある算定上の論点は以下のとおりである。

**図表4－5－9** 労働者の男女の賃金の差異の算定および開示作成上の留意事項

| フェーズ | リスク | 例 |
|---|---|---|
| 労働者の男女の賃金の差異の算定・集計 | 集計対象が一貫していない | ・ 賃金や労働者の範囲についての過年度データとの継続性，有価証券報告書における人事データ情報開示との整合性が図られていない |
| | 算定，集計を誤る | ・ 賃金および人員数，給与データベースにおいて保有している人事データベース情報と整合していない<br>・ 出向者（受入出向，差出出向）のカウント方法が正確ではない（分母分子でカウント方法が揃っていない） |

④ その他の人的資本関連指標と作成・開示上の留意点

有価証券報告書の「従業員の状況」において開示が求められる3指標以外のその他の人的資本関連指標と作成・開示上の留意点は以下のとおりである。

**図表 4 ― 5 ―10**　**その他の人的資本関連指標と作成・開示上の留意点**

| 人的資本テーマ | 開示項目 | 作成・開示上の留意点 |
|---|---|---|
| ダイバーシティ | 「障がい者雇用率」＝総従業員数に対する障がいがある従業員数の割合<br><br>日本では障害者雇用促進法により法定雇用率が定められており，事業主が常時雇用している従業員数に法定雇用率を乗じた数以上の障がい者を雇用することが義務付けられている。 | ・障がい者雇用率制度における障がい者雇用率の算定方法を採用する場合は，障がいのある従業員の人数は，1週間の所定労働時間，障がいの種類と程度によって倍数算定をする必要がある。例えば，重度の身体障がい者は，所定労働時間が30時間/週以上であれば1人を1人として算定するが，20時間以上30時間未満/週の人は1人を0.5人と算定する。<br>・海外の従業員についても集計・開示する場合は，障がいがある従業員の定義が日本の定義（障がい者手帳を有している従業員）と異なる可能性がある。定義の相違が開示数値に相当程度の影響を与える場合は，定義の相違についての説明が必要。障がいがある従業員の人数算定方法も障がいの種類と程度，所定労働時間に応じて日本と同じ基準で2倍算定や0.5倍算定することは難しいと考えられる。その場合は，日本と海外を分けて算定・開示する，日本の従業員についても海外の従業員と同一基準で算定する，といった方法が考えられる。<br>・雇用率の算定基準日は，障がい者雇用率制度では6月1日時点だが，サステナビリティ報告では期末日時点や年間平均値を開示している会社も多い。<br>・自社の算定方法（障がいの種類と重度に応じた人数換算をしているか否か等）と算定基準日を説明する必要がある。 |
| ワークライフバランス | 「有給休暇取得率」＝付与された有給休暇日数のうち，取得した休暇日数の割合<br><br>指標分母となる有給休暇付与日数は，報告年度に付与した日数と前報告年度から繰り越した日数の合 | ・算定対象者をすべての雇用形態の従業員（例：定年後再雇用従業員やパート従業員を含む）とするケースもあれば，正社員のみを算定対象としているケースもある。また，算定対象者を報告対象年度中に在籍した従業員（年度途中に退職した従業員含む）とするケースもあれば，期末日時点に在籍している従業員とするケースもある。<br>・指標の分母となる総付与日数の算定対象者と，分子となる総取得日数の算定対象者が一致し |

| | | | |
|---|---|---|---|
| | 計日数とするケースもあれば，報告年度に付与した日数のみとするケースもある。どちらのケースも指標分子は報告年度に取得した有給休暇日数である。 | ・ | ていれば，分母の算定人数と分子の算定人数は同一になり，かつ，人事データベース上の人数と一致すべきである。 |
| | | ・ | 会社は，算定基準として，算定対象者の範囲とともに，指標の分母は報告年度に付与された有給休暇日数であるのか，前報告年度から繰り越した有給休暇を含めた保有日数であるのかを開示する必要がある。 |
| | | ・ | 厚生労働省の統計「就労条件総合調査」で公表されている有給休暇取得率の計算式は，分母の付与日数に繰越し日数を含んでいない。 |
| | 「時間外労働時間数」＝１人当たりの平均残業時間数（月間または年間） | ・ | 集計対象としている従業員区分を開示する必要がある。 |
| | | ・ | 管理職は残業時間の管理対象外という理由により，時間外労働時間の算定対象から除外している会社もある。しかし，管理職にとっても過重労働の防止は重要な事柄であるため，管理職も算定対象とすることが望ましい。 |
| 労働力，トレーニング，安全衛生 | 「常勤（フルタイム）換算従業員数」＝所定労働時間勤務の従業員数＋（短時間勤務の従業員の総勤務時間数÷所定労働時間）<br><br>短時間勤務の従業員数を所定労働時間勤務の従業員の人数に換算した指標。 | ・ | 従業員数は，短時間勤務か否かを問わずに頭数（headcount）を報告するパターンと，短時間勤務者を所定労働時間勤務者の人数に換算（常勤換算）して報告するパターンがある。従業員数の開示において，上記どちらの基準による人数であるのかを開示する必要がある。 |
| | | ・ | 短時間勤務従業員の勤務時間の算定において，パートタイム勤務として雇用した従業員のみを対象とするのか，それともフルタイム勤務として雇用している従業員のうち育児や介護等により報告年度において時短勤務をしている従業員も含めるのかについて，自社の算定基準を定め，開示する必要がある。 |
| | 「従業員離職率」＝報告年度中に離職した従業員数÷頭数で算定した総従業員数（常勤換算人数ではない）<br><br>総従業員数に対する離職者の割合。 | ・ | 離職事由には，自発的退職，定年退職，解雇，在職中の死亡がある。GRIスタンダード（GRI401：雇用2016）やEUのサステナビリティ報告基準（ESRSのS1）では，これらすべての事由による退職者を含めて離職者数を算定することとなっている。 |
| | | ・ | 離職率は雇用慣行を理解するために役立つ指標であるが，同じ離職率であっても自発的退職者が多いのか，定年退職者が多いのかによって雇用慣行は異なる。情報利用者にとっては |

| | | |
|---|---|---|
| | ・ | 退職事由別や年齢別の離職率も開示されると有用である。 |
| | ・ | 指標分母の総従業員数は，報告期間の期末日時点，期初日時点もしくは報告期間の平均の従業員数を用いることが考えられるが，GRIスタンダードおよびESRSでは，分母に用いる総従業員数の算定基準日の選択は会社に委ねられているため，自社の算定基準を開示する必要がある。 |
| 「トレーニングとスキル開発 1 人当たりの平均トレーニング時間」<br><br>従業員が受講したトレーニングの総時間数を従業員数で除して算定 | ・ | 集計対象とするトレーニング（研修）の範囲を定める必要がある。GRIスタンダード（GRI 404：研修と教育2016）における「トレーニング」の定義は，以下のとおりである。OJTは含まないが，例えば，会社が費用を負担した通信教育も集計対象になる。<br>❖　職業訓練と指導<br>❖　会社が従業員に付与した有給の教育休暇<br>❖　社外で受けたトレーニングまたは教育であって，その費用の一部または全部を会社が負担したもの<br>❖　特定のトピックに関するトレーニング |
| | ・ | 指標分母の従業員数は，GRIスタンダードでは頭数人数か常勤換算の選択は会社に委ねられているが，EUのESRSでは頭数人数を用いることとされている。 |
| | ・ | GRIスタンダードとESRSのどちらも 1 人当たり平均トレーニング時間を性別ごとに開示することとしている。 |
| 「労働安全衛生　労働災害度数率」＝（業務起因の死傷病者数÷延べ実労働時間）×1,000,000<br><br>100万延べ実労働時間当たりの業務起因の死傷病者数<br><br>労働災害の発生頻度 | ・ | EUのESRS（S1-14）は，分母の延べ労働時間は100万時間当たりと規定しているが，GRIスタンダード（GRI 403：労働安全衛生2018）では100万時間もしくは20万時間のどちらかを選択することとしている。 |
| | ・ | 分子の死傷病者数として集計する負傷者および疾病者は，休業を伴うものを集計対象とするのか，休業を要さなかった負傷・疾病も集計対象とするのかを定める必要がある。休業を要する傷病者を対象とする場合は，何日以上の休業を算定対象とするのかについても定める必要がある。 |

| | | |
|---|---|---|
| | を表す指標。度数率が高いほど発生頻度が高いことを示す。分母の延べ実労働時間として，日本では100万時間当たりを用いることが一般的であるが，海外では20万時間当たりを用いる国もある。 | ・ 日本の厚生労働省の「労働災害動向調査」で公表される「労働災害（度数率）」は，分子が「休業1日以上または身体の一部もしくはその機能を失う労働災害による死傷者」に限定されている。不休業の傷病者を含めた度数率は「全度数率」と呼称されている。<br>・ GRIスタンダードおよびESRS（S1-14）は休業を要さない負傷も含めた度数率の開示を求めている。<br>・ GRIスタンダードおよびESRS（S1-14）は，負傷の度数率（Occupational fatalities and injuries）と疾病の度数率を分けて算定，開示することを求めている。<br>・ 日本における死傷病者数を集計するための情報源として，労災保険の申請（または認定）を用いるケースと，労働基準監督署へ提出する「死傷病報告（休業4日以上）」および「死傷病報告（4日未満）」を用いるケースがある。<br>・ 日本の「死傷病報告」は急性中毒のような急性疾病が報告対象であるため，本報告書で遅延性の業務起因疾病を把握することは難しいことに留意する。<br>・ 通勤災害の扱いは，日本の厚生労働省の上記統計，GRIスタンダードおよびESRSでそれぞれ異なる。<br>・ 自社が採用する基準における指標定義を十分に確認し，指標の定義・算定方法，集計範囲を開示する必要がある。 |

　上記の人的資本開示指標のほか，他社と比較可能な指標ではないものの，「従業員満足度」や「エンゲージメントスコア」なども，サステナビリティレポートに開示している会社もある。

## 第6節　自然資本－生物多様性

　企業が第三者保証を受けているサステナビリティ情報は，前節までに解説した温室効果ガス排出量をはじめとする気候変動関連，および人的資本関連の項目が大半となっているが，今後の拡大が見込まれる領域としては，生物多様性

に代表される自然資本関連の項目が考えられる。

　サステナビリティ情報の代表的な項目である温室効果ガス排出量をはじめとする気候変動関連の項目は，気候関連の財務情報開示に関するタスクフォース（Taskforce on Climate-related Financial Disclosures：TCFD）提言の公表後，急速に開示・第三者保証が拡大し，国際的なサステナビリティ開示基準のベースにもなっている。この経緯に鑑みて，昨今話題となっている自然関連財務情報開示タスクフォース（Taskforce on Nature-related Financial Disclosures：TNFD）の提言に基づく開示要求についても，今後，同様の流れを辿ることが予想される。

　企業は，これらの新しい動きにアンテナを張り，余裕を持って準備・対応することが求められる。以下では，2023年9月に公開されたTNFD提言の開示フレームワークについて概説したい。

## （1）　TNFDとは

　TNFDは，自然資本等に関する企業のリスク管理と機会獲得に関する開示枠組みを構築するために設立された国際的組織であり，2023年9月にフレームワークの最終提言（v1.0）を公開した。TNFDは，TCFDに続く枠組みとして，資金の流れをネイチャーポジティブに移行させるという観点で，自然関連リスクと機会に関する情報開示フレームワークを構築することを目指している。

## （2）　TNFD開示提言の概要

　TNFDのフレームワークは，TNFDの開示提言とそれを実装するための各種の追加ガイダンスによって構成されている。開示提言では，開示のための全般的な要求事項と14の開示提言が示されており，企業はこの提言に沿った内容の開示が推奨される。

　TNFD開示提言は「ガバナンス」「戦略」「リスクとインパクト管理」「指標と目標」の4つの柱からなり，先行するTCFDが推奨する11項目すべてを含む，14の項目によって構成されている。TNFD特有のポイントとしては，「影響」と「依存」の観点で説明することが求められていること，「上流」「直接オペレーション」「下流」からなるバリューチェーン全体が説明の対象範囲となっ

ていること，重要エリアのロケーション情報を公開すること，影響を受けるステークホルダー（主に先住民と地域コミュニティ）との関係性を説明することなどが挙げられる。

**図表 4 － 6 － 1　TNFD開示要求事項**

| ガバナンス | 戦略 | リスクと<br>インパクト管理 | 指標と目標 |
|---|---|---|---|
| 自然に関連する依存，影響関係，リスクおよび機会に関する組織のガバナンスを開示する。 | 自然関連の依存，影響関係，リスクおよび機会が組織のビジネスモデル，戦略，財務計画に及ぼす影響を，そのような情報が重要である場合には開示する。 | 自然関連の依存，影響関係，リスクおよび機会を特定，評価，優先順位付け，監視するために組織が使用するプロセスについて説明する。 | 重要な依存，影響関係，リスク，機会を評価および管理するために使用される指標と目標を開示する。 |
| Ａ自然に関連する依存，影響関係，リスクおよび機会に関する取締役会の監視について説明する。 | Ａ組織が短期，中期，長期にわたって識別した，自然に関連する依存，影響関係，リスク，機会について説明する。 | Ａ(i)直接事業における自然に関連する依存，影響関係，リスク，機会を特定・評価し，優先順位を付けるための組織のプロセスを説明する。 | Ａ組織が戦略およびリスクマネジメントプロセスに沿って，重要な自然関連のリスクと機会を評価し管理するために使用する指標を開示する。 |
| Ａ自然に関連する依存，影響関係，リスク，機会を評価し管理するための経営者の役割を説明する。 | Ｂ自然関連の依存，影響関係，リスク，機会が組織のビジネスモデル，バリューチェーン，戦略，財務計画，および実施されている移行計画や分析に与えた影響について説明する。 | Ａ(ii)上流・下流のバリューチェーンにおける自然関連の依存，影響関係，リスク，機会を特定，評価，優先順位付けするための組織のプロセスについて説明する。 | Ｂ依存性と自然への影響を評価し管理するために，組織が使用する指標を開示する。 |
| Ｃ組織が自然に関連する依存，影響関係，リスク，機会の評価・対応において，先住民，地域社会に敬意を払い，他の利害関係者に対して人権政策や関与活動，取締役会および経営陣の監督がどのように行 | Ｃ自然関連のリスクと機会に対する組織の戦略のレジリエンスについて，様々なシナリオを想定して説明する。 | Ｂ自然に関連する依存，影響関係，リスクおよび機会を管理するための組織のプロセスを説明する。 | Ｃ組織が自然関連の依存性，影響，リスク，機会を管理するために使用している目標やゴールと，目標に対するパフォーマンスを説明する。 |
|  | Ｄ組織の直接事業における資産および活動の場所，可能であれば優先地域の基準を | Ｃ自然関連リスクを特定，評価，優先順位付け，監視するプロセスがどのように統 |  |

| われているか説明する。 | 満たす上流・下流のバリューチェーンの場所を開示する。 | 合され，組織全体のリスク管理プロセスに情報を提供するか説明する。 | |
|---|---|---|---|

## （3）　評価するためのプロセス－LEAPアプローチ

　TNFDでは，組織の情報開示までのプロセスとして，LEAPアプローチというフレームワークが提示されている。LEAPとは，Locate（発見），Evaluate（診断），Assess（評価），Prepare（準備）という4つの単語の頭文字を合わせた造語であり，自然への配慮を企業のバリューチェーンや金融機関などのポートフォリオのリスク管理プロセスに組み込むための実践的なガイダンスとして公表されたものである。

　LEAPアプローチにおいては，詳細な分析に入る前に，まずスコーピングを実施する。これは企業や金融機関などが，自らの組織活動にはどのようなものがあるかを把握し，財務データや人的データなどの観点から必要なリソースを割り当てる段階である。

　スコーピングの次は，LEAPの最初のステップであるLocateフェーズとして組織と自然の接点をスクリーニングし，より具体的にロケーションベースで把握することで，脆弱性の高い地域や重要なセクターおよび事業活動などを特定する。次に，Evaluateフェーズで，特定した重要地域における組織からの影響や組織の依存関係を特定し，その程度や重要性を診断する。このように特定した自然との影響依存関係に基づき，Assessフェーズでは，自社のリスクと機会を特定し，こちらも同様に重要性を評価する。最後に，Prepareフェーズで戦略の策定，パフォーマンスの測定，報告・公表を実施し，これらをレビューしながら繰り返していく。

　ただし，LEAPアプローチは，あくまでTNFDが推奨するステップを示したものであり，必ずしもこのステップに沿った評価を行う必要はなく，各社の状況などに応じて，柔軟に対応していくことが望まれる。

**図表 4－6－2** LEAPアプローチ

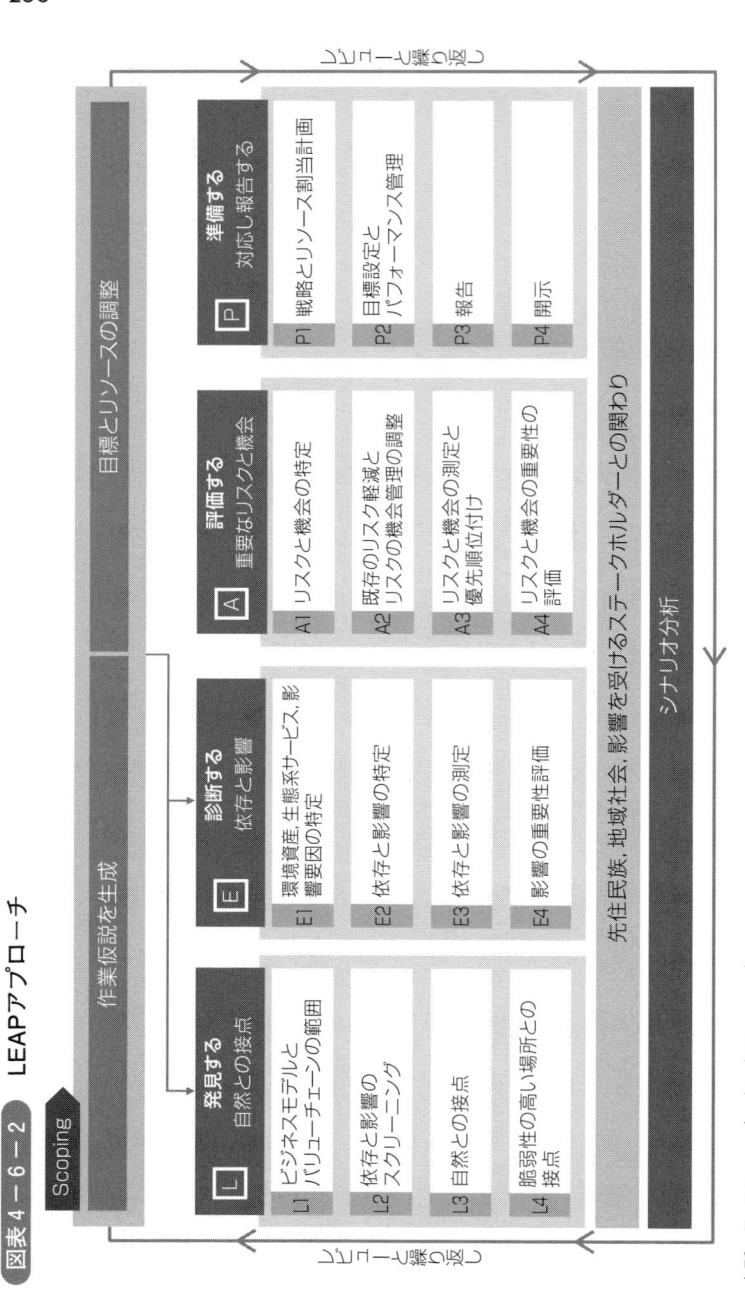

先住民族、地域社会、影響を受けるステークホルダーとの関わり

出所：TNFD v1.0（日本語仮訳：PwC）

## （4）　アセスメント指標と開示指標

　TNFDでは依存・影響，リスク・機会などを評価するためのアセスメント指標と，開示に用いる開示指標が提案されている。

　アセスメント指標は，組織の依存・影響，リスク・機会などの評価に用いて，社内の意思決定に活用する指標であり，上述のLEAPアプローチの各段階に対応した指標を設定する。そして，これらアセスメント指標のうち社外に公開する指標を開示指標と位置付けている。

　開示指標は，原則開示が推奨される「コア指標」と，個々の企業の事業モデルや開示報告書の利用者の意思決定に関する項目として追加的に検討が推奨される「追加指標」に分けられる。コア指標には，すべての企業・金融機関に原則開示が推奨される「コアグローバル指標」と，セクター別に原則開示が推奨される「コアセクター指標」がある。コアグローバル指標は，現在，9つの依存・影響指標と，5つのリスク・機会の指標の計14項目が示されている。

| 図表4－6－3 | TNFDのコアグローバル開示指標の自然関連の依存と影響に関する指標 |

| No. | カテゴリー | インジケーター | メトリクス |
|---|---|---|---|
| C1.0 | 陸上／淡水／海洋・海洋利用・変化 | 総空間フットプリント | 総空間フットプリント（km²）（合計）：<br>・組織が管理する／管理している総表面積（km²）<br>・改変された総面積（km²）<br>・再生／修復された総面積（km²）。 |
| C1.1 | | 陸上／淡水／海洋・海洋利用・変化範囲 | 陸域／淡水域／海洋の生態系利用の変化の範囲（km²） |
| C2.0 | 汚染／汚染除去 | 土壌に放出された汚染物質 | 種類別の土壌に放出された汚染物量（ton） |
| C2.1 | | 排水 | 排出水量（m³）<br>排水中の主要汚染物質濃度<br>排水の温度など |
| C2.2 | | 廃棄物の発生と処理 | 有害および非有害廃棄物の種類別の発生重量（ton）<br>廃棄された有害および非有害廃棄物の重量（ton）など |

| C2.3 | | プラスチック汚染 | 使用または販売されたプラスチック（ポリマー，耐久消費財，包装材）の総重量（ton）<br>再利用可能，堆肥化可能，技術的にリサイクル可能なプラスチック包装の割合 |
| C2.4 | | 非GHG大気汚染物質の合計 | 種類別のGHG以外の大気汚染物質の合計（ton）：<br>粒子状物質（PM2.5および／またはPM10）<br>窒素酸化物（$NO_2$，NO，および$NO_3$）<br>揮発性有機化合物（VOCまたはNMVOC）<br>硫黄酸化物（$SO_2$，SO，$SO_3$，$SO_x$）<br>アンモニア（$NH_3$） |
| C3.0 | 資源の使用／補充 | 水不足地域からの取水と消費 | 水不足地域からの総取水量と消費量（$m^3$または同等） |
| C3.1 | | 陸・海・淡水から調達するリスクの高い天然商品の量 | 陸／海／淡水から調達する高リスク天然生物資の量（ton）<br>持続可能な管理計画または認証プログラムのもとで調達された高リスク天然商品の量（ton） |

出所：TNFD v1.0よりPwC作成（一部簡略化）

**図表4－6－4** **TNFDのコアグローバル開示指標のリスクと機会に関する指標**

| No. | カテゴリー | メトリクス |
| --- | --- | --- |
| C7.0 | リスク | 自然関連の移行リスクに対して脆弱であると評価される資産，負債，収益，費用の金額（合計および合計に占める割合） |
| C7.1 | | 自然関連の物理的リスクに対して脆弱であると評価される資産，負債，収益，費用の金額（合計および合計に占める割合） |
| C7.2 | | 自然に関連する負の影響により，その年度に受けた相当の罰金／科料／訴訟の記述およびその金額 |
| C7.3 | 機会 | 関連する場合には，政府または規制当局のグリーン投資タクソノミ，あるいは第三者機関である産業界またはNGOのタクソノミを参照しながら，機会の種類別に，自然関連の機会に向けて投入された資本支出，融資または投資の金額 |
| C7.4 | | 自然に対して実証可能なプラスの影響をもたらす製品およびサービスからの収益の増加とその割合，ならびにその影響についての記述 |

出所：TNFD v1.0よりPwC作成（一部簡略化）

　追加指標の開示は任意とされているので，企業や金融機関は，自社の状況に合わせて，どの指標を開示するか検討する必要がある。

　TNFDのv1.0の公開により，今後企業・金融機関における開示の動きが顕著になることが予想される。データの収集，トレーサビリティの向上，分析リソースの確保，LEAPアプローチの実施など，TNFDが推奨しているように，できることから着手し，開示に向けて動き出していくことが望まれる。

## （5）　指標の算定・開示上の留意点

　TNFDが自然関連の依存・インパクト指標（コア指標および追加指標）として提言している領域は，生物多様性や生態系サービスのみならず，空間利用，土壌汚染，取水，排水，廃棄物，プラスチック，GHG以外の大気汚染物質，天然商品と幅広い。このうち，取水・排水，大気汚染物質，廃棄物，原材料投入量としてのプラスチックは，以前から企業のサステナビリティ報告において開示実務が蓄積されてきた指標であり，これら指標の算定・開示上の留意点は第1節および第2節で述べたとおりである。

　ここでは土地利用，天然商品，プラスチック包装材に関する指標について算定・開示上の留意点を述べたい。

### ①　土地利用関連指標の算定・開示上の留意点

　TNFD提言，生物多様性についてのGRIスタンダード（GRI 304：Biodiversity 2016），EUのEuropean Sustainability Reporting StandardsのE4 BIODIVERSITY AND ECOSYSTEMSでは，組織が管理する／管理している土地面積，改変した面積，再生・修復された面積が開示指標とされている。

　算定・開示において留意したいのは，開示情報の企業間の比較可能性を確保するためには，自社が準拠する算定・開示基準（例えば，TNFD，GRI，ESRS，もしくは業種固有の報告ガイダンス）に規定されている定義をよく確認し，それに従って算定・開示をすることが肝要だということである。そして，もしも定義どおりのデータ収集や算定が難しいという理由で自社固有の基準を用いる場合や，算定・開示基準において定義が詳細に記述されておらず集計対象範囲や算定方法に複数の選択肢があるときは，自社が定めた範囲や方法等の基準の内容を具体的に説明することが必要である。留意点の例を以下に挙げたい。

### a．集計対象範囲の明確化

　TNFD提言では空間フットプリント指標の１つとして「組織がコントロール／管理している面積」を挙げているが，「組織がコントロール／管理している（controlled/managed by the organisation）」の定義（詳細な説明）は記述されていない。他方，GRIスタンダードとESRSのE4では「自社が所有，リースまたは管理している操業サイト」と明確に記述しているため，所有地だけでなくリースしている土地も集計対象に含めるべきことがわかる。

　また，TNFDのオイル・ガスセクター向けガイダンス案（2024年４月19日時点の草案）では，オイル・ガスセクターの企業にとっての「組織がコントロール／管理している面積」は「探査，生産（掘削，完成，破砕），廃坑段階，および最近廃坑されたサイトや復元中のサイトにおいて，所有，リース，および／または運営（例：通行権，地役権，コンセッションエリア）している区域」であると説明されている。このガイダンスを算定・開示基準として採用するのであれば，生産段階だけでなく探索や廃坑段階にある区域も集計する必要がある。

　しかし，例えば，所有またはリースしている面積は集計できているものの，運営している面積は集計していない場合やガス会社において探索フェーズの区域を集計に含めていない場合は，その集計できていない面積が相当な量であるならば，運営している面積や探索段階の土地を報告範囲から除外している旨とその理由を開示する必要がある。例えば，鉱山会社はジョイントベンチャー（JV）鉱山については，自社がオペレーターとして運営をしている鉱山を集計対象とすることが多く，報告対象範囲にはその旨が明記されている。

　上述の事例は，自社が直接利用している土地面積を算定・開示する際の留意事項であるが，農産物を原材料として製品を製造している会社の中には，自社の原材料の生産のために上流のサプライチェーンで利用されている土地（例：農場や茶畑）の面積を推計し，開示しているケースもある。このような場合，温室効果ガス排出量のスコープ１，２とスコープ３を区別して開示することと同様に，自社が直接利用している土地面積と，サプライチェーンで利用されている土地面積は明確に区別できるように開示し，サプライチェーンで利用されている土地面積の算定方法を情報利用者が理解できるように具体的に説明する

必要がある。

## ｂ．生物多様性への影響の評価方法の説明

　GRIの生物多様性に関するスタンダード（GRI 304）およびEUのESRS E4では生物多様性の価値が高い地域における土地利用面積の開示を求めているが，生物多様性の価値が高い地域の特定方法と判断は報告組織に委ねられている。このため，自社がどのような情報源を用いて，どのような方法・基準で「価値が高い」と決定したのかを説明することが不可欠である。

## ｃ．回復／修復した土地の面積

　土地の利用が終了した後，開発以前の自然状態もしくは生態系が健全に機能する状態へ戻すために，植林や植栽によって土地を修復することがある。回復／修復した面積は，報告年度に回復／修復した面積だけでなく，当該年度末における累積面積も開示することで，報告組織の利用によって影響を受けている生態系の規模（面積）に対して回復／修復した面積を比較することができる。しかし，ある報告年度に苗木を植林し，その面積を開示したものの，数年後に森林火災で消失したり，苗木が枯死したりしてしまうケースもある。このようなケースについて，植生が消失した面積を累積の回復／修復した面積から差し引くか否かの決定は報告組織の判断に委ねられているため，自社の開示方針を定めるとともに，算定・開示基準としてその旨を開示することが必要である。

## ②　天然商品関連指標の算定・開示上の留意点

　TNFDが提言しているコアグローバル開示指標に「陸／海洋／淡水から調達された高リスク天然商品（High-risk natural commodities）の量」がある。高リスク天然商品に該当するものについてはScience Based Targets Network（SBTN）の「High Impact Commodity List（HICL）」を参照すべきとされており，SBTNの当該リストにはパーム油，カカオ，バナナ，コットン，金，セメント，牛肉等の47品目がリストアップされている（2024年4月19日時点）。

　例えば，パーム油はその原料であるアブラヤシの植林拡大が森林減少の引き金になっていることを背景として，CDPやESG格付機関は，粗パーム油や粗

パーム核油（以下，総称して「パーム油」という）を消費している企業だけでなく，これらを原料として製造されたパーム油誘導体を含んだ化学品（例：界面活性剤）を消費している企業に対してもパーム油消費量の開示を求めている。

パーム油誘導体を含んだ化学品については，パーム油由来の構成部を含んでいる成分とその量を特定し，さらに，その各成分についてパーム油ベースの構成成分の比率を計算することにより，パーム油誘導体含有化学品の消費量をパーム油消費量へ換算するという算定プロセスが必要になる（RSPO：Roundtable on Sustainable Palm Oilの算定ルールに準じる場合）。

パーム油誘導体含有化学品原料に含まれるパーム油ベースの構成成分の質量比率は，化学構造式や当該化学品原料の製造メーカーからの回答に基づいて計算されるが，これらの方法による計算が可能でない場合は推計を用いることになる。このため，粗パーム油の消費量の算定精度に比べて，パーム油誘導体含有化学品原料に含まれるパーム油消費量の算定精度は低く，不確実性が高いといえる。

また，パーム油についての投資家や消費者等の期待は，企業が持続可能な方法で栽培され生産されたアブラヤシを原料とするパーム油を使用することである。パーム油の持続可能性認証としてRSPO認証がある。RSPO認証モデルには３つのモデルと１つのクレジットモデルがあるが，持続可能な方法で栽培されたアブラヤシから生産されたパーム油（認証パーム油）が非認証パーム油と混ぜ合わされることなく生産されたパーム油製品の認証モデルがIdentity Preserved（IP）とSegregated（SG）である。例えば，パーム油誘導体含有化学品がRSPOのSG認証を得るには，粗パーム油製造〜パーム油誘導体製造〜最終化学品製造までの段階において，SG認証パーム油（もしくはパーム油誘導体）とIP認証またはSG認証以外のパーム油（もしくはパーム油誘導体）が混ぜ合わされてはならないため，現状では，SG認証のパーム油誘導体含有の最終化学品を調達することはSG認証の粗パーム油を調達するよりも難しい状況である。

このように，パーム油誘導体含有化学品は，粗パーム油に比べてパーム油消費量の算定精度が低くなる上，IP認証品もしくはSG認証品の調達ハードルも高いことから，パーム油消費量の開示においては，粗パーム油・粗パーム核油

とパーム油誘導体に含まれるパーム油を区別して開示すること，ならびに認証品の消費量を開示する場合には認証モデルやクレジットモデルごとの消費量を開示することが，ステークホルダーに対して会社のパーム油利用の特性を伝えるために必要である。

　なお，集計範囲についての留意点であるが，パーム油由来成分を含んだ製品を自社で生産するとともに，第三者にも生産を委託している場合，パーム油消費量の集計範囲に生産委託品を含めているのか否かを開示する必要がある。

### ③　プラスチック包装材関連指標の算定・開示上の留意点

　プラスチックは便利な素材であるが，環境中へのプラスチックの流出が自然に悪影響を与えていると指摘されるようになった。TNFD提言において，プラスチックは汚染指標の１つに位置付けられている。プラスチックの数ある用途の中で包装材用途のプラスチック使用量が最も多いことから[3]，使い捨てプラスチック製包装材の削減への期待が高まっている。

　TNFD提言はコアグローバル開示指標として，プラスチックの使用量（または販売量）をポリマー，耐久財，包装材の区分に分けて開示するとともに，プラスチック製包装材については，「再利用可能」，「堆肥化可能」，「技術的にはリサイクル可能」，「実務的にも規模的にもリサイクル可能」のそれぞれに該当する使用量（販売）比率を開示することを提言している。この４つのカテゴリーの定義は，TNFD提言の別紙５：用語・略語一覧表に示されているように，エレン・マッカーサー財団が国連環境計画と立ち上げたプラスチック削減のためのイニシアティブ「New Plastics Economy Global Commitment」で規定されている定義を採用している。他社と比較可能な情報であるためには，TNFD提言に記載されている定義と，定義についてのより詳細な説明について「New Plastics Economy Global Commitment」を確認し，これら基準に従って自社が利用している包装材を分類し，量や比率の指標を算定する必要がある。例えば，TNFD提言の定義において，再利用可能な包装材とは，当該包装材が当初

---

**3**　OECD, Global Plastics Outlook（https://stats.oecd.org/viewhtml.aspx?datasetcode=PLASTIC_USE_10&lang=en），2024年4月22日時点

の目的と同じ目的のために再充填または再使用されることであり，かつその再利用可能な包装材は，「リサイクル可能な包装材」の定義も満たしていることである。つまり，例えば，空になったスキンケアボトルをペン立てや小物入れのような別の中身を入れるために利用できるとしても「再利用可能なボトル」に該当せず，当初に入っていた商品と同じ詰め替え商品を充填することでボトルを何度も再利用できるとしても，そのボトルを廃棄する際に，ボトルがリサイクルできないデザイン（例：ボトル本体に異なる素材のプラスチックが結合されているために，単一素材の構成部材へ分解できず，リサイクルもできない）になっている場合は「再利用可能な包装材」とみなされない。

「リサイクル可能な包装材」の定義については，焼却処理時の熱利用（サーマルリサイクル，熱回収）はリサイクルに含まない点に注意が必要である。「リサイクル可能な包装材」の定義は，エレン・マッカーサー財団の「New Plastics Economy Global Commitment：commitments, vision and definitions」（2020年2月版）に詳細と事例が記載されているので，指標の算定基準として参照するとよいだろう。例えば，リサイクル可能なキャップとリサイクル可能なボトルにラベルが貼られている場合の判断事例が以下のように挙げられている。

---

a．ラベルが全体重量の5％未満であり，かつボトルとキャップのリサイクル可能性を阻害しない場合：当該包装材（ラベル付きのボトル＆キャップ）はリサイクル可能

b．ラベルは全体重量の5％未満であるが，ラベルがあるゆえにボトルもしくはキャップがリサイクルできないか，リサイクルを汚染させてしまう場合：当該包装材（ラベル付きのボトル＆キャップ）はリサイクル不可能

---

TNFD提言では，「リサイクル可能な包装材」の指標は，「技術的にはリサイクル可能」なものと「実務的にも規模的にもリサイクル可能」なものに分けて開示することを提案している。前者は，研究室内や限定的な試験プラントではリサイクルできるものであって，実社会で，合理的な経済性をもって回収され

リサイクルできるかどうかは考慮しないものである。「技術的にはリサイクル可能」と「実務的にも規模的にもリサイクル可能」のそれぞれの自社の判断基準を開示することが必要である。

「堆肥化可能なプラスチック製包装材」か否かについては，国際的な堆肥化可能性基準に適合していることが最低限の判断基準となる。生分解性プラスチックのすべてが堆肥化可能ではないということに留意が必要である。

最終製品を製造，販売している企業にとっては，自社が使用したプラスチック製包装材の量，これらに対する再利用可能な包装材比率などの内訳情報を算出するためには，個々の製品の包装材の仕様情報，すなわち，プラスチック製の包装部材それぞれ（例：ブリスター，ラベル）の重量，材質，堆肥化可能適合の有無などが必要となる。パッケージデザインの担当部署などプラスチック製包装材関連の指標算定に必要な情報を管理している部署と，指標の算定部署，開示情報の作成部署が連携することが不可欠である。

## （6）　第三者保証に向けて

上述のとおり，TNFD提言の開示要求の範囲は広範にわたっているが，自然資本関連の項目の企業への影響の度合いは，気候変動関連や人的資本関連の項目以上に，業種による差が大きいと考えられる。気候変動関連項目における温室効果ガス排出量のように，今後の開示実務の成熟に伴い，自然資本関連の開示および第三者保証の対象となる代表的な指標が定まってくるものと想定されるが，当面の間は，なぜその指標を開示および第三者保証の対象とするのか，その範囲は適切か（例えば，連結全体をカバーしているのか，もしくは一部の国・地域のみか），について，情報利用者の視点に立った慎重な検討が必要になると考えられえる。

自社にとって都合のよい指標のみの開示や，範囲を恣意的に限定した開示は，気候変動関連の開示におけるグリーンウォッシングと同様，情報利用者のミスリードを招き，企業間の比較可能性を妨げることにつながる。

保証提供者は，保証対象とする指標や範囲が情報利用者にとって真に有用な情報であるかに常に注意を払い，必要に応じて企業と協議の上で保証対象とする指標や範囲を公正に定めることが，情報利用者の便益に資するのみならず，

結局は企業の信頼を高める近道であると肝に銘じるべきである。

# 第5章

# サステナビリティ保証に向けた
# 業種別課題

# 第1節　自動車産業

## （1）　自動車産業における重要なESG課題

　将来的な財務インパクトが高いと想定されるESG要素に関する開示基準を設定しているSASBでは，自動車産業における重要なESG課題を開示トピックス・会計指標として定めている。

### ①　自動車産業

　SASBが定める自動車産業における重要なESG課題は，社会資本においては「製品の品質と安全性」，人的資本については「労働慣行」，ビジネスモデルとイノベーションにおいては「製品設計とライフサイクル管理」「材料の調達と効率」となっている。

**図表 5 ― 1 ― 1　ESG重要課題一覧（自動車産業）**

| 環境 | 社会資本 | 人的資本 | ビジネスモデルとイノベーション | リーダーシップとガバナンス |
|---|---|---|---|---|
| GHG排出 | 人権と地域社会のつながり | **労働慣行** | **製品設計とライフサイクル管理** | 経営論理 |
| 大気質 | 顧客のプライバシー | 従業員の健康と安全 | ビジネスモデル回復力 | 競争行動 |
| エネルギー管理 | データセキュリティー | 従業員エンゲージメント，多様性とインクルージョン | サプライチェーン管理 | 法規制環境の管理 |
| 水および下水管理 | アクセスとアフォーダビリティ | | **材料の調達と効率** | クリティカルインシデントリスク管理 |
| 廃棄物および危険物管理 | **製品の品質と安全性** | | 気候変動の物理的影響 | システミックリスク管理 |
| 生態系への影響 | 顧客の福祉 | | | |
| | 販売慣行と製品のラベリング | | | |

出所：SASB Materiality FinderよりPwCにて加工

「製品の品質と安全性」については，自動車リコールはレピュテーションに悪影響を与える可能性があり，企業の経営リスクを増加させ，ひいては資本コストを増加させながら，収益と成長の可能性を低下させうるものであるため，社会資本において重要なESG課題とされている。

　また，「労働慣行」については，自動車インダストリーには工場労働者を含め多くの従業員が関わり，その多くは，労働者の基本的な権利の1つである公平な賃金，安全な労働条件，結社の自由を取り扱う団体労働協約の対象となっており，自動車メーカーは労働者の権利を保護することで短期的にはより高い人件費の負担に直面する可能性があるが，労働者の生産性を向上させることにより，事業の長期的な財務的サステナビリティを確保するためによりよい立場にあるといえる。

　「製品設計とライフサイクル管理」については，以下の理由により重要なESG課題として挙げている。自動車による化石燃料の燃焼は，地球規模の気候変動に寄与するGHG排出の重要な部分を占めている。また，窒素酸化物（NOx），揮発性有機化合物（VOC），粒子状物質（PM）などの局所的な大気汚染物質を生成し，人間の健康や環境を脅かす可能性がある。このため，世界中の消費者と規制当局は，自動車インダストリーにおける排出量の削減について関心を高めている。使用段階の排出量は自動車メーカーより下流にあるが，世界の規制の多くは，自動車の最終ユーザーやガソリンではなく，自動車の燃費性能そのものに焦点を当て，より厳しい基準を設けている。より厳しい排出基準および変化する消費者の要求は，電気自動車やハイブリッド車，さらにはより燃費性能のよい従来型の自動車の市場拡大を推進している。さらに，メーカーは燃費改善のために，より軽量の材料で作られた車両を設計することで革新を起こしている。現在の燃費および排出ガスの基準を満たし，様々な市場で将来の規制基準を満たすか上回るために革新を続けることができる企業は，従来の車両の需要が減少するリスクを軽減しながら，競争力を強化し，市場シェアを拡大する可能性がある。これには，自動車の低燃費化や電動化だけではなく，自動車自体の台数削減につながるシェアリングや自動運転も含めたビジネスモデルの変革が必要となる。結果的にSASBでは，GHG排出に関する課題を自動車産業においては，「環境」テーマにおける課題としてのウェイトよりも「ビジネ

スモデルとイノベーション」テーマにおける課題として認識している。

　「材料の調達と効率」に関しては，自動車産業の企業は，通常，主要なインプットとして希土類金属やその他のクリティカルマテリアルに依存しているという資材調達の面と，自動車の生産には大量の材料（鉄鋼，鉄，アルミニウム，プラスチックなど）が使用され，大量の廃棄物（金属くず，塗料スラッジ，輸送材料など）が発生する可能性があるという原材料効率とリサイクルの2つの視点で重要なESG課題と認識している。

### ②　自動車部品産業

　自動車部品産業のESG課題については，自動車産業と同じ項目のものと自動車サプライヤー独自のものが混在する。自動車産業と共通の課題は，「製品の品質と安全性」「製品設計とライフサイクル管理」「材料の調達と効率」であり，自動車部品産業特有のESG課題は，「エネルギー管理」「廃棄物および危険物管理」「競争行動」である。

**図表5－1－2**　**ESG重要課題一覧（自動車部品産業）**

| 環境 | 社会資本 | 人的資本 | ビジネスモデルとイノベーション | リーダーシップとガバナンス |
|---|---|---|---|---|
| GHG排出 | 人権と地域社会のつながり | 労働慣行 | **製品設計とライフサイクル管理** | 経営論理 |
| 大気質 | 顧客のプライバシー | 従業員の健康と安全 | ビジネスモデル回復力 | **競争行動** |
| **エネルギー管理** | データセキュリティー | 従業員エンゲージメント，多様性とインクルージョン | サプライチェーン管理 | 法規制環境の管理 |
| 水および下水管理 | アクセスとアフォーダビリティ | | **材料の調達と効率** | クリティカルインシデントリスク管理 |
| **廃棄物および危険物管理** | **製品の品質と安全性** | | 気候変動の物理的影響 | システミックリスク管理 |
| 生態系への影響 | 顧客の福祉 | | | |
| | 販売慣行と製品のラベリング | | | |

出所：SASB Materiality FinderよりPwCにて加工

特に自動車部品産業の場合は，自動車が製造されるまでの工程で多くのエネルギーを利用し，廃棄物の発生，危険物の取扱いが多く，そのような背景で自動車部品産業のESG課題として認識されている。また，特定の自動車部品の主要な生産者は，そのセグメントで相当な市場支配力を発揮し，不正競争の懸念を生み出す可能性があり，そのような活動への関与が発見された場合，課された罰則とレピュテーションの低下は，企業価値に深刻なマイナス影響を与える可能性があるため，「競争行動」についてもガバナンス領域のESG課題とされている。

上記のように自動車産業におけるESG課題は多岐にわたるが，以下では，環境における「GHG排出」，ビジネスとイノベーションにおける「製品設計とライフサイクル管理」に関連するGHG排出量，とりわけ，GHG排出量に占めるウェイトが高いスコープ3排出量について，その第三者保証にあたって想起される論点について考察する。

## （2）　自動車産業におけるGHG排出量スコープ3

### ①　各開示基準での取扱い

気候関連開示に関する基準は，2017年に公表された気候関連財務情報開示タスクフォース（TCFD）の最終報告（TCFD提言）にまで遡る。TCFD提言により気候関連開示の基礎ができたといってよい。

本稿執筆時点においてTCFD提言から数年が経過しているが，それまでの間にISSB，ESRS，SEC，SSBJ等の経済の広域をカバーする団体が公式な開示基準[1]を公表していることになり，この短期間の中におけるルール整備のスピードから，地球規模の脱炭素という課題に向けた国際社会の危機感を感じざるを得ない。また，これらの基準に準拠して企業側にサステナビリティ開示を要求する各国の法令整備も急速に進められている状況である。EUに所在する企業を対象にしたCSRDでは，2025年1月から現地子会社が適用される日本企業も多い。

---

1　本稿執筆時点，SSBJの基準は公開草案である。

上述の開示基準が求めるGHG排出量のうち，スコープ３排出量は，その範囲の広さ，算定方法の複雑さ，開示の意義などが論議されており，SECの規則では対象外とされた。しかし，ISSB，ESRSおよびSSBJの開示基準において，スコープ３排出量の開示が要求されている。

## ②　カテゴリー１とカテゴリー11

自動車産業では，多くの企業がGHG排出量の削減目標を掲げている。スコープ３はサプライチェーン排出量とも呼ばれ，自社のみの努力では削減することができない指標であるが，直近ではスコープ３を含むGHG排出量の削減目標を掲げる企業も増えている。スコープ３の削減目標を掲げる企業は併せてSBT[2]（Scienced Based Targets）認定を獲得しているケースもあり，本稿執筆時点において自動車産業の日本企業では複数社がSBT認定上でスコープ３排出量の削減目標を掲げている。SBTのウェブサイト[3]を訪問すると，どの企業がスコープ３排出量の削減目標についてSBT認定を受けているかをダッシュボードで確認することができる。

スコープ３排出量がどのようなものであるかについては，第４章第１節（３）を参照いただきたい。自動車産業の企業において重要となるスコープ３のカテゴリーは，「カテゴリー１（購入した製品・サービス）」と「カテゴリー11（販売した製品の使用）」である。この２つを足し合わせた排出量が，スコープ１，２，３の合計の大半を占める企業も珍しくない。カテゴリー１は車両生産のための広く長いバリューチェーンを持つ自動車産業において，生産プロセスの下流にいけばいくほど上流の企業の排出量が積み上がるため算定結果は大きくなる傾向にある。また，カテゴリー11は，自動車メーカーがICEV（内燃機関自動車）を製造・販売することにより重要となってくる排出量である。

---

2　SBTは，科学的根拠に基づいた具体的な目標によって，地球温暖化の原因となっている温室効果ガスの排出削減を企業に求める国際イニシアチブ。世界中でSBTに参加する企業は増加しており，日本でも120社以上が加盟し，そのうち90社以上がSBT認定を取得している。

3　https://sciencebasedtargets.org/target-dashboard

---

◆コラム◆**自動車完成車メーカーのパワートレイン別CO₂排出量**

　IEA「Global EV Outlook 2024」によると，パワートレイン別$CO_2$排出量のうち，内燃機関自動車（ICEV）のスコープ3（カテゴリー11＝Well to tank（WtT）＋Tank to wheel（TtW）の合計）排出量は，BEV（バッテリーEV）に比べ，倍以上の排出量となっている。また，BEVは自動車走行時に電気を使うためTtWはゼロであるものの，当該走行時に使用する電気を生成するために発生する$CO_2$（WtT）は，ICEVよりも多くなる。

| 図表5－1－3 | パワートレイン別$CO_2$排出量 |

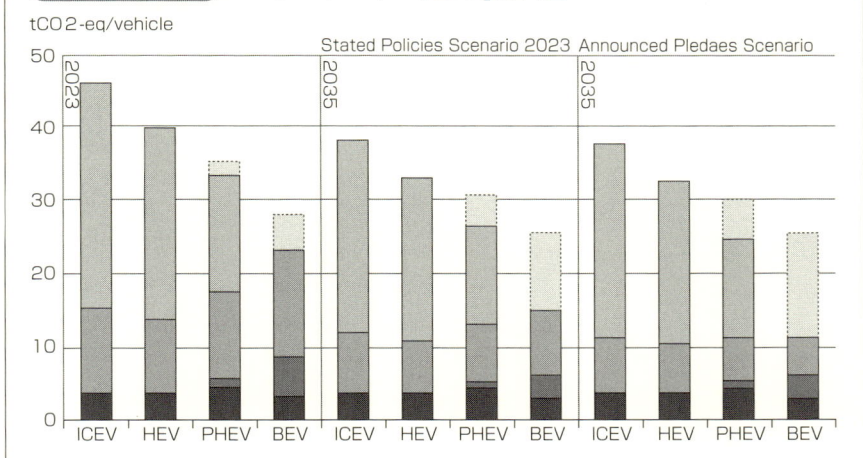

tCO2-eq/vehicle

出所：IEA「Global EV Outlook 2024」

---

## （3）　スコープ3カテゴリー1に関する第三者保証上の留意事項

### ①　自動車産業におけるカテゴリー1の算定

　まず，カテゴリー1に関連する論点を見ていきたい。上述のとおり，自動車産業の多くの企業，特に自動車部品の製造業にとって，カテゴリー1は排出量全体の重要な割合を占めており，これをどのように削減していくかは各企業に

とっての重要な課題となっている。これは，SBT認定取得上で削減の宣言をし，脱炭素への貢献により企業価値を上げていくという長期的な目線に立った課題だけではない。炭素税や排出量取引等のカーボンプライシング施策が上流のサプライチェーン上の企業に適用されることで，自社の仕入価格への価格転嫁が生じる材料費が高騰するという短期的な財務的リスクも伴っている。

### a．SSBJテーマ別基準第2号の算定方法

2024年3月29日に我が国のサステナビリティ基準委員会から公表された「サステナビリティ開示テーマ別基準公開草案第2号」では，GHG排出量の算定は「直接測定による方法」と「見積りによる方法」が認められている。スコープ3カテゴリー1の算定にあたっては直接測定（計器を使用した物理的な測定）は想定されないため，見積りによる方法となる。見積りによる方法は，単純化すると以下の算式で表される。

---

活動量（①）　　　　　　　　×　原単位（②）　　　　　＝GHG排出量
　↓
購買金額（または数量等）（①）×単位当たりのGHG排出量（②）＝GHG排出量

---

通常，上記算式の①の活動量には自社の購買データが用いられる。②の原単位には，1次データ（報告企業のバリューチェーン内の特定の活動から直接入手されたデータ）を用いるか，2次データ（1次データ以外のデータ，例えば，データ・プロバイダーから提供されるデータ，ならびに，データベースおよび政府統計等の産業平均データ）が用いられることになるが，現状では後述する様々な制約から多くの企業において2次データが用いられている。

### b．活動量を減らすか原単位を減らすか

ここで，カテゴリー1特有の問題が提起される。2次データを利用する場合，企業がカテゴリー1を削減するためには，上記式の①（活動量）または②（原単位）のどちらかを減らさなくてはならない。しかし，活動量（購入量）を減らすとは，軽量化や生産工程内の歩留まりを減らすという方法もあるが，多く

の製造業の企業にとって長年の開発や改善活動によりすでに極限まで減らしている現状からすると，脱炭素のために活動量を減らすとは企業の生産活動を縮小する，つまり生産量を減らすことを意味しており，生産量を上げて利益を獲得するという企業の目的と矛盾することになる。そこで，企業は②の原単位を減らすことになるが，2次データは政府機関等が算出する産業平均データであるため自社の努力は反映されない。また，このような2次データは更新頻度が限られており，産業全体の削減状況がより遅く反映されることになる。

　そこで，高い削減目標を掲げる企業に残された削減の手段は，原単位に関する1次データの取得となる。企業はサプライヤーに対してGHG排出量の削減を要求し，かつ，企業が購入した財またはサービスに配分されたサプライヤーの排出量データを要求することになる。将来的にはバリューチェーン全体をカバーしたデータプラットフォームが運用され，企業はサプライヤーではなくデータプラットフォームの運営者から原単位データを取得する日がくるかもしれないが，当面の間は個別のサプライヤーから排出量データを入手するという運用になるだろう。しかし，サプライヤーとの間に支配関係はなく，そのような経営データを入手するための交渉は困難であるばかりか，長く広いサプライチェーンを有する自動車産業では，1次サプライヤーのその先のサプライヤーまでデータを入手することは現時点では極めて困難である。

　つまり，スコープ3カテゴリー1の削減目標を掲げている企業にとって，ただでさえ割合の大きな排出量の削減は，その目標達成の困難性という意味においても非常に重要な課題となってくるのである。

### c．データの信頼性確保の困難さ

　ここで，「サステナビリティ開示テーマ別基準公開草案第2号」（以下，公開草案）の1つの条文を紹介する。スコープ3の測定にあたって使用するデータの優先事項について4つ述べられている。

73. 利用可能なデータのうち，スコープ3温室効果ガス排出の測定にあ
たって用いる要素及び仮定に組み込むものは，次の(1)から(4)に従い決定
しなければならない。ただし，(1)から(4)については順不同である。

(1) 直接測定によるデータがある場合には，これを優先しなければなら
ない。

(2) 1次データがある場合には，これを優先しなければならない。2次
データを用いる場合，データが企業の活動をどの程度忠実に表現す
るかについて考慮しなければならない。

(3) バリュー・チェーンにおける活動及び温室効果ガス排出が行われた
法域，並びに当該活動を遂行する方法を忠実に表現する適時のデー
タがある場合には，これを優先しなければならない。

(4) 検証されたデータがある場合には，これを優先しなければならない。

　繰り返しになるが，(1)の「直接測定」は，カテゴリー1では現実的ではな
いため検討から除外するとして，(2)では1次データを，(4)では検証されたデー
タを優先すべきと規定されている。しかし，当然であるが，1次データすなわ
ちサプライチェーン上の企業から報告を受けたデータの信頼性を確保するには，
企業にとって追加的な検証が必要となってくる。どこまでの検証が必要なのか
は公開草案の中では具体的に明示されていない。

## ② カテゴリー1に関連して想定される虚偽表示リスク

　カテゴリー1については，各社のGHG排出量の削減目標の達成を意識した
虚偽表示リスクも同時に高まる。例えば，図表5－1－4のように主要仕入先
が3社ある状況において，企業はそのうちの2社から検証可能な1次データを
入手することが可能な状況にあったとする。その状況で，以下のようにB社が
1次データにより削減効果を反映できる状況であった場合，企業はA社の排出
量は引き続き2次データを使用して算定する，という動機（誘因）が生じるこ
とになる。例えば，A社の1次データは入手できない，またはデータの信頼性
が検証できないということにして，そのように保証人に説明することで，企業

はB社の削減効果のみを算定結果に反映したとする。企業のこのような行為は
それが意図的に行われた場合は不正行為になりうると考えられるが，保証人が
それを発見するには保証先の企業だけではなく仕入先に対する直接的な手続の
実施が求められる可能性がある。

**図表5－1－4**　**虚偽表示の動機が生じる例**

| 仕入先 | 購入量 | 1次データ | データの検証 | 1次データを使用した排出量 | 2次データを使用した排出量 | 1次データを使用した場合の算定結果増減 |
|---|---|---|---|---|---|---|
| A社 | 100 | 可 | 可 | 1,200 | 1,000 | ＋200 |
| B社 | 80 | 可 | 可 | 700 | 800 | △100 |
| C社 | 70 | 不可 | 不可 | ― | 700 | ― |

　公開草案においては，見積りの基礎となる要素および仮定を開示するにあた
り，データの決定方針や1次データおよび検証されたデータの範囲の開示が求
められる。

---

75.　スコープ3温室効果ガス排出の測定にあたって用いる要素及び仮定を
　　開示するにあたり，次の事項を含めなければならない。
　（1）　第73項に従い組み込むデータを決定した方法
　（2）　スコープ3温室効果ガス排出の測定にあたり1次データを使用した
　　　　範囲
　（3）　スコープ3温室効果ガス排出の測定にあたり検証されたデータを使
　　　　用した範囲

---

　企業はスコープ3カテゴリー1の見積方法を策定していく中で，上で例示し
たような虚偽表示ができない，厳格かつ合理的な自社ルールを織り込む必要が
あると考えられる。

## （4） スコープ3カテゴリー11に関する第三者保証上の留意事項

### ① 自動車産業におけるカテゴリー11の算定

カテゴリー1と並んで自動車完成車メーカーのGHG排出量の多くを占めるのが，スコープ3カテゴリー11（自動車走行時の排出量）である。その算定式は，一般的に以下のとおりであり，当年度に販売した製品が走行時に排出する生涯GHG排出量の総和を意味する。なお，リース会社のように車両を販売ではなくリースで顧客に貸し出している企業の場合は，カテゴリー13（リース資産（下流））に該当し，該当年度に貸し出しているリース車両の年間エネルギー使用量の総和となる点に留意が必要である。

**スコープ3カテゴリー11算定式（例）**

| 排出量＝ | $\Sigma$（①販売車種ごとの $CO_2$排出量 | × | ②自動車生涯走行距離（＝年間走行距離×生涯年数） | × | ③年間販売台数 ） |
|---|---|---|---|---|---|
| 単位： | g/km台 | | km | | 台 |

各計算要素ごとの具体的な算定方法とデータ集計上の留意点は図表5－1－5のとおりである。

データ作成上，計算式の3つの要素（①販売車種ごとの$CO_2$排出量，②自動車生涯走行距離（＝年間走行距離×生涯年数），③年間販売台数）のうち，①については，自動車メーカー側として純粋に，より$CO_2$排出量の少ない低燃費車やBEVの販売割合を高めることで全体$CO_2$を下げることができる。一方で，②や③については，消費者が求める生涯年数がより長い車両（＝長持ちする車両）を多く販売すればするほど，$CO_2$排出量が多くなってしまうというジレンマが生じることとなる。

**図表5－1－5** カテゴリー11の計算要素ごとの留意点

| スコープ3　カテゴリー11の計算要素 | 具体的な算定方法 | データ集計上の留意点 |
|---|---|---|
| ①販売車種ごとの$CO_2$排出量 | 自動車の走行時にテールパイプから直接排出される$CO_2$（Tank to | ・当局への燃費届出値が最新のものとなっていること（モデル切 |

| | | |
|---|---|---|
| | Wheel：TtW）に加え，燃料の採掘・精製，電気の発電段階で排出される$CO_2$（Well to Tank：WtT）を加えたWtW値で評価。<br><br>WtW＝WtT＋TtW<br><br>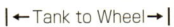<br>\|←Tank to Wheel→\|<br>\|——— Well to Wheel ———→\|<br><br>この比率を使って自動車のスコープ3カテゴリー11のGHG排出量を算定する。<br><br>WtT：2006 IPCC[1] Guidelines for National Greenhouse Gas Inventories公表の外部データ等により地域別に算定<br><br>（例）TtW（ガソリンの場合）＝燃費×3.07（$CO_2$排出係数 [$tCO_2/t$]）＝A×B×C/1000<br><br>A：ガソリンの単位重量当たりの発熱量　44.3<br>［TJ/千t］）<br>B：ガソリンの単位発熱量当たりの炭素含有量　18.9（tC/TJ）<br>C：$CO_2$とCの分子量比率　44/12 | 替えにより届出燃費値が変更となっていないか）<br>・当局への燃費値届出が不要な車両について，社内での燃費測定結果のエビデンス確保<br>・NEV（EV/PHEV）車の場合，$CO_2$算定に利用する電費の前提（EVの場合は，電力ミックスと走行する国における電力当たり排出量の原単位の前提，PHEVの場合，ガソリン走行とEV走行の割合）の合理性確保<br>・燃費に関して欧州などのように，当局への燃費値届出認可を$CO_2$グラム/kmで行っている場合は，そのまま上記計算式に当てはめて使用。一方で，日本の当局認可（届出）のように，燃費値（km/リットル）で行っている場合は，$CO_2$算定にあたり，燃料ごとに排出係数（ガソリンの場合3.07）を乗じて，km当たり$CO_2$排出量を算定する必要がある。 |
| ②自動車生涯走行距離（＝年間走行距離×生涯年数） | 各完成車メーカーが地域別年間走行距離，生涯年数のデータを保有している場合は，当該データを利用。保有していない場合は，信頼性のある外部機関データ（SMPモデル（IEA・WBCSD）[2等]）より，地域ごと年間走行距離〔km/年〕および地域ごとの生涯年数〔年/台〕を見積値として使用。 | ・各社固有の統計データを利用する場合，主要な仕向地別のデータ集計がされているか<br>・SMPモデル（IEA・WBCSD）等の信頼性のある外部機関データを利用する場合，当該データは最新のデータを利用しているか |

| ③年間販売台数 | 各地域の実際販売台数（登録ベース，出荷ベース等）で集計 | ・決算発表時の公表データとの整合性確保<br>・収益認識基準ごとの台数集計の正確性，網羅性確保（出荷基準，登録基準，ディーラー検収データ），登録データの場合，当局公表データとの整合性 |
|---|---|---|

※1 IPCC：Intergovernmental Panel on Climate Change（気候変動に関する政府間パネル）
※2 SMPモデル（IEA・WBCSD）：世界経済人会議（WBCSD）の持続可能なモビリティ・プロジェクト（SMP）

## ② カテゴリー11に関連して想定される虚偽表示リスク

カテゴリー11算定における重要な変数である販売車種ごとの$CO_2$排出量の大小は，燃料であるガソリン等の単位重量当たりの発熱量は一定であることから，車種ごとの燃費（または電費）の善し悪しと言い換えることができる。昨今における自動車メーカー各社の中長期的なカーボンニュートラル化目標を背景とした熾烈な低燃費ガソリン車やEV/PHEV車へのシフトにより，カタログ燃費の前提となる当局への燃費届出値の誤りや改ざんは，カテゴリー11報告値の虚偽表示に直結することとなる。

## （5） 第三者保証における課題

第三者保証では，単に見積りの計算結果が正確で網羅的であるかを確認するだけではなく，見積方針が上記のような不正行為を許さない設計となっていることにも留意する必要がある。つまり，会計監査における見積りの監査をするにあたってのガイドラインである監査基準報告書540と同様の検討が必要ということになる。また，第三者保証を行うにあたって，企業の置かれた状況を不正リスクの観点から評価することも，財務情報に対する監査と同様に重要となってくるであろう。

22．見積手法に関するリスク対応手続は，以下の事項に対応するものでなければならない。

(1)　選択された見積手法が，適用される財務報告の枠組みに照らして適切であるかどうか，また，該当する場合には，過年度に使用された見積手法からの変更が適切であるかどうか。

(2)　見積手法の選択に関する判断が，経営者の偏向が存在する兆候を示していないかどうか。

(3)　計算が見積手法に従って実施されており，正確であるかどうか。

(4)　見積手法の適用に際して複雑なモデルが使用されている状況にある場合，判断が整合的かどうか，また，以下が適切であるかどうか。

①　モデルの設計が，適用される財務報告の枠組みにおける測定目的を満たし，その状況において適切であるか。また，過年度のモデルからの変更がある場合には，当該変更がその状況において適切であるか。

②　該当する場合，モデルのアウトプットに対する調整が，適用される財務報告の枠組みにおける測定目的と整合し，その状況において適切であるか。

(5)　見積手法の適用において，重要な仮定及びデータの完全性が維持されているかどうか。

出所：監査基準報告書540「会計上の見積りの監査」

　とりわけ，サステナビリティ第三者保証においては，これまでの会計監査の対象となる財務報告と異なり，$CO_2$算定における算定要素（例えば燃費値）そのものが直接的な主題情報となる。そのため，サステナビリティ第三者保証，とりわけ合理的保証水準での第三者保証を見据えた場合，企業は，燃費値の正確性を確保するための内部統制（意図的な届出燃費値の改ざんを防止するための内部統制を含む）を構築する必要があるといえる。特に，これまでの我が国における内部統制報告制度（J-SOX）は，財務報告に係る内部統制をその対象としていたことから，上記のような開発車種の燃費測定が行われる開発部門における内部統制に関しては，第三者保証に耐えうるような内部統制の文書化（いわゆる3点セット）が行われていない場合が少なくない。サステナビリ

ティ情報に対する第三者保証（合理的保証）対応のみならず，近い将来，J-SOXの評価対象にサステナビリティ報告に関連する内部統制，とりわけGHG排出量の算定，集計に係る内部統制が加わり，当該内部統制そのものが外部監査の対象となる日に備え，企業側での関連する内部統制構築が望まれる。

# 第2節　テクノロジー産業

## （1）　半導体・ハードウェア産業における重要なESG課題

### ①　半導体産業

　SASBが定める，半導体産業における重要なESG課題は，環境については「GHG排出」「エネルギー管理」「水および下水管理」「廃棄物および危険物管理」，人的資本については「従業員の健康と安全」「従業員エンゲージメント，多様性とインクルージョン」，ビジネスモデルとイノベーションにおいては「製品設計とライフサイクル管理」「材料の調達と効率」，リーダーシップとガバナンスにおいては「競争行動」などとなっている。

**図表5-2-1**　ESG重要課題一覧（半導体産業）

| 環境 | 社会資本 | 人的資本 | ビジネスモデルとイノベーション | リーダーシップとガバナンス |
|---|---|---|---|---|
| **GHG排出** | 人権と地域社会のつながり | 労働慣行 | **製品設計とライフサイクル管理** | 経営論理 |
| 大気質 | 顧客のプライバシー | **従業員の健康と安全** | ビジネスモデル回復力 | **競争行動** |
| **エネルギー管理** | データセキュリティー | **従業員エンゲージメント，多様性とインクルージョン** | サプライチェーン管理 | 法規制環境の管理 |
| **水および下水管理** | アクセスとアフォーダビリティ | | **材料の調達と効率** | クリティカルインシデントリスク管理 |
| **廃棄物および危険物管理** | 製品の品質と安全性 | | 気候変動の物理的影響 | システミックリスク管理 |
| 生態系への影響 | 顧客の福祉 | | | |

| 販売慣行と製品のラベリング | | | |
|---|---|---|---|

出所：SASB Materiality FinderよりPwCにて加工

## a．PFC排出量の重要性

　半導体産業の企業は，半導体製造工程におけるドライエッチング装置において，反応ガスとしてパーフルオロ化合物（PFC）ガスを使用する。これらは $CF_4$（四フッ化炭素）：$GWP^4$約7,380，$C_2F_6$（六フッ化エタン）：GWP約12,400，$C_3F_8$（八フッ化プロパン）：GWP約9,290，$c$-$C_4F_8$（PFC-318）：GWP約10,200，$SF_6$（六フッ化硫黄）：GWP約24,300，$NF_3$（三フッ化窒素）：GWP約17,400等，大気中での寿命が長く，地球温暖化係数が大きいために，国際的に削減が合意されている。これらは一般的にスコープ1に分類され，半導体企業におけるGHG排出量削減目標の達成上，重要な課題となる。米国環境保護庁（EPA）のデータによれば，半導体産業におけるPFC排出量は，全体のGHG排出量の中で重要な割合（約10〜20％）を占めるとされている。よって，SASBの会計指標においても，スコープ1総排出量とは別に，PFC由来のGHG排出量の開示が求められている。

## b．半導体産業の重要な指標

　なお，SASBにおける半導体産業には，半導体デバイス，集積回路，そのコンポーネント，資本設備を設計または製造する企業が含まれている。製造プロセスは，一般的な企業にとって最もエネルギーを消費するプロセスであるため，エネルギー管理の財務的影響について最も洞察が得られる領域である。エネルギーは，半導体デバイスを製造するための重要なインプットである。例えば，太陽光発電などの代替的なエネルギー源がよりコスト競争力のあるものとなる一方で，従来型の系統電力の価格や化石燃料価格は，気候変動規制の進展やエネルギー効率および再生可能エネルギーに対する新たなインセンティブなどの結果として上昇する可能性がある。産業革新により製造プロセスが複雑化する

---

4　Global Warming Potentialの略で，地球温暖化係数のこと。

中，半導体を製造するための新しい技術は，企業が業務のエネルギー効率化へ投資しない限り，より多くのエネルギーを消費する可能性が高い。したがって，企業がエネルギー効率を管理する方法，様々な種類のエネルギーへの依存度，および代替エネルギー源への企業のアクセス能力などは，業績に影響を与える可能性が高い指標である。

会計指標においても，自社の総エネルギー消費量および系統電力の割合のほか，再生可能エネルギーの割合（%）が求められている。ここでいう再生可能エネルギーには事業体が消費した再生可能燃料，事業体が直接生産した再生可能エネルギー，および事業体が購入した再生可能エネルギー（再生可能エネルギー証書（REC）または原産地保証（GO）を明示的に含む再生可能電力購入契約（PPA），Green-e Energy認定ユーティリティやサプライヤープログラム，またはRECもしくはGOを明示的に含むかあるいはGreen-e Energy認定RECが系統電力と組み合わされたその他のグリーンパワー製品を通じて購入された場合）が含まれる。再生可能エネルギーの割合（%）の増加はエネルギー管理へのリスクを軽減すると考えられることから，電力証書への需要も高まっている。

このほか，半導体事業に重要な環境課題として水が挙げられる。洗浄作業の過程で使用される超純水など，半導体製造において水資源は欠かせない重要な要素であり，河川からの取水，再利用水や井戸水など様々な供給ができる立地に半導体工場は位置している。人口増加や急激な都市化による水消費量増加，気候変動や水汚染に起因する水資源不足への対応が求められる。また，企業がさらされるリスクを明確にするために，ベースライン水ストレスが高い（40～80%）または非常に高い（>80%）地域[5]での取水量や消費量の開示が求められている。

また，半導体の製造には上述のようにPFC類等の有害物質が必要であり，これらが有害廃棄物を生み出して，水や空気への排出，固形廃棄物の形で環境に放出される可能性があるため，その多くは環境や安全衛生規制の対象となっている。製造中に発生する有害廃棄物の処理と処分に関して，事業コストや資本支出等が増加する可能性がある。有害物質の排出を最小限にする設備投資，リ

---

5　SASBスタンダード（半導体）参照。

サイクルなどにより排出量削減に取り組むことが期待されている。

### c．半導体産業の人的資本指標

　人的資本の観点において，半導体産業の製造プロセスでは，労働者が重大な健康リスクをもたらす化学物質にさらされるおそれがある。SASB半導体基準では，企業が独自の製造施設を運営していることを想定しており，従業員の健康と安全に関連する開示トピックと関連する活動指標が含まれている。ただし，一部の半導体企業は製造のすべてまたは大部分をアウトソーシングしており，そのような場合，人的資本の開示トピックは，企業が直接対応できないため対象とされず，代わりにサプライチェーン管理における労働条件が関連する可能性がある。同様に，製造に関連するその他のトピック（GHG排出，エネルギー，水，廃棄物管理など）も，製造過程をアウトソーシングしている場合はサプライチェーンの管理方法の一部として考慮する必要がある。

### d．半導体産業を取り巻く環境

　「製品設計とライフサイクル管理」の観点では，急速なテクノロジーの高度化と環境負担削減のため，省エネ製品の開発に対する需要が高まっている。半導体製造装置やデバイスメーカーは，装置やチップのエネルギー効率を高め，製品に含まれる有害物質を削減することで，製品が環境や人の健康に与える影響を低減させることができる。バッテリーの長寿命化，熱発生の低減，エンドユーザーの光熱費削減を可能にするエネルギー効率等に対する消費者の需要が高まる中，このニーズを満たすデバイスを製造する半導体メーカーは，競争上の優位性を獲得し，収益および市場シェアの拡大を図ることができる。

　このような背景から，「競争行動」が重要なESG課題として「リーダーシップとガバナンス」にて定義されている。

### ②　ハードウェア産業

　ハードウェア産業は，コンピュータ，家庭用電気機器，通信機器，記憶装置，構成要素，周辺機器などの技術ハードウェア製品を設計・販売する企業で構成されている。この産業の多くの企業は，製造サービスのために電子機器受託製

造サービス（EMS）および委託者ブランドによる製品設計・製造（ODM）産業に大きく依存している。この産業は，特に新興市場の消費者を中心に，テクノロジーの利用が急速に拡大していることから，今後も成長が期待される。これらの背景から，SASBが定める最も影響のある重要なESG課題は，社会資本における「データセキュリティ」，人的資本については「従業員エンゲージメント，多様性とインクルージョン」，ビジネスモデルとイノベーションにおいては「製品設計とライフサイクル管理」「サプライチェーン管理」「材料の調達と効率」となっている。

**図表5−2−2** ESG重要課題一覧（ハードウェア産業）

| 環境 | 社会資本 | 人的資本 | ビジネスモデルとイノベーション | リーダーシップとガバナンス |
|---|---|---|---|---|
| GHG排出 | 人権と地域社会のつながり | 労働慣行 | **製品設計とライフサイクル管理** | 経営論理 |
| 大気質 | 顧客のプライバシー | 従業員の健康と安全 | ビジネスモデル回復力 | 競争行動 |
| エネルギー管理 | **データセキュリティー** | **従業員エンゲージメント，多様性とインクルージョン** | **サプライチェーン管理** | 法規制環境の管理 |
| 水および下水管理 | アクセスとアフォーダビリティ | | **材料の調達と効率** | クリティカルインシデントリスク管理 |
| 廃棄物及び危険物管理 | 製品の品質と安全性 | | 気候変動の物理的影響 | システミックリスク管理 |
| 生態系への影響 | 顧客の福祉 | | | |
| | 販売慣行と製品のラベリング | | | |

出所：SASB Meateriality FinderよりPwCにて加工

## a．ハードウェア産業と人的資本

　ハードウェア産業の企業が提供するハードウェア製品や関連ソフトウェアには，消費者をデータセキュリティの脅威にさらす脆弱性がある可能性があることから，企業の製品に関し特定したデータセキュリティリスクと脆弱性に対処

するためのアプローチの開示が求められている。

　人的資本の観点からは，グローバル市場における多様な製品ニーズを理解し，イノベーションを進める上で従業員のダイバーシティを高めるとともに，ブランドロイヤルティの向上，競争力強化が期待される。

## b．ハードウェア産業の課題

　「製品設計とライフサイクル管理」として，ハードウェア産業の企業は，製品の製造，輸送，使用，廃棄に起因する環境的・社会的外部性に関連する課題の増大に直面している。テクノロジーの急激な変化，環境負荷削減へのニーズの高まりによる消費者需要の変化や，環境を考慮した製品製造や施策を行う企業への評判の高まりからも，企業はライフサイクル全体を考慮した製品設計の必要性に迫られている。具体的には，製品のエネルギー効率，有害物質の含有，安全な耐用年数経過時の廃棄やリサイクルの設計と促進などを製品設計において考慮する必要がある。環境や社会への影響を改善した製品を設計・製造することを優先する企業は，ハードウェア製造プロセスで排出される有害ガスによる大気汚染が引き起こす健康被害，環境破壊による医療費や環境修復費用，製造工程で使用される化学物質が排水として河川や地下水に流れ込んで引き起こされる水質汚染を浄化するためのコストや水生生態系への影響，有害化学物質にさらされた労働者の健康被害に対する医療費の増加や労働生産性の低下などといった，外部性に関連するコストを回避し，有害な可能性のあるマテリアルを排除しながら，消費者の需要と市場シェアを拡大していくことができる。さらに，製品の環境負荷を最小限に抑えることができる企業は，生産者責任の拡大に関連した規制やコストの増加にさらされるリスクが少なくなる。

## c．ハードウェア産業の情報開示

　ハードウェア産業においては，製品のライフサイクルアセスメント（LCA）を通じて，製造段階から使用後の環境負荷の低減も検討する必要があるが，その際に様々な課題がある。例えばハードウェア製品は多くの部品と材料から構成されており，それぞれが異なるサプライヤーから供給されるため，サプライチェーン全体をトレースすることが困難である。また温室効果ガスだけでなく，

有害物質の排出や生態系への影響など，多岐にわたる環境影響を評価する必要がある。さらに，ハードウェア技術は急速に進化しており，新しい材料や製造方法が次々と登場するため，LCAの結果がすぐに古くなる傾向がある。

　これらを踏まえて，消費者が環境に配慮した製品を選択できるよう，自社製品の環境負荷やそれに対する取組みに関する情報開示を行っていく必要がある。

### d．ハードウェア産業とソフトウェア産業

　また，ハードウェア産業に関連の深いソフトウェア産業のライフサイクルについて目を向けてみると，投入される資源は主に電力であるが，ソフトウェア開発に用いるICT機器には多種多様な種類があり，それぞれの機器に適した測定方法が異なる場合がある。例えば，デスクトップコンピュータとサーバーでは消費電力のプロファイルが異なる。また，異なる使用状況，例えばソフトウェア開発の各フェーズ（設計，コーディング，テストなど）で機器の使用状況が異なり，それに伴って消費電力も変わる。これを一律に測定する方法が確立されておらず，ソフトウェアの開発・運用においては物理的な材料の投入・加工がない一方で，クラウド上での開発やデプロイが一般的になっているため，物理的なデータセンターの電力消費も考慮する必要があるが，クラウドサービスプロバイダから提供される電力消費データが十分でないことがある。また，ソフトウェア開発は多くの場合，ネットワークを介して行われるため，ネットワーク機器の電力消費も考慮する必要があるが，その測定が難しい場合がある。結果として投入された電力等の資源の範囲を特定しづらい状況がある。

　このようなソフトウェアの特徴を踏まえた上で，$CO_2$排出の観点でのソフトウェアの，何を基準として各ライフサイクル段階の開始・終了と判断するのかを検討する必要がある。さらには，ソフトウェアの受託型開発製品では開発に関連する機器やネットワークの使用が排出要因の中で一定の割合を占める可能性があるため，算定対象の決定にはハードウェア産業と異なる検討が必要となる。最終的な成果物であるソフトウェアと，開発・運用に使用されたICT機器はデータ解析等他の目的にも使用されうるため，ICT機器の消費電力のうち当該ソフトウェアのライフサイクルに関連するGHG排出量の算定には，その部分のみをどのように切り分けるのか検討が必要となる。ソフトウェア産業の

サステナビリティ課題への取組みをどのように開示していくかも1つの課題となると考えられる。

### e．ハードウェア産業のサプライチェーン

　さらに，ハードウェア産業の企業の多くは，複雑でグローバルなサプライチェーンや電子機器受託製造サービス（EMS）企業への生産委託に依存することで競争力を維持している。この際，直接コストが最も低い国の開発ベンダーと契約するために，労働者を保護するための規制や執行が限られている国で製造されていることも多い。そのため，労働・安全衛生・環境・倫理／コンプライアンスとそのマネジメントシステムについて定めた「RBA（Responsible Business Alliance）行動規範」を評価基準とした「RBA VAP（Validated Audit Process）監査」または同等の基準でのTier 1サプライヤー監査の実施状況や識別された不適合の割合の開示が求められている。サプライチェーンにおける企業のレピュテーションリスクへの対応は収益性への直接的な影響が想定されることから，サプライヤーとの積極的な関与を通じてサプライチェーンから生じる影響を管理することが期待されている。

### （2）　第三者保証における課題

　上記に掲げたとおり，半導体産業は以下のような特徴がある。

---

・高エネルギー消費：半導体製造プロセスが非常にエネルギー集約的。クリーンルームの維持，製造装置の運転，化学物質の処理などに大量の電力を必要とする。
・水利用：超純水（UPW）は半導体製造に不可欠で，大量の水を使用する。製造プロセスでは，各ステップでの洗浄が必要。
・化学物質の使用：製造プロセスで使用される多くの化学物質は，適切に管理しないと環境への影響が大きい。

---

　また，半導体産業の水利用の環境への取組みとして，以下の取組みがある。これらの取組みにおいて正しく水の使用量，排水量，水質汚濁の検査等を行う

必要があり，その結果を第三者保証に提供するデータと連携することで効率的な保証対応ができると考えられる。

> ・水使用の最適化：水使用の効率化を図るために，リサイクル水の利用や水使用量のモニタリングを行うこと
> ・超純水の管理：超純水の製造と管理における効率化を推進し，水資源の無駄を最小限に抑えること
> ・排水処理：排水処理のプロセスを強化し，環境に対する影響を最小限に抑えるための技術を導入すること
> ・地域水資源への影響評価：製造拠点が地域の水資源に与える影響を評価し，持続可能な水管理計画を策定すること

　一方で，GHG排出量については，製造過程における環境負荷，市場競争での対応のための製品設計とライフサイクル管理およびサプライチェーン管理といった自社の取組みにとどまらない第三者保証の課題論点もある。製造工程における環境負荷とサプライチェーン管理に関連する保証の課題は以下のとおり。なお，GHG排出量スコープ３カテゴリー１においては，本章第１節（３）「スコープ３カテゴリー１に関する第三者保証上の留意事項」の論点が半導体産業にも該当するため，参照されたい。

### ①　製造工程で使用されるガスの使用量

　半導体の製造工程では，環境負荷が高い温室効果ガスが使用されている。その代表例とGHG排出係数は以下のとおりである。

> **六フッ化硫黄（SF$_6$）**
> 用途：エッチングガス，絶縁体
> GHG排出係数：GWPは約24,300（CO$_2$の約24,300倍）
> **三フッ化窒素（NF$_3$）**
> 用途：プラズマエッチング，クリーニングガス

GHG排出係数：GWPは約17,400

**パーフルオロカーボン（PFCs：代表例：パーフルオロメタン（CF$_4$），**
　　**パーフルオロエタン（C$_2$F$_6$））**

用途：プラズマエッチング，CVDプロセス

CF$_4$：GWPは約7,380

C$_2$F$_6$：GWPは約12,400

**亜酸化窒素（N$_2$O）**

用途：CVDプロセス，化学反応の促進

GHG排出係数：GWPは約273

**塩素化炭化水素（CFCs：代表例：CFC-113）**

用途：洗浄，溶媒

GHG排出係数：GWPは約6,520

**メタン（CH$_4$）**

用途：CVDプロセス，化学反応の促進

GHG排出係数：GWPは約27

これらのガスの使用量を各製造工程ごとに正確に算定し，モニタリングするためには，高精度な質量流量計や自動化されたガス供給システムの導入，もしくは関連する製造設備の正確な把握が必要不可欠である。また，測定機器の定期的なキャリブレーションやメンテナンスを行うことで，測定精度を維持し，正確なデータを取得することが重要である。

## ② 半導体産業におけるスコープ3カテゴリー1の課題

一般的にいわれていることではあるが，サプライヤーから信頼性のあるデータを入手することや，データの一貫性や正確性を確保するための標準化が不十分であることから品質の確保は困難であることに加え，半導体産業のサプライチェーンは非常に複雑で，多くの中間業者や製造ステップが関与するため，サプライチェーン全体の排出データを包括的に収集するのは困難である。

サプライヤーの変更や製造プロセスの変更に伴い，データの更新が必要だが，

適時に行われないことがあり，古いデータを使用することによる算定結果の誤差も発生することがある。

また，スコープ3カテゴリー1の境界をどこまで設定するかが不明確であり，一部のサプライチェーン活動が算定範囲から漏れる可能性もある。

さらには，産業全体で統一された算定方法が確立されていないため，サプライヤーごとに異なる算定方法が使用される場合，データの一貫性が失われてしまう。

このようなデータの信頼性・品質確保やサプライチェーンの複雑性への対応として，例えば，サプライヤーと緊密な連携を構築し，データ提供の重要性を教育する，あるいはデータ収集のための標準フォーマットや統一された算定方法のガイドラインの設定や，トレーニングの提供が考えられる。

また，サプライチェーン全体の可視化を進め，主要なサプライヤーを特定したり，主要サプライヤーに対して排出データの提供やデータの独立した第三者検証の実施の依頼を義務付ける契約を結ぶことも，近年事例として出てきている。

これらの課題に対する効果的な対策を講じることで，精度の高いスコープ3カテゴリー1の排出量算定が可能となる。サプライチェーン全体での協力と透明性が重要であり，データの信頼性と一貫性を確保するための継続的な取組みが求められる。

### ③ 半導体産業におけるライフサイクルアセスメント（LCA）

半導体産業は急速な技術革新が特徴であり，製造プロセスや材料の使用が頻繁に変わる。したがって，新しい技術やプロセスの導入に伴い，LCAデータがすぐに古くなり，精度が低下する可能性がある。

また，製造プロセスや材料の変更に伴い，当然サプライチェーンの変更（新しいサプライヤーの追加，既存サプライヤーのプロセス変更など）が頻繁に発生する。サプライヤーごとの排出データが異なるため，LCAの更新頻度が重要となる。

なお，会社の事業とは関係なく，規制や業界標準の変更，環境影響の評価精度の向上に対応することを目的として，最新の科学的知見やデータを反映する

ため，LCAの更新が必要となる場合もある。

　しかしながら，LCAの更新にはコストとリソースがかかるため，頻繁な更新が難しい現状もある。そのため，古いデータを使用した結果，スコープ3カテゴリー1のGHG排出量の算定が不正確になるおそれがある。

　このような状況の中で，正確かつ信頼性のあるデータに基づきGHG排出量を算定するには，内外環境に迅速に対応し，LCA更新の必要性を社内外で理解し，協力を得ることが重要である。その上で，新しい技術やプロセス導入・サプライチェーンの変更時，定期的な技術レビューや規制や業界標準の変更を定期的にモニタリング，外部専門家や研究機関との連携を強化し，最新データの取得を促進するなどとともに，LCA更新に必要なコストとリソースを最適化するための効率的なプロセスを導入するなどの対策が求められる。

　LCAの更新頻度に関する論点は，半導体産業において非常に重要であり，多くの課題があるが，これらの課題に対する効果的な対策を講じることで，精度の高いGHG排出量の算定が可能となり，さらには，環境影響評価にも対応しながら，より持続可能な製造プロセスを実現できるのではないだろうか。

## 第3節　食品・飲料産業

### （1）　食品・飲料産業における重要なESG課題

　食品・飲料産業は，農作物などの川上から小売やレストランといった川下まで幅広くカバーされる産業であることから，関連するESG課題は多岐にわたっている。そのため，企業が持続可能な経営を実現するためには，自社のビジネス構造を踏まえて対処すべき課題を適切に見極めた上で必要な対策を講じていくことが求められる。ここでは，食品・飲料産業における代表的なESG課題について触れていきたい。

#### ①　環境保全

　複数の研究において，食料の生産〜加工〜流通〜消費に至る食に関わる活動は，世界の温室効果ガス排出量の約3分の1に相当することが報告されており，

その影響は非常に大きいとみられている。Nature Food誌に掲載されたある研究によれば，これら排出された温室効果ガスのうち，71％が生産に関わるものであり，うち39％は出荷前の段階であり，生産過程や肥料などの投入物によって生み出され，また32％は森林伐採や有機土壌・泥炭地の破壊によるものとされる。残りの29％は出荷後の輸送，包装，販売，廃棄といった活動からもたらされるとされており，なおかつその割合は高まりつつあるとのことである。つまり，川上から川下に至るバリューチェーン全体において温室効果ガスを排出している構造にある。

　その他にも，農業などでの水の大量消費に伴う水資源の枯渇や，化学肥料や農薬の多量消費や食品加工での排水に伴う土壌や水質汚染，農地拡大による森林減少，容器包装などのプラスチックの廃棄による海洋汚染など，食品・飲料産業は広範囲な環境負荷を与えている状況にある。

　このように食料・飲料産業は環境に影響を与える一方で，環境からの影響を大きく受けるという特徴も持ち合わせている。例えば，上述した温室効果による気温上昇は穀物収穫量に影響を与え，畜産や養殖における疫病の発生率を高める，水資源の枯渇は農作物の生育に大きな影響がある，土壌が劣化すれば収穫量が減少するなど，食料供給にマイナスの影響を与える例となる。

　そのため，食品・飲料産業においては，食料供給を持続的なものとすべく，肥料や農薬の使用量の削減，土壌保全，水資源の効率的利用，脱プラスチックなどのバリューチェーン全体を通じた多岐にわたる課題に対する，より主体的な対応が求められる。

② 　フードロス

　図表5－3－2に記載のとおり，世界でのサプライチェーン全体における食品ロスは25億トンにも及ぶとされており，これは世界で生産された食料の3分の1以上が廃棄されていることを示し，40％にも達する可能性があるという。その内訳として，最も多くの割合を占める農場で12億トン，出荷後の輸送・貯蔵・製造・加工・段階で4億3,600万トン，小売・外食・家庭で合計9億3,100万トンと推計されており，川上から川下に至るバリューチェーンのあらゆる場面で廃棄が行われていることになる。また，UNEP（国連環境計画）の調査に

| | 関連問題 | 農作物 | 食肉，鶏肉，乳製品 | 加工食品 | アルコール飲料 | ノンアルコール飲料 | タバコ | 食品小売・流通業者 | レストラン |
|---|---|:---:|:---:|:---:|:---:|:---:|:---:|:---:|:---:|
| 環境 | GHG排出 | ● | ● | | | ● | | ● | |
| | 大気質 | | | | | | | | |
| | エネルギー管理 | ● | ● | ● | ● | ● | | | ● |
| | 水及び下水管理 | ● | ● | ● | ● | ● | | | ● |
| | 廃棄物及び危険物管理 | | | | | | | ● | ● |
| | 生態系への影響 | | ● | | | | | | |
| 社会資本 | 人権と地域社会のつながり顧客のプライバシー | | | | | | | | |
| | データセキュリティ | | | | | | | | |
| | アクセスとアフォーダビリティ製品の品質と安全性 | ● | ● | ● | | | | ● | ● |
| | 顧客の福祉 | | ● | ● | | ● | ● | ● | ● |
| | 販売慣行と製品のラベリング | | | ● | ● | | ● | ● | |
| 人的資本 | 労働慣行 | | | | | | | ● | ● |
| | 従業員の健康と安全 | ● | ● | | | | | | |
| | 従業員エンゲージメント，多様性とインクルージョン | | | | | | | | |
| ビジネスモデルとイノベーション | 製品設計とライフサイクル管理ビジネスモデル回復力 | | ● | ● | ● | ● | | | |
| | サプライチェーン管理 | ● | ● | ● | ● | | | ● | ● |
| | 材料の調達と効率 | ● | ● | ● | | | | | |
| | 気候変動の物理的影響 | | | | | | | | |
| リーダーシップとガバナンス | 経営倫理 | | | | | | | | |
| | 競争行動 | | | | | | | | |
| | 法規制環境の管理 | | | | | | | | |
| | クリティカルインシデントリスク管理 | | | | | | | | |
| | システミックリスク管理 | | | | | | | | |

出所：SASB Materiality FinderよりPwCにて加工

よれば，家庭での平均食品廃棄量については低〜中所得国が最も多いことが示されており，フードロスは先進国だけでなく，世界中の問題となっている状況が窺える。

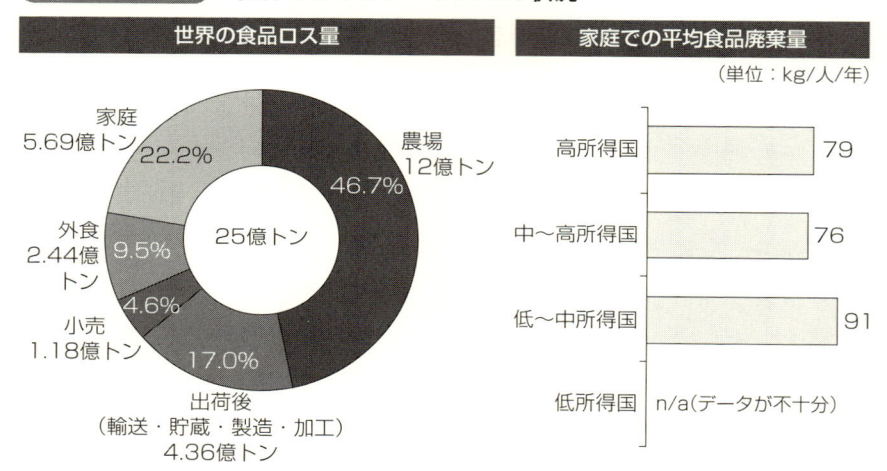

図表5－3－2　世界におけるフードロスの状況

出所：WWF and Tesco（2021）"Driven to Waste"，UNEP（2021）"Food Waste Index Report 2021"よりPwCにて加工

　また，フードロスは，温室効果ガスの発生源ともなっており，人為的な温室効果ガスの8％〜10％を構成するとも指摘されている。廃棄された食品が廃棄物処理施設や埋め立て地で分解される過程でメタンガスが発生するほか，焼却処分においても二酸化炭素が排出される。また，廃棄された食品の生産〜加工〜流通に至る段階で消費されたエネルギーが無駄になる点も忘れてはならない。こうした中で，図表5－3－3に示すような生産〜加工〜流通〜消費に至る各プロセスで発生しているフードロスに対して，人為的ミスを減らす，廃棄物を生かす，作り過ぎない，輸送・保存品質を上げるなどの対策を通じて，いかにロスを減らしていくかは，食品・飲料産業にとって主要なESG課題となっている。

図表5－3－3　バリューチェーンの各プロセスにおけるフードロスの例

| | フードロスの要因 |
|---|---|
| 生産 | ・　技術や知識・ノウハウの不足による収穫ミスなど<br>・　天候不良・災害などによる損失<br>・　規格外品の廃棄<br>・　過剰生産 |
| 製品加工 | ・　加工ミスによる廃棄<br>・　加工過程における過剰除去<br>・　過剰生産・在庫廃棄 |
| 流通・消費 | ・　輸送・保管段階での品質劣化・廃棄<br>・　売れ残り・在庫廃棄<br>・　調理ミスによる廃棄<br>・　食べ残し |

### ③　栄養課題

　国連5機関（FAO，IFAD，UNICEF，WFP，WHO）が公表した「世界の食料安全保障と栄養の現状2022」によれば，世界の飢餓人口は2021年には最大で8億人以上，また30億人以上の人々が健康的な食生活を送ることができないとされている。その一方で，世界肥満連合（WOF）によれば，肥満に対する適切な対策が講じられなければ，2035年には世界の半数以上の人々が肥満や過体重となるおそれがあると予測されている。これら栄養課題は医療費を増大させ，労働生産性を下げるなど国の経済成長を損なうものとされている。また，企業経営に目を向けると，従業員の健康管理を適切に行うことは経営パフォーマンスにもつながるという「健康経営」の考え方は広く普及しつつあり，投資判断基準に組み入れる機関投資家もいるという。

　こうした中で，食品・飲料産業は社会的責任として人々の健康や栄養に配慮した食品供給を行うことが求められている。そのためには，より健康・栄養に配慮した製品を開発・販売することだけでなく，それら製品の入手をより容易にすること，栄養情報の提示を通じて消費者自身の栄養ニーズに合わせた選択を可能とすること，栄養に関する啓発活動や食育などの取組みを通じて，消費者の栄養意識を高めることなども重要である。

#### ④　人権リスク

　ESGにおける重要な社会課題として人権の尊重が挙げられ，食品・飲料産業では，アパレル，資源採掘，建設などと並んで問題視されることが多い傾向にある。典型的なケースとしては，農場での強制労働や児童労働などが挙げられることが多いが，その他にも図表5－3－4に示すように多岐にわたるリスクが存在する。

**図表5－3－4　アグリビジネスにおける主要な人権リスク例**

| リスク分類 | 主な権利保有者 | 人権リスク例 |
|---|---|---|
| 労働基本権 | 労働者 | ・　強制労働<br>・　児童労働<br>・　結社の自由の尊重の欠如<br>・　雇用差別 |
| 労働環境 | 労働者 | ・　最低賃金や生活水準を下回る賃金<br>・　過重労働<br>・　安全・衛生上の規定違反<br>・　虐待<br>・　不十分な苦情処理制度<br>・　派遣契約の濫用<br>・　非倫理的な雇用 |
| 社会・環境・経済的権利 | 労働者・地域社会 | ・　地域社会に影響を与える騒音や大気汚染<br>・　水源に悪影響を与える排出物<br>・　交通上の危険をもたらす輸送<br>・　正式手続のない土地取得 |
| 政治的権利 | 労働者・地域社会 | ・　労働者の政治参加に対する妨害<br>・　コミュニティの抑圧のための過剰な武力行使<br>・　公務員への贈賄 |

出所：持続可能な開発のための経済人会議（WBSCD），"Advancing human rights policy and practice in the agribusiness sector：An implementation toolkit, 2020"をもとに作成

　食料危機問題において，農業などの生産の担い手不足もまた課題の1つに挙げられている。こうした中で，労働者の人権を尊重し，適切な労働環境を提供することは労働力の維持を図る上でも重要である。したがって，人権リスクへの対応は，コンプライアンス上の必要性ということに留まらず，持続可能な食

料システムを構築する上でも重要な取組みと考えられる。

　食品・飲料産業において，このような人権リスクは，複雑に構成されるバリューチェーンの様々な場面において起こりうるものであり，企業は自社内での活動のみならず，サプライヤーとも連携しながら課題に対応していくことが求められる。

#### ⑤　アニマルウェルフェア

　アニマルウェルフェアとは，国際獣疫事務局（WOAHまたはOIE）によれば「動物の生死に関連する身体的および精神的状態」と定義されており，動物の命を尊重し，ストレスや苦痛の少ない快適な環境下での飼育を目指すものである。これを実践する上で「5つの自由」という基本原則が広く普及しており，①飢え・栄養失調・渇きからの解放，②恐怖・苦痛からの解放，③熱や物理的不快感からの解放，④痛み・怪我・病気からの解放，⑤通常の行動様式をとる自由，の5つの要素から構成されている。

　このような考え方は，1960年代から主に英国を中心とした欧州で議論されてきたが，持続可能な社会の構築が求められる昨今，世界的に広く浸透し始めており，食品・飲料産業における重要なESG課題として認識されている。

　アニマルウェルフェアを実践することは，倫理的な側面のみならず，持続可能な社会を実現する上でも重要であると考えられている。動物のストレスを軽減し，病気や怪我を防ぐことは生産性の向上に寄与し，また人間の健康に悪影響を与える可能性が指摘されている抗菌剤の使用を避けることは，安全な食料の供給につながるからである。しかし，その一方で実際にアニマルウェルフェアを推進する上では増大する生産コストへの対応が課題となる。そのため，生産体制・手法や技術の高度化，パートナーとの連携を通じたコスト削減，政府支援策の活用，消費者に対する需要喚起などについても並行して対応していく必要がある。

### （2）　第三者保証における課題

　上記のように食品・飲料産業におけるESGトピックは多岐にわたるが，以下では，「環境保全」「フードロス」「食品のサプライチェーン管理」について，

その第三者保証にあたって想起される課題について考察する。

### ① 環境保全

#### a．エネルギーと温室効果ガス

　食品・飲料産業においても，他のセクター同様に，エネルギー管理や気候変動対策は喫緊の課題である。

　食品・飲料産業の中でもその業態により異なるが，小売であれば一般に食材などを調理する際の厨房機器や厨房ガスで要するエネルギーと，店内空調や換気，照明でのエネルギーもその重要性は高い。また，食材の業務用冷蔵機器は，エネルギー負荷に加えHFCなど冷媒ガスへの対策も業界として重要である。また，食品・飲料の流通や物流に関わる部分においても，輸送に関わる排出に加え，その過程における保管や冷蔵での排出量も大きなものとなる。

　食品・飲料産業において，特に小売の場合には，調理機器の省エネ機器，インバータ機器や高効率機器への入れ替え，可能な場合の電化への切り替えといったハード面での対策，火加減の運用管理，空調運転時間や給排気風量の適正管理などに，また，流通や物流においても配送効率の改善や輸送経路の最適化により，省エネや気候変動対策が進められている。また，ドライアイスの使用，トーチバーナーや固形燃料（メタノール主成分）の燃焼，炭酸飲料提供時の炭酸ガスの使用など，見落とされがちな排出源も多いのが食品・飲料産業の特徴でもある。さらに小売店舗では，工場や事業所などと比較して小口でエネルギー供給を受けており，テナント出店する場合などにおいては特に，自店舗独自での再エネ導入の難しさもある。

　食品・飲料産業における気候変動の観点で，スコープ3排出量もその影響は大きい。特徴的な点は，このセクターにおける特徴はカテゴリー1（購入した製品・サービス）排出量の負荷の多さにある。食品・飲料産業で使用する原材料，特に畜産や稲作にしても，食材調達に関連したサプライチェーンでの排出量の重要性が高い。その算定に際しても，多種多様な原材料を使用している食品・飲料産業では，網羅的な算定ができているかも重要な点である。

　また，それら原材料の輸送に関連する排出量はカテゴリー1ないしカテゴリー4として報告される排出量であるが，カテゴリー1同様に算定の難しさが

伴う。地産地消がいわれるようになり，そのメリットの1つとしてこれら輸送段階の排出量削減が挙げられるが，原材料の中にはそのすべてを地産地消で賄えるものばかりではなく，輸入に頼っているものも多いのが実情であり，その分排出量は増える。食品・飲料産業におけるサプライチェーン排出量削減に向けては，サプライヤーとの協力や協働，またサプライチェーンへの働きかけが不可欠といえる。

### b．水

「水」も食品・飲料産業では，製造，調理や洗浄などで欠かすことができず，必然的に環境負荷が高くなる項目である。食品・飲料の特に製造企業の多くでは，水の再利用やカスケード利用により水利用量の低減を図っている事例が見られる。水の使用量だけではなく，排水処理による環境への負荷低減も重要な課題である。食品・飲料産業の廃水は，一般に生物化学的酸素要求量（BOD），浮遊物質量（SS）や油分が高いのが特徴であり，有機物を多く含むため生物処理により排水処理が行われている。自社の水質の特性に応じた水質汚濁物質負荷量を報告する実務が一般的である。その際の計算要素としては，排水量の把握と水質濃度測定であるが，排水量は一般に自社が設置した流量計による計測が一般的であり，実測している計量器の精度を適切に管理すること，そして水質濃度測定では計量事業者等の第三者による濃度測定結果を用いることが，算定データの客観性を確保する観点から望ましいといえる。

なお，嫌気性排水処理の場合には排水中の有機物を嫌気性微生物の作用でメタン，二酸化炭素に分解するが，特に排水量が多い製造企業では，この嫌気性メタンガスを有効利用する取組みも見られる。この点については，上記のGHG排出量の開示において，生物起源GHG排出量として報告を行うことが望まれる。

さらに，水，特に農産物や畜産物などの生産品に依存している食品・飲料産業は，農産物や畜産物などの生産に要したサプライチェーンで必要となった水を「バーチャルウォーター（仮想水）」と呼び，世界的に水不足問題での，潜在的な問題をはらむものとして仮想水の移動の不均衡が指摘されている。特に食糧自給率の低い日本において食品・飲料業を営むことは，食品の輸入に伴っ

てバーチャルウォーターも輸入していることが問題視されている。世界レベルでの水不足問題を考えるとき，食糧に関連したバーチャルウォーターを大量に輸入していることへのリスクへどう対処するかも，食品・飲料に属する企業には特に問われている。

### ② フードロス

昨今「フードロス（食品ロス）」という言葉をよく耳にするように，食品・飲料産業における「廃棄物」も非常に注目度が高く，食品のみならず，容器包装を含めた廃棄物管理が重要となる。

食品・飲料産業では，そのビジネスの様々な段階において食品廃棄物が発生する。廃棄物排出量を削減するためにまずは発生抑制策に手を付けるとともに，発生してしまった食品廃棄物については再生利用することで，最終的に廃棄されてしまう食品廃棄物を削減する取組みが行われている。

また，過去には食品廃棄物の不正転売が行われた事案もあり，廃棄物として処分委託したはずの食品廃棄物が処分業者により転売され，再び市場に流通することになれば，決して不法投棄などが行われているものではないとしても，食の安全はもちろん，廃棄物排出事業者としての排出者責任が問われるとともに，容器包装等に食品・飲料企業の自社ブランドが記載されていればレピュテーションリスクもはらむ。発生した廃棄物を適正に廃棄しその管理を行うこと，これも食品・飲料産業にとって重要な課題といえる。

廃棄物排出量だけではなく，食品廃棄物の再生利用の状況，さらには廃棄物処理管理状況も含めた説明責任が問われやすい業種である。

### ③ 食品のサプライチェーン管理

食品のサプライチェーンにおけるサステナビリティ課題は，上述のとおり，スコープ3排出量の観点や，バーチャルウォーター（仮想水）といったものがあるが，その他，トレーサビリティの管理にも取り組む事例が多い。

産地偽装，原材料偽造，賞味期限偽装など，食の安全や法令遵守といった観点からも，食料品のトレーサビリティ管理は重要であり，また，サステナブル調達の観点からも注目されており，この点はレピュテーションやブランドイ

メージにも関連しうる課題でもある。

　パーム油，カカオ，大豆，水産物などを始めとした，人権や環境に配慮したサステナブル調達の取組みが進んでおり，認証原材料（認証油など）の利用割合やトレーサビリティが確保できているサプライチェーンからの調達割合を開示し，差別化への取組みとその説明責任を果たす開示が最近は多く見られる。いずれにしても，この認証材に関する開示実務はこれから成熟していく必要がある段階にある。自社が採用するサステナブル調達方針に関しての開示を行った上で，使用した認証材が生産段階の認証であるのか，サプライチェーン流通段階の認証であるのかといった認証材の定義を明確に示し，情報利用者に対して丁寧な情報開示を行っていくことが求められるだろう。

**図表5－3－5**　**SASBスタンダード（レストラン）に記載のある認証の例**

- ・　フェアトレード・インターナショナル
- ・　フェアトレードUSA
- ・　海洋管理協議会（MSC）
- ・　レインフォレスト・アライアンス認証
- ・　責任ある大豆に関する円卓会議（RTRS）
- ・　持続可能なパーム油のための円卓会議（RSPO）

# 第4節　小売産業

## （1）　小売産業における重要なESG課題

　ステークホルダーに選ばれる存在であり続けることは，企業経営の最も重要なテーマの1つであるが，消費者というステークホルダーとの接点が近く，厳しい選別の目にさらされている産業の1つが小売産業であろう。サステナビリティに対する世界的な意識の高まりを受け，サステナビリティネイティブ世代が消費者となり，レスポンシブル・コンシューマー（責任ある購買活動を行う消費者）層が拡大していく中で，消費者の行動・選択の意思決定においてはサステナビリティが1つの重要な基準となっている。消費者の意識の変化に伴う

行動変容が「エシカル消費（倫理的消費）」として顕著になる中で，サステナビリティ経営への取組みや，消費者とともによりよい地域や社会を創っていくことで企業価値の向上を目指す姿勢などをいかに消費者にわかりやすく開示し訴求していくかが，小売産業において重要な経営テーマとなっている。

　以下，小売産業における代表的なESG課題を考察していく。

　SASBが定める小売産業における重要なESG課題は，環境においては，「エネルギー管理」，社会資本においては「データセキュリティ」，人的資本については「労働慣行」および「従業員エンゲージメント」，ビジネスモデルとイノベーションにおいては「製品設計とライフサイクル管理」となっている。小売産業において，近年は電子商取引（eコマース）が拡大しているが，電子商取引独自のESG課題としては，社会資本についての「顧客のプライバシー」が挙げられている。

**図表 5 － 4 － 1　SASBが定める小売産業における重要なESG課題**

| | マルチラインおよび専門小売業者およびディストリビューター | 電子商取引（eコマース） |
|---|---|---|
| 環境 | GHG排出<br>大気質<br>**エネルギー管理**<br>水および下水管理<br>廃棄物および危険物管理<br>生態系への影響 | GHG排出<br>大気質<br>**エネルギー管理**<br>水および下水管理<br>廃棄物および危険物管理<br>生態系への影響 |
| 社会資本 | 人権と地域社会のつながり<br>顧客のプライバシー<br>**データセキュリティ**<br>アクセスとアフォーダビリティ<br>製品の品質と安全性<br>顧客の福祉<br>販売慣行と製品のラベリング | 人権と地域社会のつながり<br>**顧客のプライバシー**<br>**データセキュリティ**<br>アクセスとアフォーダビリティ<br>製品の品質と安全性<br>顧客の福祉<br>販売慣行と製品のラベリング |
| 人的資本 | **労働慣行**<br>従業員の健康と安全<br>**従業員エンゲージメント，多様性とインクルージョン** | 労働慣行<br>従業員の健康と安全<br>**従業員エンゲージメント，多様性とインクルージョン** |

| ビジネスモデルとイノベーション | **製品設計とライフサイクル管理** | **製品設計とライフサイクル管理** |
|---|---|---|
| | ビジネスモデル回復力 | ビジネスモデル回復力 |
| | サプライチェーン管理 | サプライチェーン管理 |
| | 材料の調達と効率 | 材料の調達と効率 |
| | 気候変動の物理的影響 | 気候変動の物理的影響 |
| リーダーシップとガバナンス | 経営倫理 | 経営倫理 |
| | 競争行動 | 競争行動 |
| | 法規制環境の管理 | 法規制環境の管理 |
| | クリティカルインシデントリスク管理 | クリティカルインシデントリスク管理 |
| | システミックリスク管理 | システミックリスク管理 |

出所：SASB Materiality FinderよりPwCにて加工

## a．エネルギー管理

　小売産業では，小売施設や倉庫のために相対的に大量のエネルギーを必要とし，こうした小売店舗運営や倉庫でのエネルギーの消費は，気候変動を含む環境への重大な影響をもたらしている。安定的な操業とエネルギー調達方法とコストの関係といったエネルギー戦略は，全体エネルギー効率の向上による直接的なコスト削減を通じて利益率改善等の財務的な影響を与える可能性があり，温室効果ガス排出削減，エネルギー効率化や再生可能エネルギーの活用などが小売産業での重要なESG課題となっている。

　また，電子商取引では，データセンターの重要なハードウェアやITインフラへのエネルギー供給の中断が，社会全体に重大な影響を与える可能性があるため，継続的に電力を供給するために大量のエネルギーが消費されている。

　また，冷却のためにエネルギーを使用する冷却装置か水を使用する必要があり，エネルギーと水の使用に対する懸念が高まっている中，ハードウェアインフラエネルギーと水管理の問題をいかにマネージしてくかという点がコスト削減および企業価値（企業の評判も含む）の観点から重要な課題となっている。

## b．データセキュリティ

　現金以外の取引の都度，小売企業やEC業者との信頼関係に基づき，消費者は自身の財務情報や個人情報を提供しているが，POSやECサイトへのサイバー

攻撃などによる情報漏洩や電子決済停止などが続いており大きな社会問題となっている。

　大規模なデータ漏えい防止や安定した安全な電子決済システムの構築・運営は，ブランド価値の向上や責任回避，マーケットでの優位性など消費者からの評価において重要な課題となっている。

### c．顧客のプライバシー

　電子商取引企業は，消費者の個人情報，財務情報，購入履歴などあらゆるデータを入手し，そのビッグデータを利用して消費者の好みや行動パターンに基づく広告や商品のターゲティングを行っている。一方で消費者や情報を利用される側にとっては自身のプライバシー保護に対する懸念は大きな問題であり，ビッグデータ活用時代においてプライバシー保護のニーズに応え信頼できる環境を作ることが産業にとって重要な課題となっている。

### d．労働慣行

　小売産業は，労働集約型産業であり労働力への依存度が高い産業であるが，一方で，労働生産性の低さや消費者への低価格での商品供給を実現するために小売産業の平均賃金は他産業に比して低水準であり，人手不足などの大きな問題につながっている。小売産業は，企業と消費者との直接的な接点が多く，消費者に従業員の顔が直接見える産業である。「人」に関する企業の取組み姿勢に対しての消費者からの関心が高く，また，最も大きな雇用を創出する産業として，「人」に関する大きな責任を果たすべきと考えられる小売産業において，報酬や労働者の権利など労働慣行・人権に対する取組みは最も重要な課題の1つと考えられる。また，商品が消費者の手に渡るまでのバリューチェーンにおける労働慣行を把握し管理し詳らかにすることの重要性が高まっている。

### e．従業員エンゲージメント

　消費者の多様なニーズを的確に捉え柔軟に対応していくためには，自身で考え臨機応変に消費者と効果的なコミュニケーションを図ることができる多様な人財を確保し続けられるかどうかが重要である。電子商取引産業においては，

UI/UXの向上が業績を大きく左右するため，IT・デジタル人財獲得のための競争が激化している。

　企業が必要な人財に選ばれる存在であるためには，金銭面だけではなく，企業文化や評価，多様なキャリアパス，女性やマイノリティの活躍推進など多様性のある人財が最高のパフォーマンスを発揮できるような環境を整え，従業員がやりがいや生きがいを感じられる組織であることが求められる。企業価値向上を目指す経営戦略と連動した人財戦略が特に重要なESG課題となっている。

### ｆ．製品設計とライフサイクル管理

　小売施設やｅコマースなどを通じて販売され消費される幅広い製品は，そのライフサイクルを通じて環境や社会へ様々な影響を及ぼす。プラスチック製品・包装の廃止や大量生産大量消費・廃棄の見直しなど，環境負荷の少ない製品設計やライフサイクル管理はサプライヤーや消費者も巻き込みバリューチェーン全体での協力関係のもと，取り組むべき重要な課題となっている。

## （２）　小売産業におけるGHG排出量と第三者保証上の課題

### ①　小売産業におけるGHG排出量に関する論点

　店舗や事業所等での燃料の使用などによる直接排出（スコープ１），店舗等での電力使用など間接排出（スコープ２），バリューチェーン全体を含めた間接排出であるスコープ３のうち，全世界のGHG排出量のおよそ25％を占める小売産業におけるGHG排出量の大部分はスコープ３によるものであり，スコープ３排出量は小売産業全体の排出量の最大98％を占めると言われている。

　小売産業の多くの企業が店舗等での再生可能エネルギーの活用などによるスコープ１，２の削減を目標に掲げているが，小売産業の企業には，自社の管理下にある店舗や物流への取組みだけではなく，製品の購入者として，また消費者とじかに接する販売者としてサプライチェーン全体に影響を及ぼしうる立場にあり，サプライチェーン全体に対して積極的に働きかけてGHG排出量の削減を進めることが期待されている。影響力のあるGHG排出量削減のためには，最も複雑で規模の大きいスコープ３への取組みが重要なものとなっている。

**図表5－4－2**　サプライチェーン排出量におけるスコープ1～3のイメージ

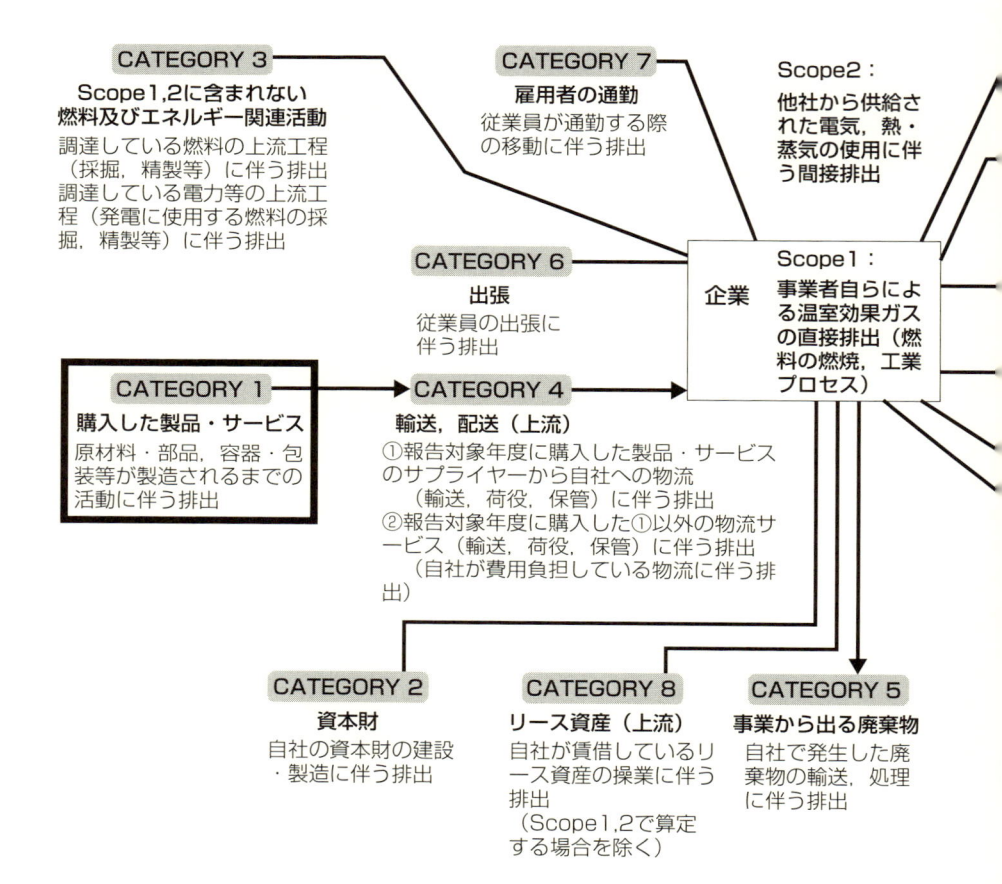

出所：環境省「サプライチェーン排出量算定の考え方」2～3頁をもとに作成。太枠は，小売産業で
　　特に排出量が多いカテゴリーとしてPwCが追加

**CATEGORY 14**

**フランチャイズ**

フランチャイズ加盟
者における排出

**CATEGORY 4**

**輸送，配送（上流）**

**CATEGORY 11**

**販売した製品の使用**

使用者（消費者・事
業者）による製品の
使用に伴う排出

**CATEGORY 9**

**輸送，配送（下流）**

（輸送，荷役，保管，
販売）に伴う排出
（自社が費用負担して
いないものに限る。）

**CATEGORY 10**

**販売した製品の加工**

事業者による中間製
品の加工に伴う排出

**CATEGORY 12**

**販売した製品の廃棄**

使用者（消費者・事
業者）による製品の
廃棄時の処理に伴う
排出

**その他（任意）**

従業員や消費者
の日常生活に伴
う排出等

**CATEGORY 13**

**リース資産（下流）**

自社が賃貸事業者とし
て所有し，他者に
賃貸しているリース資
産の運用に伴う排出

**CATEGORY 15**

**投資**

投資の運用に伴う排
出

## ② 小売産業におけるスコープ3に関する第三者保証上の課題

　小売産業の企業において重要となるスコープ3のカテゴリーは，カテゴリー1「購入した製品・サービス」，カテゴリー4「輸送・配送（上流）」，カテゴリー9「輸送・配送（下流）」，カテゴリー11「販売した製品の使用」，カテゴリー12「販売した製品の廃棄」など多岐にわたる。産業の多くの企業において最も割合が多いのはカテゴリー1であり，この点，自動車産業とカテゴリーは同じであることから，その算定や第三者保証に関する課題については，本章第1節の自動車産業を参照いただきたい。物流における$CO_2$の把握は，調達，出荷といった小売業の活動の中での1つの重要なポイントとなる。それぞれの物流がどのカテゴリーに該当するのか，グループの中に輸送会社があるか，などサプライチェーン全体での物流の把握が必要となってくる。

　以下では，カテゴリー4およびカテゴリー9について考察する。

### a．カテゴリー4「輸送・配送（上流）」

　カテゴリー4には，調達や出荷に関する物流など以下のような活動が該当し，輸送距離等に基づいて$CO_2$排出量の算定がなされる。配送業者からデータの取得などが困難なケースも多く，その場合には，輸送距離や輸送手段に関する輸送シナリオを作成して算定することも可能とされている。

---

&lt;該当する活動例&gt;
- 取引先（メーカー，卸売業者，物流センター等）から店舗までの配送（調達物流）
- 商品を保管する倉庫（※）での保管・荷役（※自社の施設以外）（調達物流）
- 店舗や倉庫から消費者までの配送（自社が荷主）（出荷輸送）

---

**図表5－4－3**　カテゴリー4の排出量算定方法

| 活動 | 算定方法 | 必要となるデータ |
|---|---|---|
| 調達物流 | 調達先および納入場所の住所から輸送距離を見積り，輸送手段別の排出原単位に基づいて算定 | 調達物流，輸送距離 |
| 出荷輸送（自社が荷主） | 特定荷主定期報告書の出荷輸送部分を利用 | 特定荷主定期報告書（出荷輸送） |

出所：環境省「サプライチェーン排出量算定の考え方」に基づきPwC作成

### b．カテゴリー9「輸送・配送（下流）」

　カテゴリー9は，自社より下流における製品の流通（輸送，荷役，保管，販売）に伴う排出量を算定対象としており，出荷輸送（自社が荷主の輸送以降），倉庫での保管，小売店での販売など以下のような活動が該当する。

---

　＜該当する活動例＞
　・店舗や倉庫から消費者までの配送（自社が輸送費を負担しない場合）
　　（出荷輸送）
　・倉庫（※）での保管・荷役（※自社施設以外）
　・加工工場から消費者までの配送

---

　算定方法は，カテゴリー4の出荷物流と同様，特定荷主定期報告書の出荷輸送部分を利用するか輸送シナリオに基づく算定となる。
　また，商品の購入者が直接の取引先の場合，顧客の移動に伴う排出量をカテゴリー9として集計することが考えられる。この場合，来客数や交通手段等などから排出量を算定することになるが，必要なデータを直接把握することは困難であることから，店舗ごとに一定のシナリオを設定して見積り計算を行うことになる。

### ｃ．保証における論点

　下流の取引先企業からの輸送距離の情報を入手することや顧客からの注文に基づく大量の小口配送のデータを集計することの困難性などから，輸送シナリオを作成した算定方法を用いる企業が多いと考えられる。

　これらのシナリオ作成は，輸送に利用される車両のサイズ，商圏の距離，来店客数，店舗規模，交通手段などをもとにそれぞれに前提となる仮定を置いて作成することになる。そのため，仮定の置き方によって算出結果が左右され，例えば，車両サイズを実際より小さくすることで過少計上が可能である。そのため，実際に店舗に出入りする車両や来客数の季節変動などの企業の実態を把握してシナリオの前提が適切なものとなっているか留意する必要がある。

　また，小売産業といっても取り扱う商品や販売形態等によりサプライチェーンが異なることなどから，カテゴリー１以外の割合は同じ小売産業でも大きな差があり，この点，物流を含めたカテゴリー分類に関しては，データ利用者にとって，企業間の比較可能性に課題があると考えられる。

## （3）　小売産業における人的資本情報開示と第三者保証上の課題

### ①　小売産業における人的資本情報開示

　人財はこれまで「人的資源」として捉えられ，使用・消費を管理するという考え方が主流であったが，昨今，人財は教育や研修を通じて成長し，価値を創造する存在であり「人的資本」として捉えられるようになった。企業の競争優位を支え，イノベーションを生み出すことを通じた持続的な企業価値の向上や経済成長を支える原動力は「人」であり，企業は人財の成長を通じて価値を創造していくために人的資本への投資を積極的に行っている（経済産業省「人材版伊藤レポート」2020年９月）。

　人的資本情報開示が制度化され，我が国でも2024年３月期の有報から開示が義務付けられた。最も大きな雇用を創出する産業である小売産業においては，特に，人財を持続的な成長における最も重要な経営資源として認識し，人的資本に関する指標やKPIを積極的に開示している企業が多く見受けられる。

　財務諸表と比べ人的資本情報の開示内容は企業の裁量に委ねられている部分が多く，また産業や企業のビジネスや経営戦略によって重視する指標が異なる

ことから，開示内容やその粒度などは企業によって大きく異なっている。

投資家にとっては，人的資本にどのような投資をしているか，これらの人的資本への投資が企業価値の向上にどう結び付くのか，といったことへの関心が高く，これらの情報が，ストーリー性をもって，定量的な目標値とともに開示されていることが有用であると考えられる。また，「女性管理職比率」，「男性の育児休業取得率」および「男女間賃金格差」に関する情報は，割合の記載だけではなく，具体的な管理職の人数や育児休業の取得日数，平均賃金額等の実績値も開示されることが比較可能性の観点から有用である。また，人的資本投資の効果・リターンの定量化の事例はまだ多くないが，今後人的資本投資と企業価値向上との結び付きの可視化が期待される中ではその投資効果の測定は投資家が注目するところと考えられる。

### ②　人的資本情報開示に関する課題

各企業は，中長期的な経営戦略に基づく人財戦略とその目標を掲げ，重視するKPIとその目標値を独自に定義付けし，定量化を試みている。ダイバーシティに関連する指標（女性管理職比率，男女賃金格差，男性の育児休業取得率）や働く環境や従業員の満足度に関する指標（労働時間，離職率），人財育成のための投資（研修，資格，リスキリングなど）などについて，開示されている人的資本関連情報は非常に多岐にわたる。人的資本情報の開示の課題として，人財情報基盤の整備状況や人的資本情報の開示に関与する人財の不足を挙げる企業は多い。

なお，主要な人的資本開示とデータ作成上の留意点については，第4章第5節「人的資本」を参照いただきたい。

### ③　人的資本情報開示に関連して想定される虚偽表示リスク

人的資本情報開示は，財務諸表等規則のような開示基準などが成熟していないことから，各企業が，自社に有利な情報となるように開示項目やその定義を定め選択することが可能である。そのため，保証実施者は企業の選択が，企業の人的資本の取組みの実態を正しく反映したものとなっておらず，情報の利用者を欺くものとなっていないかといった視点を持つ必要がある。

例えば，女性管理職比率の算定において，管理職の定義が人事規程等で明確に定められてない場合に，男性社員であれば管理職としてカウントしない職階であるにもかかわらず，同職階の女性社員を管理職としてカウントすることでの女性管理職比率を目標値に近付けることが可能である。男女での「管理職」の定義が異なることになれば，本来の女性躍進推進の実態が正しく開示されないことになる。

また，人的資本投資やその効果，進捗状況などは中長期的に経年情報を開示することが有用と考えられるが，定義や集計範囲等を実績値に応じて変えることで企業に都合のよい数値を作成することがないように，継続性の観点にも留意する必要がある。

#### ④　人的資本情報に関する第三者保証上の課題

投資家が信頼できる情報開示となるための第三者保証を実現するために，企業は，選択したトピックに関する情報作成プロセスについて，財務報告と同種の内部統制を構築する必要がある。データの集計範囲や指標の算定において，企業が自ら策定した具体的な作成基準を明確にし文書として可視化した上で，当該作成基準に基づき定量化することが必要である。また，それらを適切に測定・評価できるデータを収集する仕組みが必要である。

小売産業においては，店舗等における人員の異動が頻繁に行われることから，入退社や異動に関して一定の時点での適切な人事情報を入手し，役職や資格情報の把握や研修時間の集計などに関して詳細なデータを適時に更新，正確なものとするための内部統制の整備・運用が求められる。

## 第5節　化学産業

### （1）　化学産業における重要なESG課題

化学産業が生み出す様々な製品は幅広い業種において素材として使用されており，世界の製造業の屋台骨として現代経済では必要不可欠な産業となっている。一方で，化学産業とその技術革新の歴史においては，常に環境問題への対

応が表裏一体となっており，かつての日本における四大公害病を始めとした深刻な環境汚染に対する企業の社会的責任として「レスポンシブル・ケア（RC）」の概念がいち早く議論されてきた産業でもある。

　ここでは，ESG要素に関する開示基準を設定しているSASBの例示を参考に，化学産業における重要なESG課題として「環境」，「社会資本」，「ガバナンス」の観点から議論していきたい。

**図表5−5−1** **ESG重要課題一覧（化学産業）**

| 環境 | 社会資本 | 人的資本 | ビジネスモデルとイノベーション | リーダーシップとガバナンス |
|---|---|---|---|---|
| **GHG排出** | **人権と地域社会のつながり** | 労働慣行 | **製品設計とライフサイクル管理** | 経営論理 |
| **大気質** | 顧客のプライバシー | **従業員の健康と安全** | ビジネスモデル回復力 | 競争行動 |
| **エネルギー管理** | データセキュリティー | 従業員エンゲージメント，多様性とインクルージョン | サプライチェーン管理 | **法規制環境の管理** |
| **水および下水管理** | アクセスとアフォーダビリティ | | 材料の調達と効率 | **クリティカルインシデントリスク管理** |
| **廃棄物および危険物管理** | 製品の品質と安全性 | | 気候変動の物理的影響 | システミックリスク管理 |
| 生態系への影響 | 顧客の福祉 | | | |
| | 販売慣行と製品のラベリング | | | |

出所：SASB Materiality FinderよりPwCにて加工

## ①　環境〜GHG排出と水資源への影響

### a．化学産業とGHG排出

　化学産業はその製造プロセスにおいて，$CO_2$を始めとした温室効果ガス（GHG）を多く直接排出する産業として知られている。例えば，日本国内における産業別$CO_2$排出量において，化学産業は鉄鋼業に次いで第2位の15％を占めている[6]。下記の図表5−5−2に記載のとおり，化学産業においては，

原料の多くを化石燃料，特に原油から得られるナフサをもととしているが，ナフサ分解炉における原料の化学変換の過程において高温高圧の熱エネルギーが必要とされ，化石燃料の燃焼等によりGHGを直接排出していることが特徴である。また，ナフサ分解炉においてはメタンなどのオフガスも熱源として利用されるが，このオフガスもGHGの排出源となっている。

このスコープ１のGHG排出量が他産業と比べて大きくなるため，化学産業は必然的に各国による排出量の制限・削減の厳格な規制を受けることとなる。これにより，各企業は製造プロセスにおける代替燃料の使用やエネルギー効率の向上を通じ，GHG排出量を削減することが求められており，非財務情報の開示においてもこれらのスコープ１のGHG排出量削減に向けた主体的かつ具体的な取組みを投資家へコミュニケーションすることが必要とされている。また，長期的には過去から炭素循環に長けた化学産業として，長期的なカーボンニュートラル達成に向けて，既存の化石燃料のクラッキングから始まる製造プロセスを，バイオ燃料を中心とした製造プロセスに変更するなど，いかに炭素循環型プロセスに移行させていくかが鍵となるだろう。

**図表５－５－２** 化学産業における製造プロセスとGHGの排出

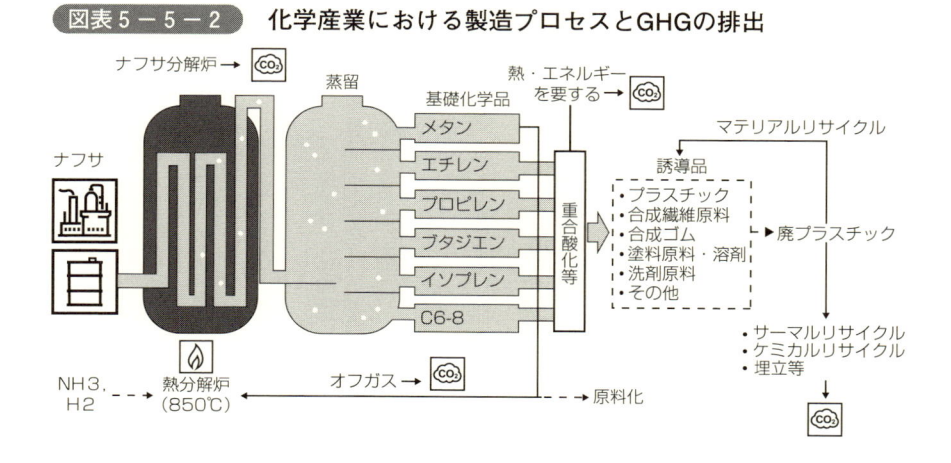

### b．大気汚染物質・産業廃棄物

　上記の温室効果ガス（GHG）に加え，化学品の製造は，原燃料の燃焼と処理の過程において，硫黄酸化物（SOx）や窒素酸化物（NOx）を始めとした大気汚染物質の放出を引き起こす可能性がある。化学品産業が使用する原燃料は他産業に比べてその規模が大きく，よって化学品産業が大気汚染に与える影響は重要なものとなっている。化学品企業は，大気汚染物質の排出に係る法規制に準拠するための追加の設備投資やその運用コスト，さらにより排出の少ない原燃料への転換などの課題に直面している。

　また，化学品企業はその製造過程において，廃油，廃酸，廃アルカリ，廃プラスチックなどの産業廃棄物を生成する可能性があり，これらの産業廃棄物は輸送，処理，保管，および廃棄に関する法規制の対象となる。化学品企業は従来の廃棄物の管理と処理におけるコンプライアンス遵守のみならず，廃棄物の再利用や削減などの必要性に迫られている。例えば，製造工程で発生するポリマーなどの再資源化，廃油の燃料使用やエネルギー回収，廃酸の中和・脱水処理による廃棄物排出量の減量化など様々な取組みが各企業により行われている。このような産業廃棄物の再資源・減量活動は，初期投資と運用コストを必要とするものの，結果として化学品企業の長期的なコストを低下させ，またコンプライアンスリスクの低減も可能となる。

### c．化学産業と水資源

　さらに，化学産業は水資源に大きく依存する産業であり，主に製造プロセスでの加熱や冷却，製品の洗浄，製造工程で生じる化学物質の除害・排水において水を使用している。このため，「水および下水管理」も化学産業における重要なESG課題となる。長期的な水不足は，工場の運用中断のリスクを高めるおそれがあり，企業は水リスクが高いと想定される拠点を抽出し，現地での調査などを通じたリスク評価を行い，水資源の管理を徹底する必要がある。また，製造プロセスの過程・結果として排出される化学物質の排水においては適切な処理による水質規制の遵守が必要であり，各国の法令に従うのみならず，地域への社会的責任として，水質の定期的なモニタリングと情報開示が求められている。各企業は水利用の効率化と水管理戦略，そして適切なコミュニケーショ

ンを通じ，運用コストの削減，法規制対応，水不足リスクの低減，さらには企業価値の向上を高めることが可能となる。

### ②　社会資本～人権と地域社会のつながり

　大規模な生産拠点が必要とされる化学産業は，多くの地域社会の経済に貢献しており，地域の雇用機会の創出とインフラストラクチャーの発展を推進している。その一方で，化学物質の大気への排出，河川への排水，そして大量の水資源の使用は，長期にわたる地域の環境汚染と住民の健康に影響を及ぼすおそれがあり，法規制による当局からの罰則，地域との訴訟などにつながり，工場の安定的運用が脅かされ，また企業の評判リスクを高める可能性がある。そのため，化学産業においては「地域社会との強力な関係の構築」が重要な課題となっており，特に，グローバルに展開する化学企業においては，各国・各地域の文化，慣習，伝統，法規制を理解した上で，コミュニティとの強力な関係性構築が必要とされる。この信頼関係の構築により，化学企業は訴訟や規制リスクを低減しつつ，必要な従業員を保持し，各拠点において事業を継続的に安定して運営することが可能となる。

### ③　ガバナンス～法規制環境，クリティカルインシデントリスク管理

　化学産業は製品の安全性確保から製造プロセスの安全性を始めとした厳しい法規制に直面しており，各企業は短期および長期の観点から法規制の動向を把握し，それに対応するガバナンス体制を構築する必要がある。企業の業績をサステナブルな環境の成果に合わせて調整し，社会的外部性を考慮する規制環境を管理するための明確な戦略を持つ企業は，規制の不確実性の低減，ブランド価値の向上，競争力の強化から利益を得ることができる。

　法規制に対する戦略に加え，クリティカルインシデントリスク管理は，化学品企業にとって重要な課題となる。化学品の多くは可燃性であり，製造に伴う高温高圧の発生と相まって，爆発，危険な化学品の流出などの緊急事態のリスクが高まる。また，人為的なオペレーションミスや自然災害などの外的要因により，化学品処理施設における保管や輸送過程で，有害物質の大気放出が行われる可能性もある。これらの施設における事故や大気放出は，従業員に対する

影響のみならず，地域住民に害を及ぼすことがあり，地域環境にも悪影響を与えることが多く，また設備の修復コストや運営上の混乱に加え，評判への悪影響，企業価値の低下，訴訟などに直面する可能性がある。したがって，化学品企業は製造プロセスの安全性確保とクリティカルインシデントに対するリスク管理を徹底し，コストとリスクを軽減し，安定した設備の稼働を確保することが必要となっている。

## （2）　第三者保証を見据えた課題

### ①　GHGのうち，特にスコープ1排出量

　保証の観点から化学産業のGHG排出を考える場合，工業プロセス由来のスコープ1排出量には特に留意が必要といえる。化学工業製品の製造プロセスのどの段階において，どういったメカニズムで温室効果ガスは排出されるのか，製造プロセスを理解し，マテリアルフローにも着目しつつ，温室効果ガスが排出されるメカニズムを理解することが必須といえる。そのため，IPCCガイドラインに対する理解や化学的な知識も一定程度必要となる。化学産業のGHG排出は，より高度な専門性が求められる保証領域であり，そうした知識や理解は，排出メカニズムの網羅的な把握や，排出量の算定式についての適切な理解に必須である。

　さらに，上述のとおり，化学産業はナフサクラッカーなど大型設備を抱えその操業には多量のエネルギーを必要とするプラントが一般的であり，自社敷地内で常用の火力発電設備を保有しているケースが多く，エネルギー起源のスコープ1排出量も多量に排出している産業である。特に化学サプライチェーンの上流企業であればあるほど，一般的に燃料サプライヤーから調達してきた燃料ばかりでなく，特に石油化学の製造プロセスの中では分別分留された成分（いわゆる「留分」）や発生ガス（いわゆる「オフガス」）を燃料として利用するなど製造プロセス間で炭素循環が行われているケースもあり，あるいはこれらのエネルギーを売買しているケースもあり，ここでも製造プロセスへの理解や，マテリアルフローの理解が保証手続において重要となる。なぜならば，ナフサ分解において得られるメタン等のオフガスは，熱分解のための熱源としても利用されており，このオフガスが大きな排出源となっているが，今後はさら

に熱源に対してはカーボンニュートラル化が進む一方で，オフガスは原料化へ進むことが想定される。こうした脱炭素に向けたエネルギー転換やマテリアルの流れは，保証手続のアプローチを決める上での考慮事項となるからである。

　また，コンビナート等においては複数工場間でエネルギー融通が行われており，化学産業における発電は，多くの場合，発電とともに熱回収し利用する総合的に効率の高い熱電供給システム，いわゆるコージェネレーションシステム（コジェネ）が主流である。エネルギーの売買がどこで行われ，排出量を報告すべき対象がどれであるか，またその場合に適用すべき排出係数はどうあるべきか，自らが生成した電気や熱に関する排出量算定や報告するスコープが，採用する算定規準（クライテリア）に照らして適切であるかなど，売電売熱に関しての保証上の論点も多く，外部購入燃料に着目することでスコープ1排出量を算定できる他の産業とは異なる，化学産業特有の論点といえるものである。

## ②　化学産業のスコープ3排出量

　化学産業は上述のとおり，鉄鋼に次ぐ$CO_2$の多排出産業として位置付けられており，カーボンニュートラル（脱炭素）の実現に向け，化学産業のカーボンニュートラルの達成が必要不可欠である。

　化学産業のサプライチェーンは，複数の工程や企業を経て多種多様な最終製品の一部となるものであり，サプライチェーンの川下に行けば行くほど業種や製品の幅が広くなる特徴を有している。化学製品の原料となる基礎化学品を製造するサプライチェーンの川上メーカーが産業全体に与える影響は大きい。

　化学産業のサプライチェーンの川上に位置する各企業のスコープ3排出量を見ると，原料であるナフサを副産物とするそもそもの原油の採掘や輸送に行き着く形になるカテゴリー1の排出量（購入した製品・サービスに伴う排出量）が多くの割合を占める。実際に，その多量なカテゴリー1排出量に対しては，廃棄物を由来とするケミカルリサイクルによる原料化・資源循環や原料転換などによって削減対策が進められている。

　一方で，化学産業ではある1つの工程から同時に複数の製品が生産される「連産品」により製造されていくことも大きな特徴であり，ポリエチレン等の基礎製品や日常汎用品から，半導体素材や電離材料といった最先端の素材や機

能性材料に至るまで，幅広い産業を下支えしているのが化学産業である。その
ため，化学産業のサプライチェーンの川下の裾野の広さと，サプライチェーン
の複雑性，用途の多様性に起因する追跡の困難性から，サプライチェーンの下
流の排出量は関連性はあるものの，合理的な精度で推計することができず，ス
コープ3の下流のカテゴリーについてはその排出量を把握，算定できていない
企業がほとんどといってよい現状にある。こうした下流の排出量についても，
合理性がある範囲で推計した排出量を報告することが望まれ，算定に使用して
いる各種データが客観性あるデータを引用しているかどうか，保証においても
慎重に検討すべきカテゴリーである。例えば，カテゴリー11「販売した製品の
使用」では，販売した製品およびサービスからの使用段階での直接排出量が含
まれるが，上述のように多くの場合に複数会社間におけるエネルギー融通が見
られる化学産業においては，他社に融通した，つまり販売したエネルギーがな
いかも確認することが必要となる。

### ③　汚染，化学物質

　国内の化学産業においては四半世紀以上前から，化学品の開発から製造，物
流，使用，最終消費を経て廃棄に至るすべての過程における，「環境・安全・
健康」を維持・改善する活動とともに，社会との対話・コミュニケーションを
行う自主活動としてレスポンシブル・ケア（RC）活動と呼ばれるものが浸透
してきた。特に環境保全や，保安防災，労働安全衛生，化学物質管理の分野に
おいて，企業の意思と努力のもとで続けられてきている活動である。

　化学産業においては，石油や石炭といった化石燃料由来のエネルギーを多く
利用してきており，その結果，硫黄酸化物，窒素酸化物，ばいじんといった大
気汚染物質の排出削減や排出抑制，廃棄物の削減と有効活用といった論点は付
きものであり，化学産業に属する企業での保証対象ともなる重要な指標である。

　また，化学物質についても，化学産業の企業はその化学物質を取り扱うのみ
ならず，化学物質を製造し，あるいは上市する立ち位置に該当してくる。化学
物質の製造に関する規制や輸出に関する規制，安全衛生からの規制にも多くの
場合で該当し，各国の規制に従った届出，登録，数量管理なども必要になるた
め，データベース化を行い，製品および含有化学物質の該当法規制を含めた一

元管理が多くの企業で行われている。

　化学物質の取扱いが限定的な業種と比較して，多くの化学産業の企業においては高い水準での管理が行われていると考えられる。保証に際しては，そうした化学物質データベース情報の管理を含めた手続が必要になるとともに，化学物質に対する一定の知識等も有している必要がある。

### ④　労働安全衛生

　化学物質を多く取り扱う化学産業においては，労働安全衛生の観点から，リスクアセスメントを含めた化学物質の適切な管理や対策が講じられてきており，上述のレスポンシブル・ケア（RC）活動も自主的な活動の1つである。化学産業においては，特に危険物を扱う化学設備が多く，事故が生じた場合には重篤な重大事故につながるリスクがあり，このあとで触れているプロセス安全と同様に，負傷等の労働災害は重要な指標となる。特にこうした重大事故の多くが緊急シャットダウンやスタートアップ，設備の保守作業，トラブル対処作業といった非定常作業中に多く発生することが指摘されている。

　化学産業では，これらに加えて，暑熱等の異常温度条件による疾病や化学物質に起因する疾病など，化学産業ゆえの労働災害が他の業種に比較して発生率が高い状況が過去からある。安全衛生関連指標の保証に際しては，こうした産業特性を踏まえた理解のもとで，当該指標の網羅性や正確性を確認することが重要といえる。

### ⑤　プロセス安全・保安事故

　化学産業では，原料や中間材，製品の中にも，毒性や可燃性などの危険有害性を持つ化学物質が多く，化学反応による事故，爆発・火災，有害物質漏洩の危険性があり，大型設備も多いため化学工場（プラント）での災害発生時の被害影響度が著しく大きくなるという特徴がある。実際に過去から悲惨な結果や犠牲をもたらした事故が発生している。

　そのため，欧州では，1976年にイタリアの農薬工場で発生した爆発事故を契機として，化学プラントの事故防止を目的に「化学プラントの安全に関する欧州理事会指令（セベソ指令）」の規制があり，米国においてもOSHA（米国労

働安全衛生管理局）がプロセス安全管理（PSM，Process safety management）を法制化するとともに，AIChE（American Institute of Chemical Engineers，アメリカ化学工学会）の組織であるCCPS（Center for Chemical Process Safety，化学プロセス安全センター）はCCPSプロセス安全基準（CCPS Process Safety Metrics）を公表している。

　こうしたプロセス安全管理の仕組みは，プロセスからの大量の化学物質やエネルギーの放出に対する防止，備え，軽減，対応，制限に重点的に取り組むマネジメントシステムであり，化学プラント火災・漏洩・爆発を起こさないことを主目的にしている。プラントで働く労働者等の災害や疾病の防止を目的としている労働安全衛生マネジメントとは別の概念といえるものである。

　特に近年，化学産業では，最も甚大な影響を及ぼすプロセス安全事故（Tier 1 Process Safety Event（PSE））の件数など，CCPSのプロセス安全メトリクスを公表する事例が見られるようになっている。安全ばかりではなく，事故によるコスト影響，有害危険物質の漏出量，地域への影響や環境影響も考慮された指標となっており，プロセス安全に関する有効なマネジメントシステムによって管理されるべき指標といえる。保証に際しては，プロセス安全管理のシステムを十分に理解した上で，CCPSが示しているプロセス安全事故のフローチャートなどに沿って，PSEの指標が正確に判定，カウントされているか，また網羅性が確保されているかを確認していくことが重要である。

## ＜監修者＞

佐々木　崇* （パートナー）　　全体/第5章担当

吉田　智紀** （ディレクター）　第1章/第2章/第4章担当

山﨑　利篤 （ディレクター）　第3章担当

## ＜執筆者一覧＞（五十音順）

| | | |
|---|---|---|
| 荒木　裕 | 井澤　賢人 | 石橋　武昭* |
| 氏原　友美 | 遠藤　英昭** | 小暮友季子 |
| 川曲　弘城 | 佐賀　睦美 | 櫻井　良孝* |
| 佐々木　崇* | 杉田　憲彦** | 添野　俊雄 |
| 高島　静枝** | 髙橋千重子 | 竹生　優 |
| 中村　良佑** | 中山　祐希 | 萩原　早紀** |
| 船越　美紀 | 松沢　里美* | 宮本　翔 |
| 村山　学 | 山﨑　利篤 | 山田　弓子 |
| 吉田　憲司 | 吉田　智紀** | |

*Fundamentals of Sustainability Accounting（FSA）Credential保有者
**サステナビリティ情報審査人資格保有者

《編者紹介》

# PwC Japan有限責任監査法人

　PwC Japan有限責任監査法人は，日本で「監査および保証業務」，非監査業務である「ブローダーアシュアランスサービス」を提供する，PwC グローバルネットワークのメンバーファームです。世界で長年にわたる監査実績を持つ PwC ネットワークの監査手法と最新技術により世界水準の高品質な監査業務を提供するとともに，その知見を活用した会計，内部統制，ガバナンス，サイバーセキュリティ，規制対応，デジタル化対応，株式公開など幅広い分野に関する助言を通じて社会の重要な課題解決を支援しています。PwC ビジネスアシュアランス合同会社，PwC サステナビリティ合同会社，PwC リスクアドバイザリー合同会社，PwC 総合研究所合同会社とともに，信頼されるプロフェッショナルとして，日本の未来にあらたな信頼をもたらすことを，Assurance Vision 2030 として掲げています。

# PwC Japanグループ

　PwC Japan グループは，日本における PwC グローバルネットワークのメンバーファームおよびそれらの関連会社の総称です。各法人は独立した別法人として事業を行っています。複雑化・多様化する企業の経営課題に対し，PwC Japan グループでは，監査およびブローダーアシュアランスサービス，コンサルティング，ディールアドバイザリー，税務，そして法務における卓越した専門性を結集し，それらを有機的に協働させる体制を整えています。また，公認会計士，税理士，弁護士，その他専門スタッフ約 12,700 人を擁するプロフェッショナル・サービス・ネットワークとして，クライアントニーズにより的確に対応したサービスの提供に努めています。

# サステナビリティ保証の実務対応

2025年3月20日　第1版第1刷発行
2025年7月20日　第1版第3刷発行

編　者　PwC Japan有限責任監査法人
発行者　山　本　　　継
発行所　㈱中央経済社
発売元　㈱中央経済グループ
　　　　パブリッシング

〒101-0051　東京都千代田区神田神保町1-35
電話　03 (3293) 3371 (編集代表)
　　　03 (3293) 3381 (営業代表)
https://www.chuokeizai.co.jp
印刷・製本／文唱堂印刷㈱

©2025
Printed in Japan